浙江省普通高校"十三五"规划新形态教材

21世纪经济管理新形态教材·电子商务系列

跨境电商实务

郭鹏飞　陆建伟　陈国锋　◎ 编著
楼思元　祝雨辰　陶晨晨

清华大学出版社
北京

内 容 简 介

该教材获批浙江省"十三五"规划新形态教材，符合教学对象的培养目标与课程教学要求，取材适宜，深浅适度，篇幅适当，能充分激发学生的学习兴趣；体例规范科学。正文、习题、参考文献齐全，案例与拓展阅读能以嵌入式二维码体现。文字规范，语言流畅，图文配合得当。内容涉及跨境电商选品、主流平台操作、跨境营销与推广、跨境物流、结算等基础理论与实务。

本书封面贴有清华大学出版社防伪标签，无标签者不得销售。
版权所有，侵权必究。举报：010-62782989，beiqinquan@tup.tsinghua.edu.cn。

图书在版编目（CIP）数据

跨境电商实务 / 郭鹏飞等编著 . —北京：清华大学出版社，2022.9
21世纪经济管理新形态教材 . 电子商务系列
ISBN 978-7-302-61716-7

Ⅰ.①跨… Ⅱ.①郭… Ⅲ.①电子商务—商业经营—高等学校—教材 Ⅳ.① F713.365.2

中国版本图书馆 CIP 数据核字 (2022) 第 155928 号

责任编辑：刘志彬
封面设计：汉风唐韵
责任校对：宋玉莲
责任印制：朱雨萌

出版发行：清华大学出版社
网　　址：http://www.tup.com.cn，http://www.wqbook.com
地　　址：北京清华大学学研大厦A座　　　　邮　编：100084
社 总 机：010-83470000　　　　　　　　　　邮　购：010-62786544
投稿与读者服务：010-62776969，c-service@tup.tsinghua.edu.cn
质 量 反 馈：010-62772015，zhiliang@tup.tsinghua.edu.cn

印 装 者：北京国马印刷厂
经　　销：全国新华书店
开　　本：185mm×260mm　　　印　张：17　　　字　数：355千字
版　　次：2022年9月第1版　　　印　次：2022年9月第1次印刷
定　　价：55.00元

产品编号：095193-01

前　　言

据海关统计，2020 年我国跨境电商进出口 1.69 万亿元，增长了 31.1%，其中出口 1.12 万亿元，增长 40.1%。2021 年第一季度我国跨境电商出口增速远超进口，高达 69.3%。后疫情时代，跨境出口贸易正强势来袭。

伴随着跨境电商产业的迅猛发展，对跨境电商专业人才需求的缺口也在逐年放大。跨境电商产业需求的人才须是熟悉外贸规则、通晓中国电子商务法及海外相关法律法规、熟悉目的国的消费文化、懂得各大电商平台运营规则、掌握商务大数据统计与分析技巧的复合应用型人才。

本书是在湖州学院申报跨境电子商务专业背景下编写的。书中将跨境电商各流程有机地结合起来，从跨境电商基础入门、主流平台基本规则与操作，到跨境电商营销推广、客户关系管理，结合跨境电商结算等内容，深入浅出；注重学科前瞻性，比较全面地展示了跨境电商的基础理论、实务和发展趋势，适合跨境电商初学者及跨境电商专业在校生学习使用。

本书的出版过程中，研究生余杰、俞佳丹做了大量的资料整理、校对等工作。本书得到了中国跨境电商人才联盟秘书长、浙江工商大学伍蓓教授的大力支持与指导，同时得到了浙江省高等教育学会重点课题基金赞助，在此一并表示由衷的感谢！

郭鹏飞
2022 年 8 月于湖州学院

目　录

第一章　走进跨境电子商务 ………………………………………………… 1
　　第一节　跨境电商课程简介 ……………………………………………… 4
　　第二节　认识跨境电子商务 ……………………………………………… 7
　　第三节　我国跨境电商的发展历程 …………………………………… 11
　　第四节　跨境电子商务与传统外贸 …………………………………… 15

第二章　跨境电商平台介绍与店铺注册 …………………………………… 19
　　第一节　跨境电商平台的选择 ………………………………………… 22
　　第二节　主要跨境电商平台介绍 ……………………………………… 27

第三章　跨境电商物流 ……………………………………………………… 54
　　第一节　邮政物流介绍 ………………………………………………… 57
　　第二节　商业快递介绍 ………………………………………………… 58
　　第三节　专线物流介绍 ………………………………………………… 61
　　第四节　海外仓储类物流 ……………………………………………… 67
　　第五节　FBA 物流 ……………………………………………………… 68
　　第六节　速卖通海外仓 ………………………………………………… 70
　　第七节　长三角地区跨境物流 ………………………………………… 70

第四章　跨境电商市场调研 ………………………………………………… 72
　　第一节　跨境电商市场调研概述 ……………………………………… 74
　　第二节　跨境电商的大数据分析 ……………………………………… 77
　　第三节　主要跨境电商平台的大数据分析 …………………………… 83

第五章　跨境电商选品与定价 …… 92

第一节　跨境电商选品 …… 95
第二节　跨境电商商品的价格构成及定价要点 …… 100
第三节　跨境电商商品的定价策略 …… 103

第六章　产品详情页制作与发布 …… 109

第一节　速卖通平台 …… 112
第二节　亚马逊平台 …… 119

第七章　跨境电商营销 …… 133

第一节　搜索引擎营销 …… 136
第二节　社交媒体营销 …… 138
第三节　视觉营销 …… 144

第八章　站内营销引流与促销活动 …… 165

第一节　速卖通的营销推广 …… 167
第二节　亚马逊的营销推广 …… 171
第三节　eBay 的营销推广 …… 175
第四节　Wish 的营销推广 …… 176

第九章　跨境电商支付与结算 …… 180

第一节　跨境第三方支付简述 …… 187
第二节　PayPal …… 190
第三节　WorldFirst …… 194
第四节　P 卡 Payoneer …… 203
第五节　PingPong …… 207
第六节　国际支付宝（Escrow） …… 211

第十章　客户服务技巧与纠纷处理 …… 217

第一节　跨境电商客服的职能及所需技能 …… 219
第二节　做好客服的技巧 …… 222

第三节　询盘沟通技巧 …………………………………………… 225
　　第四节　做好信用评价 …………………………………………… 232
　　第五节　售后服务之纠纷处理 …………………………………… 236

第十一章　与跨境相关的外贸知识 …………………………………… 243
　　第一节　出口货运办理流程 ……………………………………… 245
　　第二节　进出口报关与报检 ……………………………………… 249
　　第三节　出口退（免）税流程 …………………………………… 253
　　第四节　长三角地区外贸优惠政策 ……………………………… 258

第一章 走进跨境电子商务

学习目标

1. 了解经贸相关专业跨境电子商务实务的重要性和必要性。
2. 理解跨境电子商务的内涵、特征。
3. 了解跨境电子商务的相关概念。
4. 理解跨境电子商务与传统外贸的关系。

引导案例

传统外贸行业的转型——B2B 到 B2C

或为拓宽渠道追求更高的销售额，或是现有渠道增长乏力的无奈之举，近年来"转型升级"成为传统外贸行业最热门的词汇也是最主流的趋势。123 届广交会上，雨果网在走访展商的过程中发现，不少传统制造厂商已经在转型的过程中，或是有转型的打算，而其转型的方向基本上也都是同一个——跨境电商。

雨果网也与其中较具代表性的转型企业（珠海 HoldPeak），进行了深入的交流，其公司负责人李江道出了企业转型的原因，同时也坦露企业在转型过程中遇到的各种"坑"和亟待解决的问题。

毗邻深圳，珠海却面临跨境电商用人荒

珠海 HoldPeak 是一家仪器仪表（万用表、环境测量仪）生产、销售型企业，至今已有 20 多年的历史。李江告诉雨果网，从前接到的订单多是来自欧美经销商的大额订单，而近年来，随着欧美电商市场逐渐成熟，欧美的经销商数量逐渐下降，而这一现象在广交会上尤为明显——欧美采购商数量下降，印度、非洲等国家和地区的采购商数量却慢慢增多。

"很多欧美的小客户直接绕过经销商，找到我们采购；原来大的经销商，其采购量也逐渐减少，订单碎片化，所以我们也在 2015 年拓展了跨境电商的渠道，目前为止，我们跨境电商渠道的销售额能占销售总额的三分之一。"

李江介绍道，现在 HoldPeak 在亚马逊美国站、英国站、日本站等都有开店，年销千万人民币，但人才问题确实其最为担忧的。

"我们公司在珠海，在珠海做跨境电商无论是行业气氛还是配套的基础设施、物流渠道及人才资源都与一江之隔的深圳差得多。深圳跨境电商企业多竞争激烈，基础设施、物流渠道也较为完善，我们很多货物都是从深圳、香港发出去的，但最重要的一点，深圳高薪将跨境电商人才都吸引过去了，我们在珠海很难找到有经验的人才，只能自己培养。"

李江告诉雨果网，珠海的高校有很多，HoldPeak 当前更多的是招一些应届毕业生，自己培养，但谈起跨境电商运营人才流失率高的问题，李江表示，人才流失迟早会遇到的，当前也在调整模式逐步转型，想办法将有才的年轻人留下来。

转型跨境电商，备货、大促问题上吃了大亏

"区别于传统外贸的下单生产，跨境电商则是以备货销售模式为主"李江坦言，"公司转型过程中在备货问题上遇到瓶颈。"

"以前都是 B2B 客户下单后我们才生产，下一千台，我们基本上也就做一千台，最多可能会剩留一点备余的货。但针对跨境电商，肯定是要备货销售的，但是备什么类型的货？

备多少？货备在国内还是国外？货备在国内，从国内发货，物流周期就会比较长，根本没有竞争力；备在国外，风险过高，货物滞销，亚马逊要收取高额长期仓储费或是店铺遇到问题被关，钱货两空。"

李江表示，"现在针对备货问题，他们也调整了解决方案——新品上市初期发较少的量试货，如果销售状况好，就空运补货。同时后期海运的补货也及时跟进；在备货的位置选择上，会在国内工厂备一部分货，然后海外与第三方海外仓合作，将货放进海外仓，根据销售情况再分批入FBA仓。"

除了备货问题，HoldPeak在跨境电商的大促中也栽过跟头。

"在电商平台的大促中，别人的消费类产品销量都是成倍的增长。所以在不了解市场行情的情况下，我们在前年也参加了平台的大促，发了大批货过去，但结果销量只比平时多了一点，大量库存积压，最后只得亏本清仓。"李江在事后做了反思，仪表仪器类不同于日常消费品，消费者在需要时就会直接下单，不会囤货等到大促。

已接到亚马逊VC邀请，未来将在亚马逊上投入更多精力

"跨境电商是大趋势，企业的发展肯定要跟着趋势走。"李江道。

谈及未来的发展，李江透露，当前已经接到美国亚马逊VC的邀请，具体细节还在商谈中。接下来会将更多的精力放在亚马逊平台，同时速卖通较大的发展空间也是其比较看好的。从市场需求上来看，因为欧美国家人工成本较高，所以仪表仪器类产品市场较大；新兴市场中，俄罗斯和巴西也是较具发展潜质的，但物流问题却是致命的。

"仪表仪器类产品，俄罗斯消费者多为家用，但俄罗斯消费者消费水平比较低，对价格更敏感。以前俄罗斯通关比较麻烦，通常货物卡在海关都要半个月到一个月以上，不管是批量货还是小件包裹都难逃此'劫'。而现在只要不是敏感产品，基本一周左右就可以正常过关。"

对于巴西市场，李江却有忧虑，据他介绍2018年春年期间发往巴西的货，到现在还没到，客户已经退单，现在也不知道货物在哪里。

资料来源：https://www.cifnews.com/article/34800.

引导问题：

1. 案例中传统外贸型企业为何转型为跨境电商企业？
2. 思考：跨境电商与传统外贸有何区别？

第一节　跨境电商课程简介

一、开设跨境电商课程的重要性与必要性

（一）跨境电商课程的开设是国家发展"互联网+"战略的时代要求

2015年3月5日，第十二届全国人民代表大会第三次会议在人民大会堂举行开幕会。国务院总理李克强做政府工作报告提出制订"互联网+"行动计划。李克强在政府工作报告中提出：新兴产业和新兴业态是竞争高地。要实施高端装备、信息网络、集成电路、新能源、新材料、生物医药、航空发动机、燃气轮机等重大项目，把一批新兴产业培育成主导产业。制订"互联网+"行动计划，推动移动互联网、云计算、大数据、物联网等与现代制造业结合，促进跨境电子商务、工业互联网和互联网金融健康发展，引导互联网企业拓展国际市场。国家已设立400亿元新兴产业创业投资引导基金，要整合筹措更多资金，为产业创新加油助力。

中国网络贸易行业处于初级发展阶段，近年，投资、融资事件如雨后春笋，整体行业资产快速增长。截至2021年，国家海关总署明确可以做跨境电子商务进口试点的城市共有深圳、广州、重庆、杭州、上海、宁波、郑州7个城市，其他获批的十几个试点城市均只有出口试点的资格。注册跨境电子商务业务的企业有2076家，目前每年在跨境电子商务平台上注册的新经营主体中，中小企业和个体商户已经占到90%以上。

我国跨境电子商务的服务体系已经初步形成，并具有综合化、精细化、聚焦化等特点。随着我国跨境电子商务政策的利好，跨境电子商务服务业必将迎来高速发展期。从跨境电子商务进、出口结构分布情况来看，2014年超过70%的交易规模由出口跨境电子商务贡献；进口跨境电子商务比重较低，但随着中国跨境网购市场的开放、跨境网购基础环境的完善和消费者跨境网购习惯的养成，未来进口跨境电子商务比重将逐步增大。此外，随着全球网上购物市场的迅猛发展，消费和跨境网购需求日益强烈，诸多支付机构已经通过与海外跨境电子商务企业及银行等金融机构合作涉足跨境支付业务，快速进入境外支付市场。

过去的十几年间，网络彻底改变了贸易方式，网络经济正在成为中国经济增长的重要引擎之一。根据中国商务部公布的全球贸易格局报告，2013年中国进出口总值首次突破25.8万亿元，其中跨境电子商务进出口交易额达到3.1万亿元，同比增长31.3%；交易额为6.7万亿元，同比增长24%。据中国电子商务研究中心监测数据显示，2019年中国跨境电商整体交易规模（含零售及B2B）达8.9万亿元，增速可观。

（二）跨境电商课程的开设是为满足市场对跨境电子商务人才的需求

从全国的跨境电子商务版图来看，长三角轻工业发达，服饰、鞋帽和家居类产品销量领先，同时产业集群效应在长三角表现突出；以运动鞋服为主要产品的福建拥有丰富的货源采购和出口优势，同时厦门港为出口提供运输资源，促使福建成为出口商的集中地；雄厚的经济基础、高度集中的生产制造基地、丰富的外贸人才储备、超前的跨境电子商务和创业意识及便利的物流基础设施成就了广东省，使其成为出口跨境电子商务卖家领军者，品类丰富及完善的产业链是广东省出口跨境电子商务的显著特征；中西部地区，以湖北、河北、河南、四川为代表的省市正在快速发展，出口跨境电子商务运营中心向中西部转移是未来趋势，为出口跨境电子商务的发展增加机会。

可以看出，全国现在及未来对跨境电子商务人才的需求将非常巨大。人才已经成为跨境电子商务发展的瓶颈，而现有专业培养出的学生无法满足未来市场对跨境电子商务人才的需求。因此，我们从国家发展战略和市场需求出发，设立跨境电子商务课程，培养高素质的综合性应用型跨境电子商务人才，以满足国家发展"互联网+"战略的迫切要求，落实国家培养跨境电子商务人才的战略举措，满足市场对跨境电子商务人才的需求，更好地服务地方经济和国家发展。

（三）跨境电商课程的开设是经贸类专业发展的迫切要求

目前，经济学学科下设有经济学类、财政学类、金融学、经济与贸易类这四大门类，其中经济与贸易类下设有国际经济与贸易和贸易经济两个专业。与跨境电子商务相关的学科门类专业有工商管理门类下的国际商务专业、电子商务类下的电子商务专业、计算机类网络工程专业和外国语言文学类商务英语专业。这些专业，不管是从研究对象与内容、课程设置，还是人才培养目标、满足市场需求等方面，都与跨境电子商务专业存在很大的不同。跨境电商课程是以经济学各专业和特设专业为基础，在吸纳经济学、管理学、文学（商务英语）、工学（计算机）等多学科知识的基础上，形成的交叉课程、综合课程。

很多学校开设了国际经济与贸易、电子商务、商务英语和国际商务等专业，并且每年向企业输送这些专业的毕业生。但是跨境电子商务属于交叉性学科，兼具国际贸易和电子商务特征的跨境电子商务企业对人才的综合性需求较强，传统的经贸类专业课程设置无法满足企业对人才的需求。跨境电子商务企业面临着招聘不到合适的跨境电子商务人才的困境。高校仅增加国际经济与贸易、电子商务等专业的人才培养数量并不能满足企业的需求。因此，在经贸类专业增设跨境电子商务实务课程，培养解决问题能力强、专业知识扎实、知识面宽、视野开阔的综合性复合型跨境电子商务人才，已经成为现今中国高校教育迫切需要解决的问题，增设跨境电子商务课程已经成为经贸类专业发展的迫切要求。

（四）开设跨境电子商务课程的科学性和合理性

随着计算机产业的发展，世界经济逐渐由工业经济向信息经济过渡，国家间开始出现了信息产品贸易。进入20世纪90年代，现代信息网络技术更是突飞猛进地发展，将国际贸易带进信息化时代。网络的发展不仅对贸易产生了极大的影响，贸易中的组织结构也随着网络的发展发生了变化。在经济商贸领域，跨境电子商务的蓬勃发展不仅使电子化经济逐渐成形，还使传统的国际贸易发生突破性变革，将国际贸易推进到跨境电子商务的新世纪。以敦煌网为代表的跨境电子商务迅速崛起，推动我国对外贸易进入新时代，为保持对外贸易稳定持续增长发挥了重要作用。跨境电子商务的迅速发展是市场、金融、全球一体化发展的必然趋势。在今后的发展中，一个属于跨境电子商务的新商业文明正在浮现。

跨境电子商务这一新的贸易业态和商业文明日益受到政府、企业和大学的重视。2015年两会政府工作报告提出了"互联网+"国家发展战略，制订"互联网+"行动计划，推动移动互联网、云计算、大数据、物联网等与现代制造业结合，促进电子商务、工业互联网和互联网金融健康发展，引导互联网企业拓展国际市场。跨境电子商务的发展被提到了一个前所未有的战略高度。当前，国内高校经贸类专业的教学研究也日益意识到，在跨境电子商务新时代，市场对跨境电子商务人才的需求越来越大，经贸类专业以及传统的电子商务专业已经无法满足这种日益增长的需要。因此，各高校纷纷在相关专业里增设跨境电子商务课程，培养学生的跨境电子商务意识和互联网思维，以适应跨境电子商务时代，满足跨境电子商务市场对人才的需求。

二、跨境电商的研究对象和培养目标

（一）研究对象

跨境电商实务课程的研究对象是互联网等现代通信技术背景下的国际经济与贸易运行规律，以及企业经营与运作行为。跨境电子商务是随着信息技术发展起来的新型贸易形态，是建立在计算机网络基础上，以现代信息技术为核心的贸易形态。跨境电子商务不仅包括以计算机技术为基础发展起来的高新技术产业，还包括通过应用高新技术进行推广、改革、宣传的传统产业。目前全球已有许多企业利用网络进行资源整合、产品销售、企业管理及生产。跨境电子商务时代，商流、信息流、资金流、物流这四大商贸要素也发生了根本性变化。跨境电子商务改变了传统的经济贸易模式和管理理念。随着全球信息网络的快速发展，信息资源实现了无国界共享、传播、扩散，跨境电子商务为经济全球化奠定了基础。在跨境电子商务下，交易方式、沟通方式、支付方式等都发生了很大变化。以上这些都构成了跨境电商实务课程研究的内容。跨境电商实务课程共分为十一章，具体包括概述、跨境平台简介及店铺注册、跨境电商物流、跨境电商市场调研与选品、产品发布操作及优化、跨境电商营销、站内营销引流与促销活动、跨境电商支付与结算、客户服务技巧与纠纷处理等内容，涵盖了跨境电商实践的全部环节。

（二）培养目标

跨境电商实务课程培养目标如下：系统掌握现代国际经济与贸易与跨境电子商务基本理论，熟悉跨境电子商务环境、政策和法律知识，熟悉主流的跨境电子商务平台；掌握现代信息科学理论和技术，掌握跨境电子商务营销与推广理论、技术和方法，熟悉数据分析与优化理论、技术和工具；掌握消费心理学理论，熟悉跨境电子商务客户服务管理理论、技术和方法；掌握跨境电子商务企业管理理论，了解国际市场、行业和客户知识，具备互联网思维，具备跨境电子商务创业和市场开拓能力；熟悉跨境电子商务开店、店铺装修、推广优化、销售、国际商务沟通、国际物流等全流程操作和管理；紧跟现代跨境电子商务前沿技术，具有良好的市场与服务意识，能够在工作中熟练运用外语，具备跨行业、不同文化背景的工作能力和团队协作能力，具有良好的创新创业精神和国际视野。

第二节　认识跨境电子商务

一、跨境电子商务的概念

近十年来，现代通信技术迅速发展，网络改变了人们的贸易方式。网络经济正在成为中国经济增长的重要引擎之一。国际贸易网络化，跨境电子商务国际化，是未来经济与贸易发展的两大趋势。高校现在普遍设立的国际经济与贸易专业、商务英语专业和电子商务专业都无法满足这两大趋势的需求。在新的时期新的贸易背景下，跨境电子商务这一专业应势而生。跨境电子商务实务课程的产生是国家发展"互联网+"战略的时代要求，增设跨境电子商务实务课程是为满足市场对跨境电子商务人才的需求，增设跨境电子商务实务课程是高等教育学科发展的迫切要求。

"跨境电子商务"这个概念最早可以追溯到早期的电报、电话、传真、广播、电视等形式的贸易行为。1995年，中国商品订货系统成立。20世纪90年代初，跨境电子商务成为美国、加拿大等发达国家的企业新的经营方式。20世纪90年代中后期，随着互联网的普及，跨境电子商务这一概念逐渐被普遍接受和使用。跨境电子商务是指通过互联网或EDI（电子数据交换）等现代通信技术所进行的商业经济与贸易活动，具体指在网络平台基础上直接进行的在线交易，利用数字化技术将企业、海关、运输、金融、商检和税务等有关部门有机连接起来，实现从浏览贸易信息、进行贸易洽谈、签订贸易合同、采购货物、安排运输与保险、国际结算及外汇核销与退税等全部或部分业务自动化处理。

从20世纪60年代互联网诞生到20世纪90年代，随着计算机的普及和信息技术的发展，互联网迅速商业化，以其独特魅力和爆炸式传播速度成为热点。商业利用是互联网前进的发动机，站点的增加以及众多企业的参与使互联网的规模急剧扩大，信息量也成倍增加。在互联网技术飞速发展的大环境下，网络营销应运而生。

二、跨境电子商务的特征

1. 多媒体信息化

互联网多媒体技术越来越成熟，可以同时传输多种形式的信息，如文字、声音、图像等信息，使得跨境电子商务同传统贸易中的面对面的贸易形式一样丰富多彩。由于互联网上提供了关于消费者的大量信息，这使得厂商可以更好地了解市场和顾客，不仅能够取得更多消费者的信息，还能取得关于这类产品潜在顾客的信息，能够更好地了解消费者要求的变化，不仅如此，厂商还可以通过网络向更多的客户发布商品信息，这样也就能够扩展市场的范围和更好地适应市场的变化，消费者也可以更好地掌握产品和生产者的信息。总之，网络使信息更加"完全"，此外，厂商通过网络可以了解更多的技术、资本、人才等生产要素的信息以及合作项目的信息，从而增加贸易合作的机会。

2. 商品交易虚拟化

通过以互联网为代表的计算机网络进行的商品贸易，贸易双方从开始洽谈、签约到订货、结算等，无须当面进行，均通过计算机互联网络完成，整个交易完全虚拟化。未来的世界将是一个信息充分流动的数字化世界，也是一个全球统一的、虚拟化的交易市场。对于卖方来说，只要在互联网络上开设出一块特别区域，就可以把将要出售的商品形象、价格、使用方法和交易条件等陈列在模拟商场中。而买方通过浏览相关网页，一旦发现中意的产品与交易对象，就可通过互联网络与之进行洽商、签约、订货并支付，交货通知也可通过电子信箱来实现，甚至售后服务和收集客户的跟踪信息，也可通过互联网完成。总之，整个交易都在虚拟的场景中进行。但这种所谓的"虚拟"并不是虚无的，经济活动是实实在在地进行着。

3. 交易透明化，竞争激烈化

由于跨境电子商务是通过以互联网进行的，因而买卖双方从交易的洽谈、签约，以及货款的支付、交货的通知等整个交易过程都在电子屏幕上显示，非常透明。这种透明化，不仅体现在整个交易中，而且还体现在交易前买卖双方的准备活动中，以及交易后买卖双方的售后活动中。因此，任何一个网上用户，都能了解自己的任何一项网上交易过程。这种网上交易的透明化，必将使市场竞争更加激烈，从这个意义上说，跨境电子商务的发展将是对商品生产的一种挑战。

4. 整体性与时效性

整个跨境电子商务的主体是一个整体，对谁都是一视同仁，不受地域限制，不受时间限制，不因交易对象不同而有所区别，这也是跨境电子商务的广泛性。通过一根网线，将计算机连接在一起，通过电脑，使得顾客在家里就如同到了商店，挑选购买自己所需的商品，网络使商家与顾客面对面，使顾客与商品面对面，使商家与网络面对面，因此，网络广泛性与资源共享性使顾客、商家融为一个整体，网上各种各样商业信息蕴藏着巨大的商机，一旦把握住这些商机，就可以创造出巨大的利润。例如，通过搜狗、百度等知名的搜索网站，就可以查找到所需要的商业信息，或者通过比较大型的行业门户网站，可以发布商品供应信息，使商品面对全球顾客。因此，整体性是跨境电子商务的最大特性，也是跨境电子商务迅速发展的主要原因。

网络商店不存在打烊，只要服务器不关，就是24小时全天候营业。因此，跨境电子商务具有极强的时效性。对于一条有用的商业信息，谁先把握，谁就能最先获利，同样，相同的商业信息，谁先发布，谁就可能先获利，后者就可能失去这样的机会。例如，对于一个夜光杯商店来说，某一家公司求购夜光杯的信息就是商机，如果能早一天获取这条消息，那么就有可能与其进行网上交易，从而从交易中获利，相反，对于后来者，就失去了这次交易的机会。对于一个购买商品的顾客来说，对于一些稀有珍品，在网上发现该商品的信息较晚，就可能被别人抢先购走，从而失去购买机会。对于相同有用信息，总是先看到的人受益更大一些，或者说有更大的选择余地。

5. 交互式与拟人化

企业可以在互联网上展示商品目录、提供有关商品信息的查询、与顾客做互动双向沟通、收集市场情报、进行产品测试及消费者满意调查等。跨境电子商务是一对一的、理性的、消费者主导的、非强迫性的、循序渐进式的，而且是一种低成本与人性化的贸易形式，避免了推销员强势推销的干扰，并且能够通过信息提供和交互式交谈，与顾客建立长期良好的关系。

三、跨境电子商务的优势

跨境电子商务与传统的贸易方式相比，主要有以下几个优势：

1. 降低交易成本

买卖双方通过网络直接接触，无须贸易中介的参与，减少了交易的中间环节；参与交易的各方只需要支付网络通信和管理费用就可存储、交换和处理信息，节省资金，降低成本。由于Internet是全球性开放网络，有

拓展阅读1.1
跨境电商与国内电商有何不同？

利于交易双方获得"完整信息",降低了市场搜寻成本,减少了交易的不确定性;在网上直接传递电子单证,既可节约纸质单证的制作费用,又可缩短交单结汇时间,节省利息开支。

2. 提高工作效率

现有的网络技术实现了商业用户间标准格式文件(如合同、提单、发票等)的即时传送和交换,买卖双方足不出户就可在网上办理订购、谈判、签约、报关、报检、租船订舱、缴税、支付结算等各项外贸业务手续,缩短了交易时间,且快捷方便,从而带动了金融、海关、运输、保险等有关部门工作效率的提高。

3. 增强企业竞争地位

公司和厂商可以申请注册域名,在互联网上建立自己的网站,通过网页介绍产品各方面的信息、劳务和宣传企业形象,有利于扩大企业知名度,开拓海外市场和提高国际竞争力。此外,跨境电子商务无时间、地域的限制,并且受自然条件影响小,可以进行"全天候交易",帮助企业把产品推向全球,这样不仅增加了贸易机会,同时又有助于及时、准确地掌握市场动态,密切同客户的业务联系,提高其市场竞争地位。

4. 促进地区贸易的发展

对于一些经济条件差的地区,由于受到地理条件的约束,交通发展相对滞后,贸易发展缓慢,使得这些地区的特色商品无法进入大城市商品市场进行销售,进而使得该地区的经济更加落后,地区贸易发展不畅。跨境电子商务的兴起,为这些地区的贸易发展提供了便利,只要这些地区的计算机网络得到了发展,那就为这些地区的商品的消费提供了保障。因此,跨境电子商务的发展,为消费者了解交通不便地区的商品提供了平台,为这些商品的区域贸易发展构建了销售渠道,进而促进区域贸易的快速发展。

5. 跨境电子商务促进共享经济的发展

共享经济的发展就是去中介化和再中介化的过程。去中介化:共享经济的出现,打破了劳动者对商业组织的依附,他们可以直接向最终用户提供服务或产品;再中介化:个体服务者虽然脱离商业组织,但为了更广泛地接触需求方,他们接入互联网的共享经济平台。共享经济平台的出现,在前端帮助个体劳动者解决办公场地(WeWork 模式)、资金(P2P 贷款)的问题,在后端帮助他们解决集客的问题。同时,平台的集客效应促使单个的商户可以更好地专注于提供优质的产品或服务。跨境电子商务平台的兴起为全球资源的整合、跨境合作的开展、产业结构的优化提供了有效的途径和全新的发展空间。现代互联网、物联网技术的不断成熟,将有助于促进贸易便利化和国际商事规则的完善,有助于消除贸易障碍和投资壁垒,构建公平、透明、可预期的国际营商环境,实现互利共赢。从 O2O 到共享经济,跨境电子商务可以促进我国共享经济的跨越发展。

第三节　我国跨境电商的发展历程

一、第一阶段：1997—2000 年，跨境电子商务从概念阶段进入实践阶段

我国内地第一笔 Internet（互联网）电子交易的时间是 1998 年 3 月 18 日 15 点 30 分。为本次交易提供网上银行服务的是中国银行，扮演网上商家的是世纪互联通信技术有限公司。第一位网上交易的支付者是浙江电视台播送中心的王轲平先生；第一笔费用的支付手段是中国银行长城卡；第一笔支付费用是 100 元；第一笔认购物品是世纪互联通信技术有限公司的 100 元上网机时。中国银行开展网上银行服务的最早时间是 1996 年。1997 年年底，王轲平先生发现了这个站点，并填写了申请书。在接到王轲平先生的申请后，世纪互联通信技术有限公司开始着手进行这次交易的内容，实质性的时间大约为 15 天。王轲平先生成为第一个在中国 Internet 上进行电子交易的人。这次交易也是国内企业与消费者在互联网上的"第一次亲密接触"，预示着我国的跨境电子商务从概念阶段进入实践阶段。

拓展阅读 1.2
1997 年—2000 年与中国跨境电商发展有关的重大事件

二、第二阶段：2001—2006 年，跨境电子商务风起云涌阶段

中国的跨境电子商务实践更多的是受到西方发达国家的影响和启示。

1994 年 7 月，时年 30 岁的杰夫·贝佐斯创立了以一条贯穿南美洲河流命名的网站——亚马逊。亚马逊开始只是一家网上书店，直到 2001 年亚马逊宣传口号改为"最大的网络零售商"。2001 年亚马逊实现盈利，并且营业额逐年增长。贝佐斯也被称为是"跨境电子商务之父"，他开启了跨境电子商务世界的大门，让商务从此搭上"互联网的快车"。

eBay 于 1995 年 9 月成立，谁也没有想到，eBay 是其浪漫的创始人皮埃尔·奥米迪亚为了帮其女友交换糖果而建立的，后来演变成一个二手拍卖市场。eBay 全球扩张始于 1999 年，初次登录点是英国、德国和澳大利亚。紧接着在 2000 年，eBay 进入日本和加拿大市场，市场份额不断扩大，至 2001 年年底，eBay 交易平台在 30 多个国家开展了其业务。2002 年 eBay 通过收购易趣网进入中国市场，2003 年在国内的 C2C 市场占据了接近 80% 的份额。不过其照搬美国的经验进入中国，利用收取服务费的方式盈利，很快被中国的另一家强大的跨境电子商务公司击垮，无奈之下退出中国。

因此 eBay 是最早完成跨境电商国际布局的平台，一直是跨境电子商务的领导者和开拓者。相比较而言，亚马逊发展则比较保守。自从 2004 年收购中文网站卓越网（Joyo.

com)以来就未再进入其他国家,而是专注于美国市场以及六大海外网站(加拿大、中国、日本、英国、德国和法国)中稳步新增产品门类,直到 2010 年亚马逊才重新开始全球化战略布局。

在这个阶段,不得不提到一个比较特别的行业——虚拟数字货币交易。当时出现了一批从事游戏币交易的商人,他们交易的不是商品而是虚拟数字货币。"魔兽世界"是这个行业的典型代表。

2004 年王树彤从卓越网离职后创办敦煌网,主打小额在线批发。2006 年以 eBay 起家的 Dealextreme(帝科思,即后来的 DX)上线,以电子产品为主。2007 年兰亭集势上线,成为中国第一家有风投参与、以自营为主的外贸电商平台。这个时期平台电商开始活跃。从此,中国跨境电商开始出现垂直电商、平台电商和第三方卖家三种形式并存的局面。到现在基本上是以第三方卖家为主,垂直电商和平台电商为辅的发展势态。也就是说,第三方卖家是跨境电商主力。

三、第三阶段:2007—2010 年,跨境电子商务群雄争霸阶段

(一)主要企业

这一阶段,当当、卓越、慧聪、全球采购、淘宝等这些名字成了当时跨境电子商务界响当当的名字。这些企业,在短短的数年内崛起,和网游、SP(互联网服务提供商)企业等一起搅翻了整个通信和网络世界。这个阶段对跨境电子商务来说最大的变化有三个:大批网民逐步接受网络购物的生活方式,而且这个规模还在高速地扩张;众多中小型企业从 B2B 电子商务中获得订单,获得销售机会,"网商"概念深入商家之心;电子商务基础环境不断成熟,物流、支付、诚信瓶颈得到基本解决,在 B2B、B2C、C2C 领域里,不少网络商家迅速成长,积累了大量的跨境电子商务运营管理经验和资金。

拓展阅读 1.3
2007—2010 年,跨境电子商务群雄争霸阶段主要事件

在跨境电子商务方面,这个时期的企业主要有 eBay、亚马逊、敦煌网、兰亭集势、大龙网、米兰网、DX、麦包包等。这个时期除了大量第三方平台卖家之外,也出现了一批比较知名的中国跨境电子商务平台。从表 1-1 中我们可以了解一些基本情况。

表 1-1 2010 年知名跨境电商平台基本情况

企业名称	创始人	成立年份	地点	员工数量/人	年营业额	商业模式
敦煌网	王树彤	2004	北京	600	15 亿美元	B2B、小额批发
兰亭集势	郭去疾	2007	北京	600	3 亿美元	时尚行业的亚马逊
大龙网	冯剑峰	2009	重庆	400	0.3 亿美元	外贸 O2O 电商平台
米兰网	冯伟	2008	成都	300	0.6 亿美元	时尚服装电商

（二）贸易特点

1. 小额度多频次的贸易方式

这个时期的国际贸易方式与传统的国际贸易方式不同，传统的贸易方式是大额度小频次，这个时期的贸易方式逐渐转为小额度多频次。主要有三个方面的原因：一方面是受 2008 年全球金融危机的影响，这是直接的催化原因，越来越多的进口商开始尝试小额度多频次的形式来规避风险；另一方面是，参与跨境电子商务的人员和公司越来越多，产品越来越丰富，产品更新迭代越来越快，这就要求小额度多频次的贸易方式以适应需求；第三个方面是，现代物流的发展，特别是国际快递的快速发展，为小额度多频次贸易方式提供了物流支持。

2. 网络支付工具 PayPal 等的流行

在这个时期以及后期推出的网络支付工具有 PayPal、易宝支付、百付宝、网易宝、汇付天下、天天盈、首信易支付、网银在线、汇通、网银在线、快钱、环迅 IPS、首信易支付、云网、银联支付、支付卡等。

3. 利润高

跨境电子商务利润一般比国内电商高 10%～20%，个别产品利润可达到 100%。如一个 10 元钱进价的耳机，如果在国内通过某网络购物平台销售，可以卖到 15 元～20 元，但要销售到国外，通过 eBay 平台，便可销售 10 美元。10 元～20 元人民币和 10 美元之间的差别很能打动人。并且，外贸 B2C 成本也并不比国内高多少。美国买家网上订购 iPhone 4 屏幕贴膜，美国当地发货隔日到，9.95 美元；中国本土发货 2～15 天到，3.39 美元，免运费。

4. 产品多样化

早期的跨境电子商务卖家多考虑有东方特色的商品，具体的销售商品包括旗袍、中国功夫套装和鞋、玉器等。最早的跨境电子商务产品是虚拟产品——游戏币，成了利润最高的产品。再后来，IT 产品、游戏产品、电脑配件和 3C 电子产品、服装服饰、快消品等全面开花。

5. 营销手段多样化

跨境电子商务公司充分应用了各种现代网络营销工具，具体包括搜索引擎、论坛、视频网站、博客、脸书、推特、YouTube 等。兰亭集势利用谷歌技术优势，将搜索引擎优化和谷歌广告投放精准性做到极致。从 2008 年起，兰亭就已经运用博客进行营销，并开始尝试脸书；2009 年在 YouTube 上发布了公司视频和产品视频；2010 年在推特上已有数以万计的拥趸。2009 年以后，DX 也开始做社交网络营销，其粉丝数超过 9 万人。DX 主要采用论坛营销，独立论坛聚集客户，并且通过和论坛合作，把网站相关的产品信息、打折优惠信息曝光，并把不同的产品推送到不同的论坛。

6. 商家

中国跨境电商玩家主要来自几个方面：①海归派。国外电商飞速发展让他们抓住时代发展潮流。②早期游戏币玩家转向跨境电商，寻找新的出路。③PayPal 系。外贸 B2C 高度依赖 PayPal，在 PayPal 中国公司的人很容易看到这块巨大"蛋糕"。④SEO 派。当看到低调的外贸 B2C 网站在 Adwords 领域的投入是会坐不住的。前谷歌中国总裁特别助理郭去疾等人敏锐地发现海外个人消费者对"中国制造"的需求依然强劲，纷纷进入外贸 B2C 这片"蓝海"。⑤传统代工生产型企业。发现提货的人几乎都是从事互联网的，也开始跟随，利用网络营销，发家致富。

（三）贸易内容

1. 最早的跨境电商产品是虚拟产品——游戏币

这在前面已经讲过（详见第 8 页）。

2. IT 产品、游戏产品、电脑配件和 3C 电子产品

拓展阅读 1.4

2007—2010 年，跨境电子商务群雄争霸阶段主要贸易模式

为什么这些产品首先爆发？因为懂电子商务的人肯定是先懂电脑的那批人，然后自然就延伸到电子产品乃至其他更多的品类。例如创立于 1997 年的日本乐天，2001 年成立的美国新蛋，都是做电脑、消费电子、通信产品的网上超市。一般较大的第三方平台把电子产品作为主要品类。如果提到电子产品，就不得不说深圳。深圳是全球重要电子产品制造基地，深圳手机、程控交换机、通信基站、计算机等多项产品产量位居全国乃至全球前列。电子信息产业是深圳加工制造业的第一支柱产业，也是深圳加工贸易的主力军。

3. 服装服饰

2009 年亚马逊收购了 Zappos，英国时尚电商龙头 ASOS 快速崛起，引起中国跨境电商的关注。服装服饰等产品逐渐成为外贸 B2C 的主要品类。米兰网一直深耕于服饰领域，婚纱、Cosplay 等长尾类服饰是米兰网的重点产品。除了国外电商环境的影响，中国跨境电商也在积极寻找和尝试自己的热销品类，终于，婚纱、假发、航模、眼镜等一批非常适合做电子商务的产品走进人们的视野。

4. 快消品

2005 年，大家开始把热销产品和快销产品搬到线上，如化妆品、母婴产品等。卖纸尿裤怎么赚钱？但是一个叫 Diapers 的网站恰恰就是卖纸尿裤引起了亚马逊的注意，最终被亚马逊以 5.4 亿美元收购。

2012 年，一般的产品线上都有了，这个时候你想在网上卖一个新的东西比较困难，但是天下不缺少聪明人。通过系统解决方案就可以在网上卖一些特殊的产品。比如利用海外仓，就可以把大家电、家具和那些易碎产品放到国外去卖。还有，如果能建设标准化的冷供应链，把储藏、运输、温度这些问题都解决了，就可以在网上卖食品、生鲜。这一阶段，

大卖家都在开发智能产品，穿戴设备、智能家居等产品。

四、第四阶段：2011 年至今，跨境电子商务蓬勃发展阶段

从几个主要平台发展趋势来看，eBay 首先爆发。亚马逊 2010 年开始实行全球化战略，到 2013 年取代 eBay，成为跨境电商热点。此时 eBay 基本处于饱和状态。特别是，DX 在 2013 年 5 月 22 日于中国香港上市。兰亭集势于 2013 年 6 月 6 日在美国纳斯达克上市。DX 和兰亭集势相继上市，把中国跨境电子商务行业推向一个高潮。2013 年 Wish 上线，在短时间内发展成为最具潜力和最被看好的移动端跨境电商平台之一。速卖通增速是发展最快的，某些品类甚至达到百分之几百的增长。亚马逊紧随其后，基本上保持双位数增长，而 eBay 只是保持个位数的爬行增长。

整个行业欣欣向荣，绝大部分跨境电商卖家埋头赚钱，和内贸电商烧钱买流量普遍亏损形成鲜明的对比。2020 年《亚洲电子出口贸易报告》显示，中国的 eBay 卖家销售额上涨了 46%，远高于亚洲其他地区。在中国，年营业额超过 100 万美元的顶级卖家有 657 位，其中，收入最高的卖家年营业额达 3860 万美元。eBay 美国站是中国卖家最为活跃的平台，而家居类产品则是销售量最高的商品。

2018 年以来，跨境电商逐步进入跨境电商多种模式融合发展时期。2018 年，《电子商务法》正式通过，对跨境电商电商等电商平台进行法律监督和指导，完善监管流程和制度，促进行业走向程式化规范化。另一方面，各地政府也在加快跨境电商综试区建设力度，在其稳步发展过程中，跨境电商行业界普遍认为，跨境电商在全球范围内发展态势良好。2015 年以来，分五批共建 105 个跨境电商综合试验区。2018 以来，新增 3 个综合保税区，共 92 个综合保税区。在成熟期阶段，跨境电商在中国经济新常态背景下的发展态势良好。

2020 年，新冠疫情催生了商业行为的演变，这种变化逐渐从消费端传导到供给端上，进而带来电商产业整体效率的提升，这对跨境电商产业链发展是个难得的机遇。中国的电商渗透率及增长率表现极为亮眼，受益于我国优秀的疫情控制能力，2021 年我国跨境电商规模 1.98 万亿元，其中出口 1.44 万亿元，同比增长 24.5%。

第四节 跨境电子商务与传统外贸

2009 年，我国外贸的出口额超过美国，成为世界上货物出口贸易规模最大的国家。2013 年，中国首次超越美国，跃居世界第一大货物贸易国。然而过去中国主要依托的是传统外贸，特别是以加工为主的出口贸易方式和以劳动密集型产品为主的出口产品结构，这

也成为拉动中国国民经济增长的主要力量。但随着国内原材料、用工成本、人民币汇率"三价齐涨"和国际经济形势普遍低迷等多重压力下,"中国传统外贸转型升级"成为迫切需要解决的命题。由于世界经济下行的压力一直存在,国外采购商为加快资金流转、降低存货风险,会更侧重订单小额、复购率高的贸易采购形式。对于传统的中国外贸企业来说,必须改革复杂的外贸供销体系,实现效率化、透明化、扁平化,更好地适应以小订单、多频化为特征的新外贸时代。虽然现在的跨境电商 B2B、B2C 模式都是从传统外贸演化而来,但是跨境电商与传统外贸还是有着很大的区别。

一、跨境电商成本低、速度快

传统外贸的出口业务由于交易流程环节多,贸易周期较长,导致在整个交易过程中,交易双方在信息流、物流、商流和资金流的对接中所产生的费用大大增加了商品流通成本。以 L/C 结算方式为主的出口外贸流程为例,在整个交易过程中,涉及的相关业务机构和管理部门包括外贸双方银行、外汇管理局、船公司、保险公司、海关、国税局等。出口商和进口商需要完成的交易流程接近40个环节,其中从出口商的商品推销到商品在海关处离港,中间就需要经过20个环节;当进口商收到出口商的发货通知到接收货物,中间需要经过17个环节。海关通关、检验检疫、外汇结算、出口退税、进口征税等环节属于国际贸易的专属环节,而且在个别环节上,有可能因为操作单位效率低下等问题,直接导致货物交付时间过长甚至货物变质等现象发生,给交易双方带来损失。

而跨境电商通过"流程"的便捷化把复杂的外贸供销体系打造成更加适合当下小订单、高频化的国际贸易采购场景。通过跨境电商,一件商品从一国工厂生产出来后,依靠互联网和国际物流,直接销售给海外的零售商或终端消费者,大大减少了中间环节,降低了成本和门槛,提高了回款速度和效率,加快了对外贸易节奏。由于跨境电商平台的介入,生产企业或者工厂只需要把货物交给跨境电商平台,平台可以协助或负责对商品进行线上的推广、支付或办理物流、通关等手续,从而节省了制造商在传统外贸业务中所耗费的非主营业务精力。特别是对缺少人力和资金的中小外贸企业来说,更是如此。由此可见,跨境电商与传统外贸相比,在沟通方式、订单类型、价格利润、交易流程、支付物流上都有着明显的改观。

二、跨境电商对传统外贸的作用

(一)促进贸易要素多边网状融合

随着全球范围内互联网技术、物流、支付等方面的迅猛发展与逐步完善,基于大数据、云计算等信息技术的提升与挖掘，国际贸易中的商品流、信息流、物流、资金流等要素在各国间的流动变得更加合理和有效。跨境电商使得各国间实现优势资源有效配置、提升购物效率和购物体验成为可能。跨境电商促进了贸易要素的配置从传统的双边线状结构向多边网状结构的方向演进。

（二）提升国际贸易组织方式的柔性

近年来，国际贸易的组织方式已由过去的大宗集中采购、长周期订单、低利润运营的刚性组织方式逐渐向小批量、高频次、快节奏的柔性组织方式转变。跨境电商在信息、技术方面的优势使得它比传统国际贸易更具灵活机动性，也使得企业或消费者可以按需采购、销售或者消费。

（三）提升国际贸易产品附加值

跨境电商可以把一国优质的商品通过互联网平台直销全球，从而促进该国自主品牌的发展，提升该国产品的附加值。以往我国虽然拥有较强的加工制造能力，甚至被称为"世界工厂"，但是很多企业缺少自主品牌，只是为国际品牌企业从事代工生产的OEM制造商。而跨境电商使代工企业能走上前台，直接面向消费者，并做大做强自有品牌，特别是有利于中小外贸企业增强国际竞争力，积累国际市场营销经验，促进外贸增长方式转变。

（四）扩充国际贸易的交易对象

传统国际贸易的交易对象多以实物产品和服务为主，其品类扩展往往受限。但随着跨境电商的迅速发展，以软件、游戏、音像等为代表的虚拟产品由于不涉及物流配送，交易瞬间完成，正成为跨境电商新一轮贸易产品的重要延伸方向。但虚拟产品的知识产权保护、海关监管的缺失、关税的流失等问题也为跨境电商虚拟产品贸易的发展带来挑战。

本章首先对跨境电子商务理论基础进行了详细的讲解，包括其概念、特征、优势；然后介绍了我国跨境电子商务的发展现状，其中通过贸易新模式、特点及产品等进行了分析，通过这些分析，大家可以直观地看出跨境电商广阔的发展前景；最后讲述了跨境电子商务与传统外贸的联系与区别。

通过本章的学习，希望大家对跨境电商的内涵和发展前景有一个基本的认识，能够对今后的学习树立信心、指明方向，并在实际运用中正确地认识跨境电商与传统外贸的区别。

关键词

跨境电子商务　　精准营销　　社交媒体营销　　网络营销　　传统外贸
众筹　　共享经济

1. 什么是跨境电商及其特征与优势？
2. 跨境电商与传统外贸有何差异？

实训专题

1. 你知道哪些跨境电子商务平台？请分别对它们进行评价。
2. 假设你生活在 2025 年，"互联网+"各产业均已发展完全，请描述一天的生活。

[1] 马化腾，等."互联网+"国家战略行动路线图 [M]. 北京：中信出版集团，2015.
[2] 翁晋阳，Mark，等. 再战跨境电商 [M]. 北京：人民邮电出版社，2015.
[3] 吴喜龄，袁持平，等. 跨境电子商务实务 [M]. 北京：清华大学出版社，2018.
[4] 范春风，林晓伟，余来文，等. 电子商务 [M]. 厦门：厦门大学出版社，2017.

第二章
跨境电商平台介绍与店铺注册

学习目标

1. 了解跨境电商平台选择的内容。
2. 理解多平台运行的优点和难点。
3. 理解跨境电商平台的选择策略。
4. 了解各主要跨境电商平台的特点和规则。
5. 理解各主要跨境电商平台的运营策略。

◎ 引导案例

跨境电商平台新手如何选择

随着跨境电商行业的发展,以及越来越多的跨境电商平台来中国招商卖家,中国进入跨境电商行业的人越来越多,对于刚刚接触跨境电商的人来说,听到最多的可能是亚马逊、速卖通、eBay、Wish、Shopee等主流平台了,那么2021年,对于刚刚进入的新手卖家而言该怎么选择跨境电商平台呢?

1. 速卖通 2010年4月上线。市场面向俄罗斯、巴西、以色列等国家。平台前期拥有可观的利润,但近年来,卖家需要花费大量资金进行站外引流,使得门槛越来越高,新规出台更是让广大卖家苦不堪言。平台最不缺的就是买家资源,但是流量大部分倾斜给了金牌、银牌卖家,同时还要收取保证金、佣金、年费、手续费、运费等各项费用。平台在价格上竞争激烈,有时候价格会压得很低,才能有相应优势。

2. eBay 1995年创立于美国,市场主要是美国和欧洲。开店的门槛低,但需要的东西和手续比较多;平台规则偏向买家,如果遇到投诉是麻烦的事,所以产品质量一定要有保障。免费开店,但上架需要收费,前期产品不能超过10个,审核周期较长,出单周期长,需要积累信誉。eBay成功的关键是选品,操作简单,投入小,适合有一定外贸资源的人。因为平台资历较久,所以很多低货值产品被大卖家把持。如今不少买家都在用海外仓做大件产品,但大件产品成本高,不适合新手。

3. Wish 2011年成立于美国硅谷,2013年正式进军外贸电商领域。Wish是新兴的基于App的跨境电商平台,主要靠价廉物美吸引客户,在美国有非常高的人气,90%的货都来自中国。对中小卖家来说,Wish的成功让大家明白移动互联网的真正潜力,Wish更偏向于客户,所以卖家在退货纠纷中较吃亏,且商品审核期较长,平台佣金较高,物流解决方面也不够成熟。Wish一直致力于让卖家操作简单,所以平台竞争程度激烈。如果想要赚钱,只有精品店铺一条路可走,但精品店铺的投入需要相当长的周期,短期内不会有很好的效果。

4. 亚马逊 作为热门平台,因为流量大、客单价高、注册没有押金、商品审核快等优势,受到卖家的青睐。亚马逊拥有强大的物流体系FBA,帮助客户打理发货,管理后期的仓储、配送、物流,包括可能出现的退货问题;在全球拥有149个运营中心,能快速将商品配送至全球180多个国家和地区的消费者手中。亚马逊的成本低、利润高、货源充足,支持全球开店。全球有14个站点,其中11个已为中国卖家开放。为什么选亚马逊?因为亚马逊客户群庞大,客户对价格并不敏感,所以产品利润率有保证,平台对于上架新品会扶持一定的流量，前期只要大量铺货就可以带来订单。

5. Shopee　Shopee 是目前东南亚的一个电商平台，消费人群也主要是东南亚地区的一些国家，虽然平台成立于 2015 年，但是用户数量却非常庞大，拥有 6 亿名，腾讯占股 40%，所以注册 Shopee 需要使用 QQ 号，Shopee 运营是这些平台当中最简单的，可以短时间看到效果，而且几乎是零成本开店，但是 Shopee 的利润比较低，一般都是以店群为主，单量大。

跨境电商平台千千万万家，选择适合自家产品的跨境电商平台，取决于日后自家产品进军海外市场的程度。对新手而言，亚马逊和 Shopee 是个非常不错的选择，投资小且回报快，感兴趣的话可以尝试一下。

资料来源：http：//m.cifnews.com/article/54384.

引导问题：
思考：跨境电商平台选择应考虑的因素有哪些？

第一节　跨境电商平台的选择

一、跨境电商平台评价体系

根据跨境电商进出口的整个流程，卖家选择跨境电商平台时，需要考虑该平台的目标用户、支付方式、物流、平台服务等众多因素。即跨境电商平台评价体系应从目标用户、平台卖家、转入条件和支付方式、网上服务平台、物流和其他服务五个方面进行评价。

1. 目标客户

跨境电商经营者必须做出合理决议，决定到底该服务哪些国家或地区的用户。不同跨境电商平台所涉及的用户身在不同国家或地区，其文化差异极大，所以在选择跨境电商平台时，应结合目标客户群体所在国家或地区，选择该国家或地区用户最常用的跨境电商平台。

2. 平台卖家

在选择跨境电商平台时，也需要考虑平台上其他卖家的情况，比如是个人卖家还是企业卖家，来自哪个国家或地区，销售产品属于哪个类目等。平台卖家选择平台时的考虑因素如表 2-1 所示。

表 2-1　平台卖家分类情况

分类依据	说　　明
类型	个人卖家还是企业卖家
地区	来自哪个国家或地区
产品种类	销售产品属于哪个类目，如汽车配件、服装等
企业规模	大、中、小
企业经营情况	根据企业的销售量、顾客数量等划分

3. 准入条件和支付方式

各大跨境电商平台对于卖家的要求不尽相同，部分平台只接受企业卖家，不接受个人卖家或对个人卖家的要求非常严格，因此，个人卖家在进入该平台之前必须考虑这一因素，此外，各大平台的收费模式也有明显的差异，收费模式主要有年费、交易佣金、服务费等，不同平台的收费模式也大相径庭。

跨境电商平台除了保证自身产品质量和服务以外，还需要了解用户的需求，其中支付就是这些需求中重要的一部分。全球各地区的用户在网上购物时，所使用的支付方式不尽相同，如表2-2所示。

表2-2　各地区常用的支付方式

地　　区	常用的支付方式
北美地区 （泛指美国和加拿大）	熟悉各种先进的电子支付方式，如网上支付、电话支付、邮件支付等，信用卡支付是常用的在线支付方式
欧洲	欧洲人习惯的电子支付方式除了维萨（VISA）和万事达（MasterCard）等国际卡外，还喜欢使用当地卡，如Maestro（英国）、Solo（英国）、Laser（爱尔兰）、Carte Bleue（法国）等
日本	以信用卡付款和手机付款为主，常使用支持20种货币的JCB信用卡进行网上支付
澳大利亚、新加坡、南非和南美地区	习惯的电子支付方法是VISA和MasterCard，也习惯用PayPal电子账户进行网上支付
欠发达地区	东南亚、南亚、非洲的中北部等欠发达地区，一般使用信用卡支付。但由于风险较大，卖家要充分利用第三方支付商提供的反欺诈服务，事先屏蔽恶意欺骗或有风险的订单

4. 网上服务平台

网上服务平台最近几年更加注重用户体验，用户体验主要分为感官体验、交互体验和情感体验三类。感官体验是用户视听上的体验，强调舒适性，一般在色彩、声音、图像、文字内容、网站布局等方面进行呈现；交互体验是用户使用、交流过程的体验，强调互动、交互特性，交互体验的过程贯穿浏览、点击、输入、输出等过程；情感体验是用户心理上的体验，强调心理认可度，例如很多网站设立了客服，客服回答的及时性、解决问题的快速性等都影响着用户的情感体验，如果用户能通过站点认同、抒发自己的内在情感，那说明该平台的用户体验效果较好。

5. 物流和其他服务

众多跨境电商平台涉及国际物流，他们会选择第三方国际物流，但可供选择的第三方国际物流公司在物流时间、物流成本等方面具有各不相同的特点。此外，很多跨境电商平台在境外设立了海外仓，缩短了物流时间，提高了效率，所以海外仓也是需要考虑的关键因素。

跨境电商平台的主要服务是产品销售，但是围绕产品销售，平台会根据自身情况和用户需求提供其他相应的服务。各大平台提供的此类服务也有较大差异，卖方需要根据自身情况选择适合自己的平台。跨境电商平台的其他服务如表2-3所示。

表 2-3　跨境电商平台的其他服务

其他服务	说　明
个性化定制	例如，兰亭集势的突出点是婚纱的个性化定制，吸引了广大适婚人士在该网站上进行注册和购买
产品收货、分拣、打码、质检等预加工处理服务	为卖家提供了便利，提高了效率
跨境贸易结算、通关代理等服务	减少程序，为卖家提供了便利
信贷服务	解决卖家和买家资金难的困扰，如敦煌网与DHCredit合作
培训	从事跨境电商的人员，需要有较强的外语能力及专业知识储备，平台可为新手提供培训
营销推广	为卖家提供提高产品曝光度的营销工具，包括定价广告、竞价广告和展示计划等
代运营服务	为卖家提供店铺装修及优化、账号托管等服务

二、跨境电商平台选择策略

1. 了解各平台对于卖家的准入条件及各平台的相关规则

卖家分为企业卖家和个人卖家，国内的跨境电商平台如敦煌网、速卖通等均接受个人卖家和企业卖家，对卖家的要求比较低，只需要实名认证即可入住平台。但是境外的很多跨境电商平台如 eBay、亚马逊等对卖家的要求相对较高，在注册的时候需要提交相关证明，如将要销售产品的发票，银行开户证明等，企业卖家还需要提供营业执照等相关证明并进行认证，同时会被收取一定的交易费用。

卖家应熟悉平台的规则。敦煌网的卖家都来自中国，敦煌网能做到较为公平地对待买家和卖家，且风控经验丰富（控制买家欺诈做得好）；速卖通也比较公平地对待买家和卖家，不过其规则常会发生一些变化，卖家需要及时进行了解；eBay、亚马逊作为境外的知名跨境电商平台，其规则对于卖家而言较为严格，注重保障买家的权益。如果买家投诉卖家售卖仿制产品，eBay 和亚马逊会立刻冻结卖家账号，只有卖家提供相应的证据证明自己所销售的不是仿制产品时，eBay 和亚马逊才会将账号解冻。

2. 分析平台所针对的买家群体

买家群体大致分为零售和小额批发商，考虑自己的产品特点及企业特点，如果产品主要销售给个人，那么可以选择 B2C 平台，如兰亭集势、米兰网、敦煌网、速卖通等，境外平台主要有 eBay、亚马逊等。

清楚平台买家的分布地区。各大平台的精力有限，所以其推广的地区往往具有针对性，各地区的买家对于平台的使用频率也略有差异。另外，平台知名度也在各大地区存在差异，卖家应考虑平台在境外地区的知名度等，从而选择适合自己产品销售地区的平台。例如，如果企业的产品主要销往美国，那可以考虑美国买家群体较大的亚马逊或 eBay。

3. 掌握平台销售的产品信息和其他卖家的情况

从销售产品的品类看，跨境电商平台销售的产品品类从服装服饰、3C 产品、计算机及配件、家居园艺、珠宝、汽车配件、食品药品等便捷运输产品向家居、汽车等大型产品扩展。eBay 数据显示，eBay 平台上增速最快的三大品类依次为家居园艺、汽配和时尚。eBay、亚马逊等网站所销售的产品品类多种多样，但也有很多网站主打某类产品，如兰亭集势只销售服装类产品。

4. 熟悉网上服务平台的操作

网上服务平台的评价主要可以从用户体验角度出发。

（1）感官体验，主要考虑网页色彩搭配、布局给人的舒适感程度。

（2）交互体验，就是网站的操作难易度。目前，敦煌网和速卖通最符合中国用户的操作习惯；eBay、亚马逊等对于境内卖家而言操作相对复杂，因为平台需要适应全世界卖家的习惯，不单只为中国卖家服务。

（3）情感体验，通过客服的回复是否及时，网页上是否有比较详细的 FAQ 设置等来体现。例如兰亭集势在美国、西班牙、波兰等聘请当地服务市场的客服，此举措使其与当地的买家有了更好的互动，提升了买家的情感体验。

5. 了解平台所采用的支付方式

主要从卖家的角度出发，考虑平台的支付方式是否符合买家的需求，具体的情况如表 2-2 所示，此处就不再赘述。

6. 清楚平台的物流方式及境外仓是否设立等情况

例如大龙网在俄罗斯莫斯科、巴西圣保罗、印度新德里、加拿大蒙特利尔、澳大利亚堪培拉等地开设多个境外销售办公室，拥有 200 多名外籍员工，主要负责境外的销售和推广工作。它还在各地设立了仓储设施，在国内长三角、珠三角等地拥有仓库，在东莞拥有公共监管仓，仓内对接海关，可实现一站式通关出口；在黑龙江省拥有合作配送点，为外贸企业的俄罗斯市场开发提供便利；在俄罗斯、印度、英国、美国、澳大利亚等国家拥有境外仓，提高了物流的便利性。

7. 探索各大平台提供的其他服务

敦煌网除了提供基于平台的基本服务外，也在优化一体化服务，例如提供 30 多种支付方式、20 多种物流方式、多种信贷服务及其他的增值服务；大龙网属于跨境 O2O 模式，它建立了云库房，实现了本土化运营；兰亭集势具有供应链优势，营销能力强，采取了本土化举措。在选择时，卖家需根据自己产品的特点及所需的服务和平台的特点进行匹配，看哪个平台最符合自己的要求。

三、多平台运行的优势和难点

由于各个跨境电商平台所针对的目标用户群体有所差异，为了拥有更多的用户，部分卖家会选择多平台运行。

拓展阅读2.1
跨境电商平台有哪些可以做

（一）多平台运行的优势

多平台运行的优势可以简单地概括为五大"多元化"，即市场多元化、渠道多元化、产品多元化、推广多元化和服务多元化。

1. 市场多元化

众多国家形成的广阔市场空间，经济水平决定的强大消费能力，开放的消费观念及成熟的消费市场，这些条件为跨境电商的发展提供有利环境。

不同的跨境电商平台定位不同的目标国家或地区，卖家选择多平台运行可以获得更多更广阔的市场，可同时在几个目标市场上进行销售，再根据用户消费情况进行取舍。

2. 渠道多元化

用户在购买商品的时候会选择不同的跨境电商平台，跨境电商平台也会根据不同的用户需求，推出相关的促销或线下活动等。进驻不同的跨境电商平台的成本，比进驻线下的超市、加盟店等渠道的成本低很多，卖家可以多渠道开拓市场。

3. 产品多元化

很多企业实行多元化经营战略，在产品的设计上进行拓展，有些企业会设立子品牌，目的是获得更多的用户。在同一跨境电商平台上罗列自己的全部产品，可能会引起用户的认知错乱，无法记住其标识性的产品，因此，卖家可以在不同的跨境电商平台进行销售，通过不同的平台销售不同的产品，提高用户对品牌的认知度。

4. 推广多元化

媒体的多样化和受众信息需求的多元化，共同促进了传播平台的多样化，选择跨境电商多平台运行，实质上也是在构建多元化的传播平台。卖家将信息发布在多个跨境电商平台上，它就存在更多被分享、收藏、购买的可能性，只要产品对于买家群体有吸引力，买家的好友就会继续分享、传播、购买。多元化推广能为产品带来更多的展示平台，更好的排名和更多的外链等。

5. 服务多元化

选择多平台运行，卖家能够享受到多平台带来的多元化服务。

（二）多平台运行的难点

1. 选择跨境电商平台难

不同的跨境电商平台的功能、服务、操作方式和管理水平相差较大，理想的跨境电商平台应具有良好的国际品牌形象、简单快捷的注册手续、稳定的后台技术、快速周到的客户服务、完善的支付体系、必要的配送服务以及具有售后服务保证措施等基本特征。同时，平台还需要有大的访问量、订单管理等基本功能，并且可以提供一些高级服务，如营销推广、访问流量分析、信贷等。此外，收费模式和费用水平也是重要的影响因素之一。不同的企业对网上销售有不同的要求，选择适合本企业产品特点的跨境电商平台，需要花费不少精力，完成对跨境电商平台的选择确认大概需要几小时甚至几天的时间，多平台耗费的时间会更多。

2. 网上商店建设难

卖家在跨境电商平台上可以上传产品信息或开设店铺，跨境电商平台为卖家提供了丰富的功能和简单的操作界面，通过模板式的操作即可完成平台上店铺的建设或产品信息的上传。但是各个平台所采用的系统是不同的，有些平台可以直接上传产品图片和文字说明，有些平台则需要卖家对店铺进行高级管理。运行多平台的卖家需要对各个平台进行探索和了解。此外，语言的差异也是卖家的障碍。

3. 业务推广难

当店铺建好后，最重要的问题就是如何让更多的用户浏览并购买产品。整个跨境电商平台中可能有数以千计的专卖店，某一个网上专卖店只是其中很小的组成部分，通常被隐藏在二级甚至三级目录后，用户可以直接发现它的可能性比较低。同时，同一个平台上还有很多竞争者在争夺有限的潜在用户资源。因此，网上商店对平台的依赖程度很高，这在一定程度上对卖家所建立的网上商店或上传的产品信息的效果形成了制约。想要在数量众多的网上商店或产品中脱颖而出，并不是一件容易的事情，这需要卖家针对每个平台采取不同的推广手段。

第二节　主要跨境电商平台介绍

一、全球速卖通平台

全球速卖通（AliExpress）于 2010 年 4 月上线，是面向全球市场打造的在线交易平台，其首页如图 2-1 所示。为了让卖家能够系统地了解全球速卖通平台，本节将从速卖通平台的介绍、规则、注册和运营策略四个方面进行详细讲解。

（一）全球速卖通平台的介绍

卖家在开展全球速卖通平台的相关工作时，首先要了解该平台的发展现状和平台特点，明确这个平台是否适合自己进行商品销售工作。

图 2-1　全球速卖通首页

1. 全球速卖通平台的发展

全球速卖通被广大卖家称为"国际版淘宝",于 2010 年 4 月正式上线。全球速卖通平台是面向全球买家的线上交易平台。之所以被广大卖家称为"国际版淘宝",是因为它的运营模式与淘宝相同:卖家将各种各样的商品编辑成在线信息,通过平台展示到境外的各个国家和地区,境外买家下单后,平台卖家就可以通过跨境物流将商品运输到买家手中,从而与全球多个国家和地区的买家达成交易。自 2010 年上线以后,全球速卖通平台已经覆盖 230 个国家和地区的买家,支持世界 18 种语言,境外成交的买家数量突破 1.5 亿名。

在全球速卖通平台上,目前销量较好的行业有 22 个,其中包括服装、珠宝首饰、鞋包、手表、手机通信、消费电子、电子化办公、安防、汽车摩托配件、家居园艺、灯具照明、美容健康等。

2. 全球速卖通平台的特点

（1）入驻门槛低

拓展阅读 2.2
速卖通启动 C2M

全球速卖通平台的入驻门槛低。它对卖家没有企业组织形式与资金的限制,公司或个体工商户都可以在平台上发布商品。卖家在发布 10 个商品之后,就可以在平台上建立自己的店铺,可以直接面向全球 200 多个国家和地区的买家推广商品。

（2）交易流程简便

全球速卖通的另一大特点就是交易程序简便。在该平台上有许多优质的物流供应商入驻,出口报关、进口报关由全球速卖通上的物流供应商操作完成。买卖双方的订单生成、发货、收货、支付等过程全部在线上完成。双方的操作模式近似于国内的淘宝平台,非常简便。

（二）全球速卖通平台的规则

为了维护平台秩序,保障卖家权益及买家利益,全球速卖通平台制定了一系列的规则。

卖家在注册平台账户前需要了解的规则主要包括基础规则、禁限售规则和招商规则。这三种规则涉及的具体内容较多，这里只对部分内容进行介绍，卖家在实际运营推广中可以到速卖通官方网站查看所有规则内容。

1. 基础规则

在全球速卖通的基础规则中，需要卖家重点了解的有注册规则、认证规则和开通店铺规则。

（1）注册规则

注册规则包括但不限于以下内容：

①卖家在速卖通所使用的邮箱不得包含违反国家法律法规、涉嫌侵犯他人权利或干扰全球速卖通运营秩序的相关内容，否则速卖通有权要求卖家更换相关信息。

②卖家在速卖通注册使用的邮箱、联系信息等必须属于卖家授权代表本人，速卖通有权对该邮箱进行验证，否则速卖通有权拒绝提供服务。

③卖家有义务妥善保管账号的访问权限。账号下（包括但不限于卖家在账号下开设的子账号内的）所有的操作及经营活动均视为卖家的行为。

④全球速卖通有权终止、收回未通过身份认证或连续一年180天未登录速卖通或Trade Manager（贸易通）的账户。

⑤卖家在全球速卖通的账户因严重违规被关闭，不得再重新注册账户；如被发现重新注册了账号，速卖通有权立即停止服务、关闭卖家账号。

⑥全球速卖通的会员ID在账号注册后由系统自动分配，不可修改。

（2）认证规则

①全球速卖通平台接受依法注册并正常存续的个体工商户或公司开店，并且有权对卖家的主体状态进行核查、认证，包括但不限于委托支付宝进行实名认证。通过支付宝进行实名认证的卖家，在对速卖通账号与支付宝账户进行绑定的过程中，应提供真实有效的法定代表人的姓名、身份信息、联系地址、注册地址、营业执照等信息。

②完成认证的卖家不得在速卖通注册或使用买家账户，若速卖通有合理依据怀疑卖家以任何方式在速卖通注册买家账户，则有权立即关闭买家会员账户，且对卖家依据本规则进行市场管理。对于情节严重的，速卖通有权立即停止对卖家的服务。

（3）开通店铺规则

开通店铺规则包括但不限于以下内容：

①卖家（无论是个体工商户还是公司）还应依法设置收款账户，应按照卖家规则提供保证金或缴纳履约保证金；未完成资金缴纳的卖家不得开始线上销售。

②卖家同意就每个开设的店铺，按入住的类目（经营大类）在其指定的支付宝账号内缴存资金，并由支付宝冻结作为平台规则的履约保证金。如果卖家的店铺入驻多个类目（经营大类），而卖家规则无其他规定，则该店铺卖家应缴纳多个类目（经营大类）中金额要求最高的保证金。各个类目的保证金为1万～5万元。

③完成认证和入驻操作的卖家主动退出速卖通平台不再经营的，平台将停止卖家账号下的类目服务权限（包括但不限于收回站内信、已完结订单留言功能及店铺首页功能等）、停止店铺访问支持。若卖家在平台停止经营超过一年的（无论账号是否使用），平台有权关闭该账号。

2. 禁限售规则

全球速卖通平台明确规定了一些禁限售商品，包括但不限于毒品、易制毒化学品及毒品工具、危险化学品、枪支弹药、管制器具、军警用品、危害国家安全及包含侮辱性信息的商品等。

3. 招商规则

在招商规则中，全球速卖通明确规定了一些对于卖家品牌和店铺的规则，其中卖家最需要了解的是全球速卖通平台的店铺销售计划。该计划与亚马逊平台的店铺销售计划（专业销售账户和个人销售账户）相似。全球速卖通有两种销售计划类型：标准销售计划和基础销售计划，一个店铺只能选择一种销售计划类型。标准销售计划和基础销售计划的区别如表2-4所示。

表2-4　标准销售计划和基础销售计划的区别

开店项目	标准销售计划	基础销售计划	备注
店铺的注册主体	企业	个体工商户/企业	注册主体为个体工商户的卖家，店铺初期仅可申请基础销售计划，当基础销售计划不能满足经营需求时，满足一定条件可申请转换为标准销售计划
开店数量	不管个体工商户还是企业主体，同一注册主体下最多可开6家店铺，每个店铺仅可选择一种销售计划		
年费结算奖励	中途退出：按自然月返还未使用年费；经营到年底：返还未使用年费，使用的年费，根据年底销售额完成情况进行奖励	中途退出：全额返还；经营到年底：全额返还	无论哪种销售计划，若因违规违约关闭账号，年费将不予返还
销售计划是否可转换	一个自然年内不可转换至基础销售计划	当基础销售计划不能满足经营需求时，满足以下条件可以申请标准销售计划（无须更换注册主体）：①最近30天GMV≥2000美元；②当月服务等级为非不及格	
功能区别	可发布在线商品数≥3000	①可发布在线商品数≤500；②部分类目暂不开放基础销售计划；③每月享受3000美元的经营额度（即买家成功支付金额），当月支付金≥3000美元时，无搜索曝光机会，但店铺内商品展示不受影响；下个自然月初搜索曝光恢复	无论何种销售计划店铺均可正常报名参与平台各营销活动，不受支付金额限制

（三）全球速卖通平台的注册

全球速卖通的注册流程主要包括注册账号、完善信息和等待审核三个阶段。

1. 注册账号

（1）进入注册流程页面

卖家进入全球速卖通的首页后，找到"注册"按钮，进入注册流程页面。

（2）填写信息

卖家进入注册流程页面后，会看到注册账号所需要填写的信息，包括公司注册地所在国家、电子邮箱、登录密码等，根据提示填写即可。

（3）验证信息

填写信息完成后，卖家需要进行验证并勾选相关协议，然后进行手机号和电子邮箱的验证，即可进入下一流程。

2. 完善信息

（1）选择认证方式

卖家在完善信息的步骤中，首先要选择自己的认证方式，分为企业认证和个体工商户认证两种。

①企业认证包括两种形式：一种是卖家企业已经在支付宝上完成过验证，根据提示登录支付宝认证即可；另一种是卖家企业未在支付宝上完成过验证，需要准备公司名称、注册号、法人代表姓名、营业执照图片和法人身份信息等，以便后续资料上传。

②个体工商户的认证方式与企业认证的方式相似，同样包括两种形式：一种是卖家个体已经在支付宝上完成过验证；另一种是卖家未在支付宝上完成过验证，需要准备公司名称、注册号、法人代表姓名、营业执照图片和法人身份信息等，以便后续资料上传。

（2）上传信息

这里以卖家企业未在支付宝上完成过验证为例进行介绍，卖家进入上传信息界面后需要上传营业执照、企业名称等信息，此时根据实际情况上传即可。卖家将相关信息填写完成后，即可确认提交。

3. 等待审核

根据注册流程的提示确认提交后，卖家需要等待2～3个工作日，全球速卖通平台会将审核结果发送至卖家的注册邮箱。审核通过后，卖家即可开始运营全球速卖通的店铺。

（四）全球速卖通平台的运营策略

注册完成后，卖家即可开始对自己的全球速卖通平台店铺进行运营推广工作。新手卖家在运营推广店铺时有商品和店铺两个运营关键点需要注意，下面分别是从全球速卖通平台的商品角度和店铺角度进行运营策略讲解。

1. 商品角度运营策略

（1）类目准确

卖家首先要选好商品类目，然后准备商品的图片和信息。新店在开张的第一个星期内，最好有200个商品上架。此外，卖家不可将商品错放类目，如果错放商品类目，那么买家在通过类目导航进行搜索时，就无法找到卖家的商品，而且错放类目的商品还会影响排名。

（2）布局多样

商品最好分为三种类型。第一种是利润款，即能赚钱、有利润的商品；第二种是日常款，即补充店铺商品数量的商品；第三种是引流款，即热销的商品。卖家需要准备，5～10款热销的商品，设置价格为平台最低价格，用来引入流量，从而保证能够持续不断地有买家进入店铺。

（3）信息完整

商品信息主要包括商品标题、商品属性和商品描述。除了大量丰富的商品外，商品标题是商品能不能被买家搜索到的重要影响因素，而商品属性和商品描述则是买家最终决定是否下单购买的关键性因素。

2. 店铺角度运营策略

（1）装修方式

卖家在装修店铺时要打造一个风格清晰、结构明显的店铺内容。店铺风格和结构对于店铺而言非常重要，它能让买家清晰、快速、准确地了解卖家的店铺。卖家要明确的是，店铺风格和结构并没有统一标准，而是要根据卖家的商品风格和目标买家来确定。

（2）自我诊断

卖家要时刻关注店铺动态，注意商品是否侵权、属性是否错误等。卖家至少每周进行一次店铺的自我诊断，发现问题及时处理。

（3）售后服务

卖家要做好店铺的售后服务工作。买家的问题要全部处理好，服务好每一个购买商品的买家。另外，卖家要及时跟踪订单运转情况，最好固定时间检查物流更新，如果有异常物流，主动向买家解释，以赢得谅解。如果商品到达目的地国家（地区），要及时通知买家查收商品。最好是能开通7天免费无忧退货，这样会获得平台授予的特定标志，该标志可以有效地增加商品的点击率和转化率。

（4）平台活动

卖家要积极参与全球速卖通的平台活动。要注意的是，参加活动的商品一定要有现货或稳定的货源。另外，卖家还可以设置店铺自己的活动来刺激销量。店铺活动可以是每周设置1～2次的打折活动，限量会给买家紧迫感，营造抢购的氛围，发放优惠券、满减等活动可以有效地提升店铺销量。

二、亚马逊平台

（一）亚马逊平台的介绍

亚马逊成立于 1995 年 7 月，总部在美国西雅图。亚马逊首页见图 2-2。2015 年，亚马逊全球开店业务进入中国，旨在借助亚马逊全球资源，帮助中国卖家抓住跨境电商新机遇，发展出口业务，拓展全球市场，打造国际品牌。在全球范围内，亚马逊平台的知名度和美誉度都很高，是卖家从事跨境电子商务的首要选择。目前，亚马逊的美国、加拿大、墨西哥、英国、法国、德国、意大利、西班牙、荷兰、瑞典、日本、新加坡、澳大利亚、印度、阿联酋、沙特和波兰等 17 个海外站点已面向中国卖家开放，吸引了数十万中国卖家入驻。因为亚马逊平台的北美站、日本站、欧洲站、澳大利亚站这四个站的跨境电子商务市场和运营体系都较为成熟，所以本节将以北美站、日本站、欧洲站和澳大利亚站为例进行讲解。

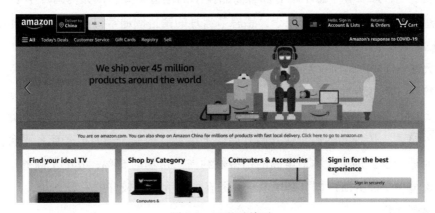

图 2-2　亚马逊首页

1. 亚马逊北美站

亚马逊一直都是众多中国卖家开始跨境电子商务之旅的起点，而北美站则是中国卖家优先选择的海外站点。亚马逊北美站包括美国、加拿大和墨西哥三个站点，卖家入驻亚马逊北美站后，可在卖家后台进行站点的切换，进而分别将商品销售往美国、加拿大、墨西哥这三个国家。

（1）美国站点的特点

美国站点面向的是美国市场，其特点主要包括市场容量大、市场接纳性强、市场注重商品质量、市场季节性强。

①市场容量大

美国是世界上较大的消费品市场，市场容量较大。美国居民的人均年收入较高，消费意识较强，对于日常消费品的更新较快、购买次数较多，而美国国内的劳动力成本较高，一般不进行生产活动，所以美国居民的很多日用品都是从国外进口而来，故而市场容量较大，中国卖家易于进入该市场。

② 市场接纳性强

美国市场民族各异、阶级层次分明，市场接纳能力强。美国属于移民国家，有多个种族组成；其次美国贫富差距较大，高、中、低收入阶层构成了不同层次的消费群体和不同层次的特定市场，且规模可观。因此，来自世界各地的高、中、低档商品，在美国都有很大的需求。

③ 市场注重商品质量

美国市场重质量、讲品牌，尤其注重商品质量安全。美国市场所讲的商品质量的含义与我国的商品质量的含义有所差别，它并不局限于商品的功能是否强大、商品本身的寿命等，还包含了使用说明及售后服务的质量。

④ 市场季节性强

美国市场销售商品的季节性较强，主要包括春季（1～5月），夏季（7～9月），节日季（11～12月）等。每个季节都有商品换季的销售高潮，例如美国每年11月第4个星期四的感恩节就是商品的销售旺季，感恩节当月的销售额通常要占全年销售额的1/3。

（2）加拿大站点的特点

加拿大站点面向的是加拿大市场，其特点主要包括跨境电子商务发展空间大、买家多元化。

① 跨境电子商务发展空间大

加拿大网络普及率高，但本地电商的发展却较为落后缓慢。近年来迫于电商平台对传统零售业的挤占，传统的零售企业开始开展线上活动，但完全通过电子商务平台销售商品的电商企业还较少。加拿大本地电商的销售额约占总市场的55%，其电子商务市场的近一半份额被跨境电子商务所占据，跨境电子商务在加拿大有着较好的发展空间。

② 买家多元化

加拿大是典型的移民国家，移民率高，导致社会构成较为复杂，其国家及民族的观念和意识较为薄弱。除了多种族的人口构成，加拿大还将英语、法语两种语言作为官方认可语言，并受到多种族多文化的特殊环境影响，由此造成了国家文化的多元化，买家的购买需求也偏向多元化。

（3）墨西哥站点的特点

墨西哥站点面向的是墨西哥市场，其特点主要包括国家经济开放、买家超前消费观念强烈、跨境市场潜力大。

① 国家经济开放

墨西哥位于美洲中心地带，是南北美洲陆路交通的必经之地，俗称"陆上桥梁"。墨西哥是拉美经济大国，也是世界最开放的经济体之一，它一直都是拉美国家中最大的中国商品出口目的国。

② 买家超前消费观念强烈

墨西哥居民超前消费的观念强烈，在商场购买金额稍大的商品时都倾向于分期付款。

③跨境市场潜力大

墨西哥是一个自由市场经济国家,总人口约为1.3亿,互联网的渗透率为56%。互联网用户超过7000万名,其中3800万名是网上购物者。不过在墨西哥跨境电子商务兴起的时间较短,跨境电子商务的市场潜力较大。

2. 亚马逊日本站

相比亚马逊的其他国家站点,日本站点买家的消费习惯与中国买家更为接近,对于想要开展跨境电子商务的中国企业来说,亚马逊日本站是个不错的选择。

日本站的特点主要包括电商覆盖率高、商品复购率高、商品退货率低。

(1)电商覆盖率高

日本的移动电商规模大,日本买家已经习惯用手机社交和购物。大多数买家不止一个手机,手机覆盖率高达100%,其中约70%的日本买家会通过电子商务的方式进行购物,电子商务的覆盖率极高,跨境电子商务极易发展。

(2)商品复购率高

日本文化非常注重忠诚,日本买家一旦认可一个品牌,就会对这个品牌产生依赖性,因此商品复购率高。

(3)商品退货率低

日本买家在选购商品时,对商品质量及商品的展示形式与效果要求都很高,一旦选中某个商品就很少会退货,从而降低了卖家在大型平台上的商品销售成本。

3. 亚马逊欧洲站

欧洲站的流量堪比北美站,竞争压力相比稍小,吸引了大量的中国卖家去开拓市场。卖家入驻亚马逊欧洲站后,即可将商品销售到英国、德国、法国、意大利和西班牙等国家和地区。其中英国站点、德国站点、法国站点在欧洲市场极具代表性。

(1)英国站点的特点

英国站点的特点包括买家追求实用性和电商市场快速发展。

①买家追求实用性

英国买家在购买商品时对于商品的细节比较关注,追求商品的质量和实用性。

②电商市场快速发展

近年来,英国在线购物的买家人数越来越多,每周英国在线消费支出就高达11亿英镑,其中近1/3买家曾向非欧盟海外跨境电商卖家购买过商品,且英国买家的网络下单和支付规模在不断刷新着纪录。

(2)德国站点的特点

德国站点面对的是德国市场,其特点包括本土商品优质、买家退货率高、买家较为理性。

①本土商品优质

德国人的工匠精神以及对于工作的严谨性和专业性使德国出现了约2000个世界名牌。

德国本土的商品已经足够优质,其他国家的商品要想进入德国市场,就需要在品质上精益求精,方能得到德国人的认可。

②买家退货率高

德国人的退货率很高,将近50%,这与德国的法律和买家的消费行为有关。德国的法律规定,网购时买家可以将没有开封的商品在14天内退回。德国人经常会购买多个颜色或尺码的商品,在试用过后将不满意的那部分退掉。

③买家较为理性

德国人的消费观念相对其他国家而言较为理性,基本上不会冲动消费。购买奢侈品的人比较少,相对于外在的追求,这样的买家更注重生活品质。

(3)法国站点的特点

法国站点面对的是法国市场。法国买家一般会在网站上直接搜索自己想要的商品,准确、全面和富有吸引力的商品信息能够更有效地吸引买家。法国买家网购的目的性相对而言比较强,他们很多时候都是确定了想要购买什么商品才去网上购买。另外,因为法国的旅游业发达,所以与旅游、文化和服务相关的商品备受法国买家青睐。

4. 亚马逊澳大利亚站

澳大利亚站点是亚马逊近几年新开拓的市场,澳大利亚站特点主要包括买家购买力高和国家进口需求大。

(1)卖家购买力高

地处南半球的澳大利亚是全球较为富有的国家,个人平均财富值较高,再加上澳大利亚的互联网渗透率更是高达88%,所以澳大利亚的买家在跨境电子商务方面的购买力相对较高。

(2)国家进口需求大

澳大利亚的制造业落后,对于进口需求较大,而中国正好制造成本很低,有价格优势,是其进口大国。

(二)亚马逊平台的规则

为了维护平台秩序,保障卖家权益和买家利益,亚马逊平台制定了一系列的规则。卖家在注册平台账户前需要了解的规则主要包括卖家行为准则、卖家资质审核、违规侵权政策、产品合规政策等。由于不同站点涉及规则有所不同,内容较多,在这里就不一一阐述,具体内容登录亚马逊全球开店官方网站查询。

亚马逊全球开店规则及政策及图2-3。

拓展阅读2.3
亚马逊平台的五个规则是什么?

图 2-3 亚马逊全球开店规则及政策

（三）亚马逊平台的注册

卖家选择好要入驻的亚马逊站点后，就要开始进行站点的注册工作。只有完成注册之后，卖家才能拥有自己的店铺后台，进行商品上传、数据查看等后续运营工作。

1. 准备注册资料

（1）联系方式

卖家的联系方式主要包括电子邮箱、名称、电话、地址等。

①电子邮箱

由于亚马逊平台没有用于买卖双方进行实时沟通的通信工具，所以一般的店铺问题都是通过电子邮件的方式来进行处理。

卖家准备电子邮箱时不可以使用国内的电子邮箱，如 QQ 邮箱、网易 163 邮箱。如果使用国内的电子邮箱，可能卖家会收不到平台邮件和买家邮件，导致无法及时处理店铺问题。

另外，邮箱的账户名称尽量和亚马逊的店铺名称保持一致，例如某一个卖家的店铺名称命名为 Sara，那么这个卖家在注册邮箱时，可以将邮箱的用户名编辑为"Sara@+ 邮箱后缀"。这种邮箱的设置方式，在买方通过邮箱和卖方联系时，有助于提升店铺品牌形象。在注册邮箱时，卖方要注意店铺名称和邮箱名称是否已经被占用，建议多准备几个备用名称。

②名称

卖家注册亚马逊时使用的姓名必须是真实有效的个人姓名或企业注册名称。在亚马逊进行官方审核时，卖家可以提供该名称所属的证明材料。

③电话

电话必须是卖家长期使用的电话号码，最好办理一个专门用于亚马逊店铺的新号码，可以随时联系到相关人员，要避免号码更换、丢失等情况的发生。

④地址

要保证地址完全准确,要与可提供账单(水、电等账单,后台审核时需要)的地址一致。

(2)企业信息

①法定代表人身份证件

法定代表人是指依据法律或法人章程规定代表企业法人(企业法人是指符合国家法律规定,能够独立承担民事责任,经主管机关核准登记取得了法人资格的社会经济组织)行使职权的负责人。在注册亚马逊企业卖家时,需要提供法定代表人的身份证明。

②商业文件

商业文件对于中国内地卖家,指的是营业执照;对于中国香港特别行政区卖家,则是指企业注册证明书和商业登记条例;对于中国台湾地区卖家,则是指有限公司设立登记表或股份有限公司设立登记表、有限公司变更登记表或股份有限公司变更登记表。现阶段平台不接受个体工商户、不接受澳门特别行政区法人入驻。

2. 选择收款和支付方式

传统国际贸易的支付方式主要采用线下汇款的方式,需要买卖双方到当地银行实地操作,进行相关款项的支付和收款。与传统国际贸易的支付方式不同,跨境电子商务的支付方式主要采用线上支付的方式进行买卖双方的收款和支付。

选择收款方式

由于跨境电商平台直接使用卖家所处地区的银行卡进行订单款项提现时,需要卖家具有一定的商业资质(如,需要卖家在中国外汇局被评为A级),所以从事跨境电子商务的卖家一般是通过所开通站点国家的当地银行账户或第三方跨境支付平台来接收订单款项。

站点国家的当地银行账户的开通方式较为复杂,需要卖家到国外亲自办理,其提现转账的工作更是烦琐。而第三方跨境支付平台具有操作方便、费用低廉及提供增值服务的特点,所以第三方跨境支付平台已经成为跨境卖家选择的主要收款方式。

第三方跨境支付平台不同于银行这类传统的金融服务机构,它是具有独立运营能力的互联网支付平台,这种跨境支付平台具备较强的电子通信能力和信息安全技术,能够实现买家、银行和卖家之间快捷高效的资金流转。卖家款项的流转过程如图2-4所示。

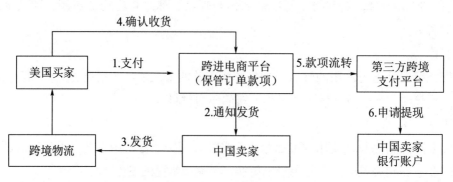

图2-4 卖家款项流转过程

通过上述过程可以看出，第三方跨境支付平台的主要功能是为跨境电子商务交易提供款项的提现功能，所以卖家在选择第三方跨境支付平台时，必须要考虑其款项提现的手续费，另一方面就是考虑平台的服务内容是否符合卖家自身要求。

目前常用的第三方跨境支付平台包括 PayPal、Payoneer、WordFirst 和 PingPong，这几个第三方跨境支付平台都支持亚马逊、eBay、Wish 等大型跨境电子商务平台的收款。关于第三方跨境支付平台，本书的第九章有详细阐述。

3. 亚马逊平台的注册流程

各大跨境电子商务平台的注册流程相似，下面以亚马逊平台北美站的注册流程为例，从创建账户、勾选卖家协议、填写卖家信息、设置收付款方式、验证税务信息、填写商品信息、验证卖家身份 7 个步骤进行介绍。

（1）创建账户

卖家在进行亚马逊平台注册时，要先创建一个新账户。创建账户成功后，卖家才可以进行下面的步骤，填写的内容包括姓名、邮箱地址、密码等。卖家想要登录亚马逊平台，必须使用邮箱和密码进行登录，所以要记清楚账户的邮箱和密码。

（2）勾选卖家协议

协议，网络协议的简称，是通信计算机双方必须共同遵守的一组约定。卖方协议则是卖家与跨境电子商务平台之间签订的一组协议约定。卖家协议对买卖双方的约定必须明确，且卖家与平台双方都需要同意并遵守卖家协议。

（3）填写卖家信息

卖家信息包括名称、详细地址、电话号码等。在进行信息填写时，卖家必须保证信息是正确的，要具体到街道、小区、门牌号，越详细越好。

一些跨境电子商务平台在填写完联系电话后，会进行验证，亚马逊平台的验证方式包括电话验证和短信验证。

①电话验证

进行电话验证时，卖家所填的电话号码所属手机会接到系统打来的电话，按照系统的提示将计算机中显示的 4～6 位数字验证码输入手机进行验证，若验证码一致，则认证成功。

②短信验证

进行短信验证时，卖家所填的电话号码所属手机会收到一个短信，短信包括 4～6 位的数字验证码，将其正确地输入注册网页中，即可认证成功。

（4）设置收付款方式

所谓设置收付款方式，即卖家在相关页面填写已经申请好的可以支付美元的中国境内双币信用卡和第三方跨境支付平台的相关信息，如信用卡的卡号、有效期等。

在注册完成后和账户运营过程中，卖家可随时更换信用卡信息。但是对于某些跨境电子商务平台，卖家频繁更改信用卡可能会触发跨境电子商务平台对于账户的再次审核。再次审核一般更加严苛，可能会导致账户被封。

（5）验证税务信息

验证税务信息是一个自助的验证过程，它指导卖家输入身份信息来确认卖家的账户是否需要缴纳美国的相关税费。大部分身份信息会从卖家之前填写的信息中抽取出来预先填入。中国卖家必须完成此审核流程，才可以完成注册流程。

验证税务信息是为了针对当地买家收税，不是向中国卖家征税，所以中国卖家不必担心出现额外扣钱的情况，根据选项据实填写即可。

（6）填写商品信息

在该步骤中，亚马逊会列举一些问题让卖家回答，进而了解卖家所售的商品性质和开始销售时的商品数量。然后基于这些商品信息，平台会推荐适合卖家账户的相关工具。该步骤可跳过，待账户注册成功后可在卖家后台继续完善。

（7）验证卖家身份

身份验证是卖家在亚马逊开店前必须进行的一个步骤，也是最后一个步骤。进行卖家身份验证时主要验证法定代表人身份证件和商业文件，这两个信息必须符合以下条件。

①法定代表人身份证件的条件
- 身份证件上的姓名必须与营业执照上法定代表人的姓名一致。
- 身份证件上的姓名应与注册的亚马逊账户上的姓名完全匹配。
- 必须由中国内地、中国香港、中国台湾出具。
- 身份证件必须在有效期内。

②商业文件的条件
- 提供彩色照片/扫描件，不接受黑白复印件，图片必须完整、清晰、可读。
- 营业执照/香港商业登记条例距离过期日期应超过45天。

卖家验证身份时，如果未被审核通过，那么亚马逊会将审核不通过的原因提示发送至卖家的注册邮箱。

完成上述步骤之后，卖家即完成亚马逊平台北美站的注册流程，可以进入店铺后台进行管理工作。跨境电子商务平台注册流程大致相似，但是具体的注册流程和内容会根据站点国家的不同而发生一些变化，例如欧洲站，除了提供企业信息外，还需要提供企业受益人的数量，并填写每位受益人的联系信息。

（四）亚马逊平台的运营策略

1. 关键词排名查询

追踪亚马逊卖家Listing下关键词的排名及变化情况，卖家可根据排名数据变化来指导关键词设置和评估营销推广（PPC或其他促销）活动的效果。

拓展阅读2.4
亚马逊listing是什么意思？

站内关键词搜索排名对于产品获得曝光机会（即销售机会）意义重大，数据显示通过关键词搜索排名获得的流量可以占 Listing 总流量的 70%。

2. 竞争对手销售追踪

追踪竞品的每日销售数据（或竞品近一个月的销售数据），从而了解该产品的市场需求及竞争情况，制订相应的营销和配货计划。

（1）追踪的竞争对手应该是功能相近且排名靠前的产品（非周边产品）。

（2）合理步骤：确定目标——追踪销量——制订营销和配货计划——冲击目标排名。

（3）亚马逊产品缺货一周内未能补充库存，则帖子下线，且排名权重清零。

3. 中差评提示

提高卖家店铺运营效率，同时监控多站点、多店铺和多 Listing 的每日中差评数据，及时反馈跟进产品中差评管理，从而维持产品 Review 的高星级（高转化率）。

（1）亚马逊 70% 的用户需要参考产品历史评论来进行购买决策。

（2）评论星级会影响搜索列表页到详情页和详情页到订单的转化率。

（3）根据差评内容，解决买家订单问题后，买家可以修改和移除差评。

4. 页面分析器

按照亚马逊站内 Listing 基本标准，对产品详情页进行检测并优化，主要包括标题、图片、卖点、描述、发货方式和评论情况等 8 个方面。

（1）页面优化属于亚马逊最基础的运营要求，直接影响 Listing 的转化率。

（2）新产品上线后均能分配到新品流量，转化率高低直接影响其排名变化。

5. 关键词搜索

卖家可利用输入的种子关键词找出其他相关或长尾关键词，关键词数据库来源于谷歌和亚马逊用户历史搜索大数据，直接反映用户的搜索习惯，提高关键词设置的精准度。

（1）关键词是向亚马逊系统证明产品与用户搜索相关性最直接的因素。

（2）关键词分显性关键词（页面）和隐性关键词（Search Term）。

（3）设置最大限量的相关关键词数量，以获取更多潜在用户的访问流量。

6. 产品促销——获取持续且稳定的销售订单

卖家在后台发布折扣促销活动，产品展示在相关网站上供全球亚马逊买家选购，通过折扣促销获得持续且稳定的折扣订单，从而提升排名。

（1）持续且稳定的销量（含折扣订单）是提升排名最有效的方法。

（2）推广新品时可以以最低门槛获得持续稳定的订单和较高的留评率。

（3）会员封闭社区，优质独享的海量亚马逊买家群体和海外营销红人资源。

7. 市场调研——市场需求及竞争情况分析

免费的谷歌浏览器插件，用于调研亚马逊某一品类（或关键词）下产品的市场容量和卖家竞争情况，帮助卖家在选品时更加准确地掌握市场情况，从而制定正确的选品策略。

（1）新品开发期间的市场调研数据至关重要，影响产品营销策略的制定。

（2）是否全部为亚马逊自营？是否有品牌方或大卖家占据绝对优势？

（3）根据市场数据来指导产品开发，数据化选品，降低产品开发风险。

8. 关键词规划——谷歌及亚马逊搜索大数据

通过谷歌和亚马逊用户历史搜索的大数据，为亚马逊卖家提供相关关键词的历史搜索量数据来实现产品关键词设置的深度优化，进一步提升 Listing 的搜索流量。

（1）把用户最常搜索的关键词加入到 Listing 中，提升产品搜索相关性和增加潜在用户的触达率，获取更多的流量（更多的曝光和销售机会）。

（2）站内销售良性闭环：流量——销量——排名——流量。

9. 订单自动跟进——提升留评率和减少差评

亚马逊卖家 CRM 管理系统，通过自动跟进订单并提升用户体验，帮助卖家减少产品差评、增加 VP 评论数量、培养账号 Feedback 等级和加强用户关系维护等。

（1）邮件沟通形式和邮件内容模板完全符合亚马逊规定。

（2）正常情况下用户好评留评率是 2%，差评留评率是 30%。

（3）买家遇到订单或产品问题时会通过留差评来引起卖家关注。

10. 数据分析——店铺精细化运营必备

卖家店铺后台销售数据系统分析工具：销售数据、库存预警、营销投入产出等核心数据分析，帮助卖家实现数据化店铺运营，了解每一分钱所带来的收益。

（1）亚马逊后台仅提供基础店铺销售数据，卖家需手动进行数据分析。

（2）产品精细化运营必须要先获取精准的历史营销投入产出数据。

三、eBay 平台

（一）eBay 平台的介绍

1. eBay 平台的发展

eBay 是一家面向全球的线上拍卖及购物网站，成立于 1995 年，中文名又称电子湾、亿贝、易贝。eBay 平台以 B2C 垂直销售模式为主，主要针对个人卖家或小型企业卖家。eBay 致力于推动跨境电子商务零售出口产业的发展，为中国卖家开辟直接面向海外的销售渠道。

eBay 平台上的商品多种多样，目前平台上架的商品品种超过 8 亿种，世界各国家或地区的买家都可以通过 eBay 来挑选、购买自己喜欢的商品。

虽然 eBay 平台面向的市场是全世界，但是对于中国卖家来讲，可以选择的市场主要是比较成熟的电子商务市场，例如美国、英国、澳大利亚、德国等。在这些较为成熟的电子商务市场中，买家拥有正确的网购观念和一定的购买力，并且关于跨境电子商务方面的流程、物流以及配套设施也都趋于完善。

2. eBay 平台的特点

eBay 平台的特点主要包括专业客服、入驻门槛低、定价方式多样、出单周期长。

（1）专业客服

对于中国卖家来说，eBay 具有专门的客服，可通过电话或者网络会话的形式进行沟通交流，从而帮助卖家解决店铺问题。

（2）入驻门槛低

相较于在亚马逊开店来说，eBay 开店的门槛较低，只需要注册好账号，便可以销售商品。

（3）定价方式多样

eBay 平台上商品的定价方式有多种，包括无底价竞标、有底价竞标、定价出售、一口价成交等。

（4）出单周期长

卖家刚开始要通过拍卖的形式积累信誉，而在拍卖过程中买家需要不断出价，所以出单的周期相对较长。

（二）eBay 平台的规则

在 eBay 平台的相关规则中，关于交易行为规则和买家沟通规则，具体介绍如下。

1. 交易行为规则

由于 eBay 平台上可以以拍卖的形式进行交易，所以交易行为规则会有别于其他平台，主要包括严禁卖家成交不卖和禁止卖家自我抬价。

（1）严禁卖家成交不卖

当卖家发布在 eBay 平台上的物品由买家成功竞标时，买卖双方相当于签订了交易合同，双方必须在诚信的基础上完成交易。根据这一合约，卖家不可以在买家竞标成功后拒绝实际成交或者收到货款后不发货。

如果卖家因为商品本身的原因无法完成交易（例如商品损坏），卖家需要及时与买家沟通，解释原因并提供解决方案，以获得买家的谅解。虽然在这种情况下，eBay 平台鼓励买家与卖家进行沟通获取新的解决方案，但买家不是一定要接受卖家的新建议，同时这可能会被记录为一次卖家的不良交易行为。所以卖家在发布商品时务必保证商品库存，在收到款项后及时发货以保证交易完成。

（2）禁止卖家自我抬价

卖家自我抬价是指人为抬高商品价格，是卖家以提高商品价格或增大需求为目的的出价行为。也就是在商品竞拍过程中，卖家通过注册新账号或操纵其他卖家账号进行虚假出价，或者由卖家本人或与卖家有关联的人进行虚假出价，从而达到将价格抬高的目的。

由于卖家的家人、朋友和同事，可以从卖家那里得到其他买家无法获得的商品信息，因此即使这类人有意购买商品，为保证公平竞价，亦不应参与出价竞投。卖家在以拍卖的形式出售商品的过程中，要避免这一情况的发生以保证竞价公平。

2. 买家沟通规则

卖家沟通规则主要是为了保护买家避免卖家对其造成困扰，主要包括禁止使用不良言辞、禁止未经允许乱发邮件和禁止滥用 eBay 联络功能。

（1）禁止使用不良言辞

eBay 平台不允许网站的公共区域上有任何不良的语言出现，例如辱骂、仇视等语言。所谓公共区域指的是网站上买家可查阅的所有区域，包括商品页、店铺页、讨论区、聊天室等。

（2）禁止未经允许滥发邮件

eBay 平台禁止卖家滥发垃圾邮件。垃圾邮件是未经要求发送的且具有广告性质的电子邮件。卖家需要注意的是，eBay 平台禁止发送提议在 eBay 平台以外进行私下交易的电子邮件。

（3）禁止滥用 eBay 联络功能

eBay 平台提供了一套联络系统，让买卖双方在出现交易方面的任何问题时可以彼此联系。联络系统包括联络会员、询问卖家问题等功能，这些功能的目的是为买家提供公开的沟通途径，所以必须是为了促使交易顺利进行才可以使用这个系统沟通信息，卖家不可以用于宣传店铺和商品等私人用途。

（三）eBay 平台的注册

相较于亚马逊和全球速卖通平台，eBay 的注册流程十分简单，其账户类型主要分为个人账号和企业账号。

1. 个人账号

卖家的个人账号注册，只需要填写姓名、电子邮件和密码。eBay 平台的个人账号注册界面如图 2-5 所示。然后卖家通过电子邮件进行一个简单验证即可注册成功。完善个人信息后，卖家即可开始购买或出售商品。

图 2-5　eBay 平台个人账号注册界面

2. 企业账号

卖家进行企业账号注册时需要的流程较多，主要包括填写账户信息、验证公司资料、绑定自动付款方式、填写申请表和等待审核通知。

（1）填写申请账户

卖家首先要填写企业名称、企业邮箱、登录密码和手机号码等。

（2）验证公司资料

卖家需要填写企业的地址和联络方式。卖家的联络方式主要包括姓名、手机号码等，填写完成后还要进行简单的短信验证。

（3）绑定自动付款方式

卖家需要绑定 PayPal 或信用卡作为注册账户的自动扣款方式。

（4）填写申请表

卖家需要进行相关的企业信息填写和上传。相关信息主要包括公司名称、地址、法人身份信息、营业执照等。

（5）等待审核通知

卖家处理好相关流程后即可提交申请，等待 eBay 官方人员的审核和邮件通知。eBay 官方人员一般会在 7 个工作日内处理卖家申请。

eBay 的企业账号会为卖家提供推广优惠，以及一些提升销售额的专业工具，使企业卖家更好地经营店铺，卖家可以根据自己的运营需求自行选择。

（四）eBay 平台的运营策略

1. 商品角度运营策略

将商品以拍卖的形式售卖是 eBay 平台的一大特色，所以卖家要了解 eBay 平台商品的售卖方式。eBay 平台商品的售卖方式主要包括拍卖、一口价和综合销售三种。

（1）拍卖

卖家用拍卖的方式在 eBay 平台上发布商品，是目前最常用的商品销售方式。对于一件商品，卖家要设置起拍价和在平台上的留存时间，然后在平台上拍卖，最后以商品下线之时的最高竞拍金额卖出。同时，平台也会在竞品即将拍卖结束时提高商品的搜索排名，这能让更多的买家看到商品，提高商品的曝光度。

拍卖的商品主要有以下几个特点：

①商品本身对于买家有吸引力，且是在市场上罕见的商品。

②商品要有一定的市场需求，没有需求就没有拍卖性可言。

③对于库存少、市场稀缺的商品可以进行拍卖。

④卖家没有办法估算其准确价值的商品，也可以通过拍卖的方式来获得最终的价格。

（2）一口价

一口价，顾名思义就是一次性售卖定价。一口价商品是店铺里库存量大的商品。商品的在线时长可以最高设置为 30 天，以增加商品的曝光度和展示机会。这种销售方式适合库存量大、能够长时间在线销售，且卖家想要获得可控利润的商品。

（3）综合销售

综合销售是指把拍卖和一口价相结合。卖家在拍卖时设置起拍价，同时也能设置最低价，让买家根据自己的需求灵活选购。综合销售的商品售卖方式因为灵活性更大，所以商品被销售的机会也会随之变大。

卖家可以在运营过程中尝试和研究这三种商品售卖方式并灵活运营。然后再通过 eBay 平台上的相关数据反馈调整商品的运营策略。

2. 店铺角度运营策略

从 eBay 平台的店铺角度来看，其运营策略主要包括开展买家营销、建立信誉账号、成为 Power Seller。

（1）开展买家营销

有些卖家店铺经营的是日用品、服装等，对于这些人们经常购买的商品，老买家的维系是十分重要的。卖家可以让买家关注企业或个人的推特、脸书、专业论坛等，然后经常分享一些有价值的内容或者提供一些促销活动；也可以在买家收到商品后，及时进行回访和关怀，让买家感受到良好的购物体验，提高买家忠诚度。

（2）建立信誉账号

在 eBay 平台上，卖家店铺的信誉是以反馈评价等级来衡量的。买家在购买卖家商品后，可以对卖家店铺进行评价。良好的评价等级会为卖家增加信誉度，提高买家信任度。店铺信誉的提升策略主要包括低价售卖、快速发货、认真检查和及时回复。

①低价售卖。卖家在最开始的运营阶段可以选择售卖量大而便宜的商品，这种策略可以让卖家在短时间内得到更多正面的反馈评价。

②快速发货。卖家发货时间不要超过 24 小时，应该在接收到订单后迅速发货，并且使买家能够查看到物流信息。

③认真检查。在发货前，卖家要仔细检查商品是否完整 / 包装是否有破损等，以保证商品能够以完好的状态到达买家手中。

④及时回复。如果买家在 eBay 平台上给卖家发送消息，那么卖家要及时和礼貌地回复消息。

（3）成为 Power Seller

Power Seller 是 eBay 平台上优质卖家的一种身份象征。如果卖家获取了该身份，那么就意味着拥有了一个提高商品销量的快速通道。但是卖家很难获得 Power Seller 的身份，要获得该身份就意味着卖家必须非常认真地运营店铺，并且向买家提供一流的购物体验。

卖家想要成为 Power Seller，需要满足以下四个要求：

①卖家店铺一直保持超过 98% 的正面评级状态。

②在过去的 12 个月中，卖家售出超过 100 件商品，销售额超过 1000 美元。

③卖家的 eBay 店铺已经在 eBay 平台上运营超过 90 天。

④卖家在运营店铺的过程中始终遵守 eBay 平台上的相关规则。

四、Wish 平台

（一）Wish 平台的介绍

Wish 平台被众多卖家称为手机端的亚马逊，是目前跨境电子商务领域的知名平台之一，许多卖家在 Wish 平台上获得了较好的发展，卖家可以将其作为多平台运营模式中的一个平台。

1. Wish 平台的发展

Wish 平台于 2011 年成立于美国硅谷，是一家专注于移动购物的跨境 B2C 电商平台。在 Wish 平台上，有 90% 的卖家来自中国，是北美和欧洲最大的移动电子商务平台。Wish 平台使用算法大规模获取买家数据，并为每个买家提供最相关的商品，让买家在移动端便捷购物的同时享受购物的乐趣，被评为硅谷最佳创新平台和欧美最受欢迎的购物类 App。

如今 Wish 平台已经发展成为一个与零售商和批发商合作的购物平台，它提供了从羊毛衫到香奈儿 5 号香水、从牛皮胶布到 MacBook air 的几乎一切产品，甚至涵盖了家居装饰。Wish 平台将自己定位为卖家和买家之间的中间方，每个卖家需要承担为其买家提供电子商务服务的责任。换句话说，Wish 的 App 只负责连接买家和卖家，但不直接参与买卖双方之间的任何交易。所以 Wish 平台更适合一些具有一定经验的贸易商、B2C 企业、品牌经销商入驻。

2. Wish 平台的特点

Wish 平台的特点主要包括精准买家、专注移动端和商品审核时间长。

（1）精准买家

Wish 平台的主要市场是北美地区，买家群体比较集中，卖家进入 Wish 平台市场后可进行精准营销。

（2）专注移动端

Wish 平台专注于移动端的发展。目前该平台上大多数的买家成交订单都来自移动端，且移动端的潜量较大，还有很大的市场值得去挖掘。

（3）商品审核时间长

Wish 平台对商品质量有较高的要求，对于商品的审查极为严格。因此该平台的商品审核周期比较长，一般是两个星期左右，甚至延长到两个月。

（二）Wish 平台的规则

了解 Wish 平台的规则很重要，掌握 Wish 平台的规则就等于掌握了 Wish 店铺的发展方向。卖家了解罚款规则和封号规则，有助于卖家在运用店铺时进行有效的规避。

1. 罚款规则

Wish 平台上的罚款规则主要包括出售假冒商品和操作黄钻商品。

（1）出售假冒商品

Wish 平台严禁卖家出售假冒商品。如果买家发布了假冒商品进行经营出售，那么这些商品将被清除，并且卖家将面临罚款，账号还会被暂停。

（2）操作黄钻商品

Wish 平台的黄钻商品是指当卖家的店铺销量达到要求，或者某些商品销量较高时，Wish 平台就会给卖家的商品 Listing 页面的左上角加上一颗闪烁的黄色钻石。如果卖家的商品被添加了黄钻标志，那么卖家就不可以对该商品提高价格或运费，以及降低促销商品的库存。如果将黄钻商品下架，卖家将面临被罚款。

2. 封号规则

封号规则是指卖家违反规则后，将被 Wish 平台关闭账号和店铺。Wish 平台上的封号规则主要包括虚假信息、不当引导、偷换商品和重复铺货。

（1）虚假信息

卖家在注册平台时，如果提供虚假信息会导致账号被封，例如虚假姓名、虚假公司信息等。

（2）不当引导

卖家不得引导买家离开 Wish 平台进行交易。例如，如果卖家告诉买家可以来线下门店进行交易，称门店内有更便宜的商品并且还会赠送礼品，那么就会被平台封号。

（3）偷换商品

偷换商品是指卖家在平台上发布的商品图片描述的是 A 商品，但是在实际销售的过程中将 B 商品发给了买家，则这种情况也会被封号。

（4）重复铺货

重复铺货是指卖家在同一个店铺或关联店铺中将商品重复上架。例如某卖家为了提高 A 商品的销量，将 A 商品重复上架 10 多次以便于买家能够看到，此时 A 商品就算作重复铺货，卖家可能被封号。

（三）Wish 平台的注册

Wish 平台的注册流程主要包括创建店铺、完善信息和实名认证三个阶段，如图 2-6 所示。

图 2-6 Wish 商户平台首页

1. 创建店铺

卖家在创建店铺阶段，主要是进行填写信息和邮箱验证。

（1）填写信息

卖家首先要填写注册邮箱、密码、手机号码以及进行一些验证，并且阅读 Wish 平台的相关协议。卖家的注册邮箱将作为之后登录店铺的用户名，所以卖家要保证该邮箱的可使用性。

（2）邮箱验证

Wish 平台将发送验证码到卖家的注册邮箱中，卖家需要在收到的邮件中进行相关确认。

2. 完善信息

在完善信息阶段，卖家要做的是填写店铺名称（英文）、真实姓名、办公地址、邮编等信息。需要注意的是卖家的店铺名称中不能含有"Wish"字样，且店铺名称一旦确定将无法更改。

3. 实名认证

卖家完善信息后，就意味着拥有了自己的 Wish 平台店铺，但是卖家想要发布商品，还需要尽快完成实名认证，认证信息将作为卖家拥有该店铺的唯一凭证。在实名认证阶段，卖家需要提交公司信息、法人代表信息、身份证信息和支付信息。

（1）公司信息

卖家需要上传的公司信息有公司名称、统一社会信用代码和清晰的营业执照彩色照片。

（2）法人代表信息

法人代表信息主要包括法人姓名及其身份证号码。

（3）身份证信息

卖家在验证身份证信息时，需要准备拍照工具、法人本人身份证、深色笔及 A4 纸一张。拍照工具可以使用数码相机或拍照像素为 500 万以上的手机（不要使用美颜功能）。卖家要注意的是，整个认证过程必须在 15 分钟内完成。拍摄流程及注意事项如图 2-7 所示。

图 2-7 拍摄流程及注意事项

（4）支付信息

卖家还需要添加公司所属的银行信息，以便在 Wish 平台上销售商品后能够正常收到货款。Wish 平台有多种收款方式供买家选择，主要包括 AllPay、PingPong、联动优势、派安盈、易联支付等。卖家选择好收款方式后，需要填写收款人姓名、银行账户等信息。

完成以上注册环节，卖家就可以等待 Wish 平台的审核。如果卖家的信息在审核后被退回，就需要根据审核要求进行信息的更新，以保证账户能够顺利开通。

（四）Wish 平台的运营策略

Wish 平台与亚马逊、全球速卖通、eBay 最大的区别就在于平台算法不同。该平台致力于为买家带来便捷的购物体验，利用自己独特的预算规则，将卖家的商品精准推送到买家面前，而不是被动地依赖买家搜索商品。

1. 商品角度运营策略

卖家在运营商品时，如果想要商品能够被 Wish 平台推送给买家，除了要保证商品的标题、图片、描述等优质和准确外，还需要写好 Tags 标签。Tags 标签是指与商品相关的标签关键词，卖家在填写该标签时，可以从精准设置、逐步分析、热销参考、热点选词四个方面的运营策略进行考虑。

（1）精准设置

对 Wish 平台商品的 Tags 设置，卖家不要堆砌关键词，要做到精准关键词的匹配。在其他平台上卖家，可能为了让商品有更多的曝光量，会堆积很多相关的偏冷门的关键词，但是在 Wish 平台的 Tags 设置中，一定要添加精准关键词。因为只有精准关键词才能让系统准确识别，进而将卖家的商品推送到真正需要的买家面前。卖家需要注意的是，每个商品只能添加10个标签,满10个标签后,Wish平台就会默认其他的标签无效。

(2)逐步分析

设置商品的Tags标签之前,卖家需要考虑商品定位、群体属性、目标群体品质诉求等,逐步进行分析,这样新的Tags标签就会产生了。

例如"美瞳产品"热门的标签有contact lenses(隐形眼镜)、eye(眼睛)、blues(忧郁)、make up(化妆)、eye make up(眼部化妆)、angel(天使)、beauty(美容)、eye shadow(眼影)、fashion accessories(时尚配饰)、health & beauty(健康与美丽)。

(3)热销参考

参考热销商品的Tags写法也是一种运营策略,但是卖家不可以死搬硬套,要进行甄别筛选,灵活运营。卖家也可以去eBay平台和全球速卖通平台上搜索热门关键词进行参考。

(4)热点选词

卖家根据时下热点进行选词,可以有效地提高商品曝光率。当然,热点关键词必须是与卖家商品相关的关键词。

2. 店铺角度运营策略

Wish平台在推送商品时,除了将商品的Tags作为依据外,还会考虑店铺的其他一些情况,主要包括违规率、迟发率、取消率、跟踪率、签收率、订单缺陷率、退货率和反馈及时率。

(1)违规率

违规率体现的是卖家店铺是否存在违规行为。违规行为包括出售假冒商品、发布虚假信息和不当引导等。

(2)迟发率

迟发率体现的是卖家履行订单的时效,即是否存在没有及时发货的问题。

(3)取消率

取消率体现的是由于各种因素导致卖家取消交易或买家取消交易。

(4)跟踪率

跟踪率体现在卖家使用的跨境物流,是否有效地反馈商品流转信息。

(5)签收率

签收率体现在买家能否在规定时间内签收卖家的商品。

(6)订单缺陷率

订单缺陷率体现在店铺的中评、差评、投诉、纠纷等方面。

(7)退货率

退货率体现在卖家商品销售后因为各种原因被退回,其退货数量与相同时期销售商品的总数之间的比率。

(8)反馈及时率

反馈及时率体现在卖家收到买家发送的消息后是否有及时的回复。

以上各项就是 Wish 平台推送商品的店铺依据。满足的依据越多，卖家的店铺就越可能会被 Wish 平台判断为一个优质店铺，Wish 平台就会越多地对店铺商品进行推送，从而提高店铺销量。

本章主要讲解了跨境电商选择的策略，以及全球速卖通、亚马逊、eBay、Wish 平台的基础知识、重要规则、注册流程和基本运营策略。

通过本章的学习，希望学生可以在平台选择策略上有所了解，能够根据自身特点选择跨境电商平台；了解主要跨境电商平台及其特点并能够比较分析多平台运行的优点与难点。

亚马逊　　全球速卖通　　多平台运行　　eBay　　Wish　　Listing
Tags　　Payoneer　　WorldFirst　　PingPong　　Paypal

1. 多平台运行的优点与难点分别是什么？
2. 如何根据主要跨境电商平台的特点进行平台选择？

实训专题

根据跨境电商平台的选择原则及步骤，查阅主要跨境电商平台的开店要求，选择一家适合你的出口跨境电商平台进行跨境电商交易。

[1] 黑马程序员.跨境电子商务——亚马逊运营推广 [M].北京:清华大学出版社,2020.

[2] 伍蓓,等.跨境电商理论与实务 [M].北京:人民邮电出版社,2021.

[3] 吴喜龄、袁持平,等.跨境电子商务实务 [M].北京:清华大学出版社,2018.

[4] 范春风,林晓伟,余来文,等.电子商务 [M].厦门:厦门大学出版社,2017.

第三章
跨境电商物流

1. 了解跨境物流概念。
2. 了解跨境物流涉及的企业类型。
3. 掌握不同的跨境物流模式。
4. 了解不同跨境邮政包裹特征。
5. 了解不同国际快递特征。
6. 掌握不同跨境物流模式异同和跨境物流运作流程。

引导案例

专列！跨境电商物流通道更便捷

2021年3月18日，江苏首列中欧班列跨境电商出口专列从江苏苏州鸣笛发车。由此，又一条通往中东欧国家的跨境电商"黄金通道"开始常态化运行。

据悉，此趟班列搭载的跨境电商货物主要为纺织品和家居用品，共计4468票、73.5吨，总货值约为79.33万美元，以跨境电商B2B出口（监管代码"9710"）清单模式申报。货物在苏州高新区跨境电子商务监管区查验施封后运至江苏（苏州）国际铁路物流中心，通过中欧班列以转关方式运至新疆阿拉山口口岸离境。

由于海外疫情暂未好转，全球各国纷纷采取入境管制措施限制跨境贸易物流运输，大量原本由公路、航空、海路运输的进出口货物开始转而选择开行稳定、跨国分段运输的中欧班列发运。于是，"跨境电商＋中欧班列"业态创新而生。

"相比空运和海运，中欧班列采用国际铁路联运分段运输模式，不涉及人员检疫，具有独特优势，有利于降低新冠肺炎疫情全球蔓延的风险，已经成为连通欧亚大陆的主要桥梁和绿色通道，为维护全球供应链稳定发挥了重要作用。"苏州海关相关负责人对记者表示，作为江苏省最早获批的跨境电商综合试验区城市和零售进口试点城市，苏州一直把大力支持跨境电商新业态、积极发展"丝路电商"、加速跨境电商品牌集聚等作为综试区建设重点工作，跨境电商货物具有包裹小、散件多等特点，与中欧班列的运输方式非常匹配。

2021年1—2月，苏州中欧班列开行量、搭载集装箱量和货值分别同比高增131.82%、146.58%和229.89%。

其实，采取这一跨境电商物流新通途的不止苏州一个城市。

3月20日，首次装载跨境电商货物的中欧（厦门）班列从厦门自贸片区海沧园区车站缓缓驶出，4天后自阿拉山口出境发往波兰马拉舍维奇。该班列总共装载2个标箱共计676件跨境电商B2B出口货物，货值6.8万美元。这也是福建省跨境电商货物首次搭乘中欧（厦门）班列出口。

"跨境电商货物出口需求逐年递增，通过班列出口，货运时间比海运快了近3周，运价仅为空运的1/8，不仅提升了物流效率，而且降低了企业物流成本，每周至少节省30多万元。"中欧（厦门）班列公司负责人表示，该模式的实行将为厦门乃至福建省以及周边跨境电商企业提供一条便捷、高性价比的物流通道，带动厦门跨境电商产业链条的发展，有利于增进"一带一路"沿线的跨境电商贸易。

在首票跨境电商货物搭乘中欧（厦门）班列出口试水成功后，未来专列开行频次预计可以达到每周一列。

上述班列平台公司负责人表示，下一步，班列各平台公司将利用并不断推动班列合作城市境外设立办事处和合作机构，延伸中欧班列综合服务能力，推进与"一带一路"国家的互联互通。

同时，发挥外设机构的外联功能，实现与国内跨境电商行业的互联互通，推动中欧班列（厦门）的境外延伸段服务，为班列客户落地厦门和厦门企业"走出去"牵线搭桥，实现物流通道和贸易通道双发展。

据悉，中欧（厦门）班列还在探索以9810（B2B出口海外仓）以及9610（一般出口）等方式货柜进行线路测试，支持保障多形态跨境电商业务在厦门落地发展。中欧（厦门）班列中俄线目前正在积极筹备，开往俄罗斯的跨境电商班列有望在近期成行。

资料来源：https：//www.sohu.com/a/458181298_162758？scm=1019.e000a.v1.0&spm=smpc.csrpage.news-list.19.1622446228929g5LeMdV。

引导问题：

案例中，中欧班列跨境电商出口专列运行对于我国的跨境电商物流行业有什么促进作用？

第一节 邮政物流介绍

中国邮政的标识，是用"中"字与邮政网络的形象互相结合、归纳变化而成；并在其中融入了翅膀的造型，使人联想起"鸿雁传书"这一中国古代对于信息传递的形象比喻。标识造型朴实有力，以横与直的平行线为主构成，代表了秩序与四通八达；稍微向右倾斜的处理，表现了方向与速度感。中国邮政的标识表达了服务千家万户的企业宗旨，以及快捷、准确、安全、无处不达的企业形象。

中国邮政集团公司是依照《中华人民共和国全民所有制工业企业法》组建的大型国有独资企业，依法经营各项邮政业务，承担邮政普遍服务义务，受政府委托提供邮政特殊服务，对竞争性邮政业务实行商业化运营。

中国邮政集团公司为国务院授权投资机构，承担国有资产保值增值义务。财政部为中国邮政集团公司的国有资产管理部门。经国务院批准，自2015年5月1日起，中国邮政集团公司由现行的母子公司两级法人体制改为总分公司一级法人体制，在全国各省、自治区、直辖市、各地市、县设置邮政分公司。

中国邮政集团公司经营的主要业务：国内和国际信函寄递业务；国内和国际包裹快递业务；报刊、图书等出版物发行业务；邮票发行业务；邮政汇兑业务；机要通信业务；邮政金融业务；邮政物流业务；电子商务业务；各类邮政代理业务；国家规定开办的其他业务。

中国邮政集团公司将在政府依法监管和企业独立自主经营的体制下，按照完善现代企业制度的要求，全面深化改革，加快转型发展，逐步发展成为治理规范、管理科学、运营高效、服务优良、拥有知名品牌和显著竞争实力的大型现代服务业集团。

中国邮政速递物流主要经营国内速递、国际速递、合同物流等业务，国内、国际速递服务涵盖优越、标准和经济不同时限水平和代收货款等增值服务，合同物流涵盖仓储、运输等供应链全过程。拥有享誉全球的"EMS"特快专递品牌和国内知名的"CNPL"物流品牌。

第二节 商业快递介绍

一、TNT

TNT 快递成立于 1946 年，是全球领先的商业快递服务商。为客户提供准点的"门到门"文件、包裹和货运服务。TNT 的经营理念是提供超越客户期望的服务。TNT 鼓励员工挑战自我，完善自我。在管理风格上 TNT 提倡关爱员工和团队合作。TNT 把自己的企业文化归结为：培养员工的自豪感；为股东创造财富；为我们生活的世界肩负应尽的责任。

TNT 是世界顶级的快递与物流公司，公司总部设在荷兰的阿姆斯特丹，其母公司荷兰邮政集团在纽约等证券交易市场上市。TNT 在世界 60 多个国家和地区雇有超过 143000 名员工，为超过 200 个国家及地区的客户提供邮运、快递和物流服务。业务网络连接着近 1000 个转运中心及站点，拥有超过 20000 部车辆及 43 架飞机，每周运送 360 万件货物，竭诚为客户提供综合商业物流方案。

二、UPS

UPS（United Parcel Service Inc.，美国联合包裹运送服务公司）成立于 1907 年，总部设于美国佐治亚州亚特兰大市，是全球领先的物流企业，提供包裹和货物运输、国际贸易便利化、先进技术部署等多种旨在提高全球业务管理效率的解决方案。UPS 业务网点遍布全球 220 多个国家和地区，拥有 49.5 万名员工。2019 年 UPS 营业额达到 740 亿美元。

2018 年 12 月 18 日，世界品牌实验室编制的 2018《世界品牌 500 强》揭晓，UPS 排名第 50 位。2019 年 7 月，名列《财富》世界 500 强第 132 名。2019 年 10 月，Interbrand 发布的全球品牌百强排名中位列第 27 位。UPS 还荣获 2019 年《新闻周刊》评选的运输及递送服务的美国最佳客户服务公司。UPS 被《福布斯》评为交通运输领域最具价值的品牌，并且在 2020 JUST 100 社会责任名单、道琼斯可持续发展世界指数和 Harris Poll 声誉商数等多项知名的排行榜与奖项中名列前茅。

2020 年 1 月 22 日，2020 年《财富》全球最受赞赏公司榜单中，UPS 排名第 33 位。2020 年 5 月 13 日，UPS 名列 2020 年《福布斯》全球企业 2000 强榜第 143 位。2020 年 5 月 18 日，UPS 快递位列 2020 年《财富》美国 500 强排行榜第 43 位。2020 年 7 月，《福布斯》2020 年全球品牌价值 100 强发布，UPS 快递排名第 48 位。

UPS 根据中国市场特性提供细分市场解决方案，为零售业、汽车产业、工业制造业和高科技行业等企业提供更先进、更灵活、更精准的可配置物流解决方案。

- 全球小包裹：

全面的地面和航空包裹运输服务。

- 物流和配送：

从接收、储存、处理到运输货物的流程管理解决方案。

- 保险和金融：

通过 UPS Capital 提供传统和非传统的金融及支付服务。

- 货运代理：

包括报关代理、零担运输和整车货运以及空运和海运的全球性服务组合。

拓展阅读 3.2
国际快递中的 UPS 红单和 UPS 蓝单有什么区别？红单好还是蓝单好？

三、FedEx

联邦快递（FedEx）是一家国际性速递集团，提供隔夜快递、地面快递、重型货物运送、文件复印及物流服务，总部设于美国田纳西州孟菲斯，隶属于美国联邦快递集团（FedEx Corp）。

联邦快递为顾客和企业提供涵盖运输、电子商务和商业运作等一系列的全面服务。联邦快递集团通过相互竞争和协调管理的运营模式，为客户提供了一套综合的商务应用解决方案，使其年收入高达 320 亿美元。2012 年《财富》世界 500 强排行榜第 263 位。2013 年《财富》世界 500 强排行榜第 245 位。

联邦快递设有环球航空及陆运网络，通常只需一至两个工作日，就能迅速运送时限紧迫的货件，而且确保准时送达，并且设有"准时送达保证"。2013 年 4 月 1 日起，联邦快递中国有限公司实施 GDS（全球分销系统）中国区全境覆盖计划，在武汉设立中国区公路转运中心，正式将武汉作为全国公路转运枢纽，承担武汉自西安、郑州、长沙、南昌、上海、重庆、成都、广州 8 条公路干线，16 个往返班次的货物分拨与转运业务。

四、DHL

DHL 是全球著名的邮递和物流集团 Deutsche Post DHL 旗下公司，主要包括以下几个业务部门：DHL Express、DHL Global Forwarding、Freight 和 DHL Supply Chain。

1969 年，DHL 开设了从旧金山到檀香山的速递运输航线，公司的名称 DHL 由三位创始人姓氏的首字母组成（Dalsey、Hillblom 和 Lynn）。很快，敦豪航空货运公司把他们的航线扩张到日本、菲律宾、澳大利亚和新加坡等国以及中国香港地区。在敦豪航空货运公司致力建立起一个崭新的、提供全球"门到门"速递服务的网络的构想下，在 20 世纪 70

年代中后期敦豪航空货运公司把航线扩展到南美洲、中东地区和非洲。

2018 年 12 月，DHL 入围 2018 年世界品牌 500 强。2019 年 10 月，Interbrand 发布的全球品牌百强榜排名第 83 位。

DHL 环球速递（DHL Worldwide Express）业务在我国持续增长，在中国内地 DHL 以 30% 的年增长速度增长。在中国台湾 DHL 以 15% 的年增长速度增长。在中国香港，往美国的业务增长为 15%，往欧洲的增长为 23%，而往亚洲地区的增长更高达 28%。

DHL 还与中国对外贸易运输总公司合资成立了中外运—敦豪，在国内 21 个城市设立了 130 多个办事处，形成了国内最具规模、覆盖面最广的空运速递网络。该公司有员工 1800 多名，拥有运输车 450 多辆，其市场占有率达到了 1/3。

中国台湾由于信息产业发展迅速，因此在未来几年内将继续成为亚洲快运速递业的一个重要市场。DHL 在中国台湾取得了 42% 的市场占有率，在 10 个城市设立了 25 个办事处，聘用了 900 多名员工，并拥有 160 部运输货车。

DHL 在中国香港设立了亚洲货运中心，目的是应对市场对空运速递业与日俱增的需求。同时 DHL 还在协助客户设计有效的供应链策略，希望成为真正意义上的第三方物流商，走在众多物流企业的前面。

五、Toll

TOLL（拓领）拥有 120 年历史，是澳大利亚最大的运输和物流供应商，Toll 的服务范围涉及公路，铁路，航空和海运，以及仓储，配送和搬运，是澳大利亚唯一的一体化完全物流供应商。随着新技术和电子商务的兴起，市场快速向提供完整的物流解决方案的方向转移，Toll 偏重于电子商务的应用。

这些资产运作的专业知识和技术解决方案相结合，目的是为了推动供应链的效率，TOLL（拓领）的多样化的客户群提供最佳的供应链管理实践中。

亚洲地区领先的物流参与者，TOLL（拓领）的战略定位是：为客户提供服务，在市场中提高竞争力，TOLL 定位强大的管理、财务能力、整合能力和积极的经营管理驱动器，利用国内和国际的机会。关键是 TOLL（拓领）的策略，在满足当前和未来的客户需求，提供综合性的物流服务产品，包括在亚洲，特别是中国重要的区域性采购市场的国际联合需求。

在澳大利亚和新西兰的 TOLL 拓领集团经营一整套所有世界级品牌类型的企业提供供应链解决方案。TOLL 的经营范围，支持领先的技术优势，包括公路、铁路、海、空、温度控制运输和仓储，供应链以及能源开发。这些服务是通过广泛的城域和区域分销网络。

在亚洲，TOLL 拓领集团在一些世界上增长最快的国家，包括中国、日本、新加坡、韩国和印度有一个特殊的存在和规模，优质的客户基础，轻资产结构和经济增长的良好平台。

六、顺丰速运

顺丰是国内的快递物流综合服务商，总部位于深圳，经过多年发展，已具备为客户提供一体化综合物流解决方案的能力，不仅提供配送端的物流服务，还延伸至价值链前端的产、供、销、配等环节，从消费者需求出发，以数据为牵引，利用大数据分析和云计算技术，为客户提供仓储管理、销售预测、大数据分析、金融管理等解决方案。

拓展阅读 3.4
快递价格战止戈，顺丰还有什么招？

顺丰还是一家具有网络规模优势的智能物流运营商。经过多年的潜心经营和前瞻性的战略布局，顺丰已形成拥有"天网＋地网＋信息网"三网合一、可覆盖国内外的综合物流服务网络，其直营网络是国内同行中网络控制力强、稳定性高，也是独特稀缺的综合性物流网络体系。

顺丰采用直营的经营模式，由总部对各分支机构实施统一经营、统一管理，保障了网络整体运营质量，是 A 股首家采用直营模式的快递公司。2019 年 9 月 23 日，被教育部等四部门确定为首批全国职业教育教师企业实践基地。2019 年 12 月，顺丰速运入选 2019 中国品牌强国盛典榜样 100 品牌。2019 年 12 月 18 日，《人民日报》"中国品牌发展指数"100 榜单排名第 61 位。2020 年 1 月 4 日，获得 2020 年《财经》长青奖"可持续发展创新奖"。

第三节　专线物流介绍

一、Special Line-YW

燕文航空挂号小包（Special Line-YW）的物流商——北京燕文物流有限公司是国内最大的物流服务商之一。燕文航空挂号小包综合市场上优质邮政资源，推出一款通达 41 个国家及地区的标准型航空挂号产品。

（一）线路介绍

（1）时效快：燕文航空挂号小包根据不同目的国家及地区，选择服务最优质和派送时效最好的合作伙伴。燕文在北京、上海和深圳三个口岸直飞各目的地，避免了国内转运时间的延误，并且和口岸仓航空公司签订协议保证稳定的仓位。全程追踪，派送时效在 10～20 个工作日。

拓展阅读 3.5
燕邮宝美国海运全新启航！

（2）交寄便利：北京、深圳、广州（含番禺）、东莞、佛山、杭州、金华、义乌、宁波、温州（含乐清）、上海、昆山、南京、苏州、无锡、郑州、泉州、武汉、成都、葫芦岛兴城、保定白沟提供免费上门揽收服务，揽收区域之外可以自行发货到指定揽收仓库。

（3）赔付保障：邮件丢失或损毁提供赔偿，可在线发起投诉，投诉成立后 1～3 个工作日完成赔付。

（二）运送范围及价格

（1）燕文航空挂号小包支持发往 41 个国家及地区。

（2）运费根据包裹重量按克计费，1g 起重，每个单件包裹限重在 2kg 以内。

下载报价价格生效时间：2021 年 1 月 4 日，如表 3-1 所示。

表 3-1　燕文航空挂号小包配送服务费价格

国家 / 地区列表			包裹重量为 1～2000g	
			配送服务费（根据包裹重量按克计费）RMB/kg	Item 服务费 RMB/ 包裹
爱尔兰	Ireland	IE	76.3	30.3
爱沙尼亚	Estonia	EE	111.7	24.3
奥地利	Austria	AT	81.9	24.3
澳大利亚	Australia	AU	78.3	25.3
白俄罗斯	Belarus	BY	96.5	20.2
比利时	Belgium	BE	93	23.3
冰岛	Iceland	IS	126.8	36.4
波兰	Poland	PL	66.2	15.2
丹麦	Denmark	DK	96.5	21.3
德国	Germany	DE	60.6	21.3
法国	France	FR	56.6	23.8
芬兰	Finland	FI	81.4	24.8
荷兰	Netherlands	NL	94.5	22.3
加拿大	Canada	CA	91.5	23.3
捷克	Czech Republic	CZ	76.3	26.3
克罗地亚	Croatia	HR	91.5	23.3

续表

国家/地区列表			包裹重量为 1～2000g	
			配送服务费（根据包裹重量按克计费）RMB/kg	Item 服务费 RMB/包裹
拉脱维亚	Latvia	LV	89.9	31.4
立陶宛	Lithuania	LT	93	18.2
美国	United States	US	96.5	17.9
摩尔多瓦	Republic of Moldova	MD	182.4	24.3
挪威	Norway	NO	81.4	19.2
葡萄牙	Portugal	PT	74.8	22.3
瑞典	Sweden	SE	91.5	18.7
瑞士	Switzerland	CH	107.6	18.2
斯洛伐克	Slovakia	SK	76.3	26.3
斯洛文尼亚	Slovenia	SI	76.3	21.3
泰国	Thailand	TH	68.2	23.3
土耳其	Turkey	TR	92.5	17.2
乌克兰	Ukraine	UA	75.3	13.2
西班牙	Spain	ES	68.2	19.7
新西兰	New Zealand	NZ	86.4	18.2
匈牙利	HunGary	HU	76.3	26.3
以色列	Israel	IL	89.4	24.3
意大利	Italy	IT	71.3	24.3
印度	India	IN	81.4	27.3
英国	United Kingdom	GB	64.2	17.2
智利	Chile	CL	142	20.2
沙特阿拉伯	Saudi Arabia	SA	142	20.2
阿联酋	United Arab Emirates	AE	106.6	20.2
韩国	Korea	KR	41	20.2
日本	Japan	JP	57.1	17.2

*"燕文航空挂号小包"菜鸟保留价格调整权。

（3）目的国无法投递退件：2017年12月28日起线上发货渠道暂停无法投递退件服务。

（三）时效

正常情况：10～35天左右到达目的地。

特殊情况：35～60天到达目的地，特殊情况包括：节假日、特殊天气、政策调整、偏远地区等。

查询物流时效：https://ilogistics.aliexpress.com/recommendation_engine_public.htm。

＊时效承诺：物流商承诺货物60天内必达（不可抗力及海关验关除外），时效承诺以物流商揽收成功，或签收成功开始计算。因物流商原因在承诺时间内未妥投而引起的限时达纠纷赔款，由物流商承担！（按照订单在速卖通的实际成交价赔偿，最高不超过300元人民币）

注：受全球疫情影响，自美西时间2020年10月12日0点起，承诺时效有如下调整：

（1）目的国为奥地利、比利时、保加利亚、白俄罗斯、瑞士、塞浦路斯、捷克、德国、丹麦、爱沙尼亚、西班牙、芬兰、法国、英国、克罗地亚、匈牙利、爱尔兰、意大利、日本、韩国、卢森堡、拉脱维亚、荷兰、波兰、俄罗斯、斯洛文尼亚、斯洛伐克、乌克兰，共计28个国家的订单，自美西时间2020年10月12日0点起揽签（出现上网信息）的物流订单承诺时效调整至75天。

（2）目的国除以上28个国家的订单，自美西时间2020年10月12日0点起揽签（出现上网信息）的物流订单承诺时效调整至90天。

二、Russian Air

（一）线路介绍

（1）时效快：包机直达俄罗斯，80%以上包裹25天内到达买家目的地邮局。

（2）价格优惠：具体价格请见价格表。

（3）交寄便利：北京、深圳、广州（含番禺）、东莞、佛山、杭州、金华、义乌、宁波、温州（含乐清）、上海、昆山、南京、苏州、无锡、郑州、泉州、武汉、成都、葫芦岛兴城、保定白沟1件起免费上门揽收，揽收区域或非揽收区域也可自行发货到指定揽收仓库。

（4）赔付保障：邮件丢失或损毁提供赔偿，可在线发起投诉，投诉成立后最快5个工作日完成赔付。

（二）运送范围及价格

（1）支持发往俄罗斯全境邮局可到达区域。

（2）运费根据包裹重量按克计费，1g起重，每个单件包裹限重在2kg以内。下载报价价格更新时间：2019年4月10日，如表3-2所示。

表 3-2　中俄航空配送服务费价格表

国家/地区列表			配送服务费 元（RMB）/kg *每 1g 计重，限重 2kg	挂号服务费 元（RMB）/包裹
			包裹重量为 1～2000g	
Russian Federation	RU	俄罗斯	57.4	16.9

*"中俄航空 Ruston"菜鸟保留价格调整权。
*此价格为速卖通平台补贴价格，价格如有调整会提前公告。

（3）目的国无法投递退件：2018 年 11 月 29 日起海外无法投递退货服务调整，详情查看 https：//sell.aliexpress.com/zh/__pc/V17MLESZ39.htm.

（三）时效

正常情况：16～35 天到达目的地。

特殊情况：35～60 天到达目的地，特殊情况包括：节假日、特殊天气、政策调整、偏远地区等。

查询物流时效：https：//ilogistics.aliexpress.com/recommendation_engine_public.htm.

*时效承诺：物流商承诺货物 60 天内（自揽收成功/签收成功起计算）必达（不可抗力除外），因物流商原因在承诺时间内未妥投而引起的限时达纠纷赔款，由物流商承担！（按照订单在速卖通的实际成交价赔偿，最高不超过 700 元人民币）

（四）物流信息查询

（1）物流商与速卖通平台已对接，速卖通会在订单详情页面直接展示物流跟踪信息。

（2）您也可以在中国邮政官网和服务商网站 Ruston 官网查询相关物流信息。

（3）买家可在俄罗斯邮政官网（包裹到俄邮后）查询相关物流信息。Ruston 官网可切换为俄语版本，也可提供该网站给买家查询。

三、Aramex

Aramex 作为中东地区最知名的快递公司，成立于 1982 年，是第一家在纳斯达克上市的中东国家的公司，提供全球范围的综合物流和运输解决方案。在全球拥有超过 353 个子公司、12300 位员工。

Aramex 中国，下属三个分公司，分别位于上海、北京和广州，为海内外客户提供优质的物流及快递服务。

Aramex 快递是国际货物邮寄中东国家的首选。时效非常有保障，正

拓展阅读 3.6
Aramex 展望：沙特将会是物流公司的主要市场

常时效为3个工作日，一般时间为2～5天。主要优势在于中东、北非、南亚等20多个国家较为显著。

（1）运费价格优势：寄往中东、北非、南亚等国家价格具有显著的优势，是DHL的60%左右。

（2）时效优势：时效有保障，包裹寄出后3～5天可以投递，大大缩短了世界各国间的商业距离。

（3）无偏远优势：世界各国无偏远，抵达全球各国都无须附加偏远费用。

（4）包裹可在Aramex官网跟踪查询，状态实时更新信息，寄件人每时每刻都跟踪得到包裹最新动态。

四、速优宝—芬兰邮政

"速优宝芬邮挂号小包（芬兰邮政挂号小包）"是由芬兰邮政（Posti Finland）针对2kg以下小件物品推出的特快物流产品，派送范围为俄罗斯、白俄罗斯、爱沙尼亚、拉脱维亚、立陶宛、波兰、德国全境邮局可到达区域。

（一）线路介绍

（1）物流信息可查询："速优宝芬邮挂号小包"提供国内段交航，包裹经从中国香港发出及目的国妥投等跟踪信息。

（2）交寄便利：北京、深圳、广州（含番禺）、东莞、佛山、杭州、金华、义乌、宁波、温州（含乐清）、上海、昆山、南京、苏州、无锡、郑州、泉州、武汉、成都、葫芦岛兴城、保定白沟提供上门揽收服务。

（二）运送范围及价格

（1）运送范围："速优宝芬邮挂号小包"支持发往俄罗斯、白俄罗斯、爱沙尼亚、拉脱维亚、立陶宛、波兰、德国全境邮局可到达区域。

（2）价格：运费根据包裹重量按克计费，每个单件包裹限重在2kg以内。

（三）预计时效

（1）正常情况：16～35天到达目的地。

（2）特殊情况除外（包括但不限于：不可抗力、海关查验、政策调整以及节假日等）。

（四）物流信息查询

（1）物流详情可追踪节点："速优宝芬邮挂号小包"提供国内段交航，包裹经从中国香港发出及目的国妥投等跟踪信息。

（2）物流详情查询平台：

①1688 用户工作台：订单详情页面直接展示物流跟踪信息。

②菜鸟官方物流追踪网站：//global.cainiao.com/.

③其他可追踪的官方网站：俄罗斯官网：https：//pochta.ru/tracking. 白俄罗斯官网：http：//www.belpost.by/.

（五）揽收范围

目前揽收服务已覆盖北京、深圳、广州（含番禺）、东莞、佛山、杭州、金华、义乌、宁波、温州（含乐清）、上海、昆山、南京、苏州、无锡、郑州、泉州、武汉、成都、葫芦岛兴城、保定白沟并提供免费揽收服务。

第四节　海外仓储类物流

海外仓是跨境电商出口卖家为提升订单交付能力而在国外接近买家的地区设立的仓储物流节点，通常具有境外货物储存、流通加工、本地配送，以及售后服务等功能。

优点：

（1）降低物流成本

从海外仓发货，物流成本低于从中国境内发货。

（2）加快物流时效

从海外仓发货，可以节省报关清关所用的时间，大大缩短了运输时间，加快了物流的时效性。

（3）提高产品曝光率

在海外有自己的仓库，当地的客户在选择购物时，一般会优先选择当地发货，这样可以大大缩短收货时间。

（4）提升客户满意度

运输中可能会出现货物破损、短装、发错货物等情况，那么，客户要求的退货、换货、重发等在海外仓内便可调整，大大节省了物流的时效性。

缺点：

（1）需要支付海外仓储费，不同国家的仓储成本费用是不同的，所以卖家一定要计算好成本的费用。

（2）海外仓要求卖家有一定的库存量，一些特别定制的产品不适合选择海外仓储销售。

（3）海外仓滞销库存难以处理，寻找合适的渠道销售是一个大难题。

（4）最后，设立海外仓还要面对本土化挑战。

跨境电商市场上各种海外仓服务可谓五花八门，对其缺乏了解的跨境电商卖家要从众多产品中进行选择无异于大海捞针，大家可以先了解一下再选择适合自己的海外仓。

海外仓储服务是指为卖家在销售目的地进行货物仓储、分拣、包装和派送的一站式控制与管理服务。确切来说，海外仓储应该包括头程运输、仓储管理和本地配送三个部分。

头程运输：即中国商家通过海运、空运、陆运或者联运将商品运送至海外仓库。

仓储管理：中国商家通过物流信息系统，远程操作海外仓储货物，实时管理库存。

本地配送：海外仓储中心根据订单信息，通过当地邮政或快递将商品配送给客户。

选择这类模式的好处在于，仓储置于海外不仅有利于海外市场价格的调配，同时还能降低物流成本。拥有自己的海外仓库，能从买家所在国发货，从而缩短订单周期，完善客户体验，提升重复购买率。结合国外仓库当地的物流特点，可以确保货物安全、准确、及时地到达终端买家手中。然而，这种海外仓储的模式虽然解决了小包时代成本高昂、配送周期漫长的问题，但是，值得各位跨境电商卖家考虑的是，不是任何产品都适合使用海外仓。库存周转快的热销单品适合此类模式，否则极容易压货。同时，这种方式对卖家在供应链管理、库存管控、动销管理等方面提出了更高的要求。针对跨境电商卖家而言，首先应该根据所售产品的特点（尺寸、安全性、通关便利性等）来选择合适的物流模式。比如大件产品（如家具）就不适合走邮政包裹渠道，而更适合海外仓储物流模式。

拓展阅读 3.7

一个仓库值多少钱？一文读懂海外仓背后生意经

第五节　FBA 物流

FBA 的全称是 Fulfillment by Amazon，是美国亚马逊（简称"美亚"）的一种物流服务，这是一种为了方便美亚的卖家们而提供的贩售方式。

FBA 物流怎么运转的？卖家直接把自己的商品存放在美亚的 Fulfillment Center 订单履行中心。一旦有顾客下单，就由该中心直接打包、配送这些商品，同时由该中心负责售后服务。这样，FBA 的货物就如同美亚直营货物一样，可以享受免费派送、Prime 会员 2 日达派送，并且有美亚来负责售后服务了。

那么 FBA 物流有什么优劣势呢？

FBA 的优势：

（1）提高 Listing 排名，帮助卖家成为特色卖家，抢夺购物车，提高客户的信任度，提高销售额。

（2）多年丰富的物流经验，仓库遍布全世界，智能化管理。

（3）配送时效超快（仓库大多靠近机场）。

（4）7×24 小时亚马逊专业客服。

（5）消除由物流引起的差评纠纷。

（6）对单价超过 300 美元的产品免除所有 FBA 物流费用。

FBA 的劣势：

（1）一般来说，费用比国内发货稍微偏高（特别是非亚马逊平台的 FBA 发货），但是也要看产品重量来定。

（2）灵活性差（所有海外仓的共同短板，但其他第三方海外仓还是可以有专门的中文客服来处理一些问题，FBA 却只能用英文和客户沟通，而且用邮件沟通回复不会像第三方海外仓客服那么及时）。

（3）FBA 仓库不会为卖家的头程发货提供清关服务。

（4）如果前期工作没做好，标签扫描出问题会影响货物入库，甚至入不了库。

（5）退货地址只支持美国（如果您是做美国站点的 FBA）。

（6）客户想退货就可以退货，不需要跟 FBA 有太多的沟通（退货太随意，给卖家带来不少困扰）。

AmazonFBA 头程物流（Fulfillment by Amazon），就是指商家把自己在 Amazon 上销售的产品库存直接送到 Amazon 当地市场的仓储中的这一段物流过程，客户下订单后，Amazon 提供拣货打包、配送、收款、客服、退货处理一条龙物流服务，同时，也会收取一定的费用。简单来说，AmazonFBA 就相当于 Amazon 官方的海外仓。

拓展阅读3.8

盛顺物流详解关于 FBA 海运到美国费用一般包含哪些？

AmazonFBA 是只在当地提供仓储和配送服务，所以一些国内商家如果想将商品运往国外当地的 FBA 仓储的话，就需要借助 FBA 头程物流服务。

AmazonFBA 头程物流服务：就是国内的物流服务商负责把商家的商品运送至 AmazonFBA 仓储，并提供清关、代缴税等一系列服务。换句话来说就是帮助使用 Amazon 全球开店项目 FBA 服务的商家，通过空运 / 快递 / 海运等运输方式将商家的货物从中国运输转运到德国、美国、法国、英国、日本等国家指定的 Amazon 仓储，并提供相应增值服务。

第六节　速卖通海外仓

优点：

（1）物流成本对国内低，因为可以海外直接发货给买家，相当于境内快递。也不用自己雇用人去处理订单和自己找店铺，所以能更有效地管理仓库。

（2）物流速度更快，没有运输、清关等负责的流程，更快更有效地进行海外发货。

（3）丰富的仓储管理经验，海外仓储有专业的管理人员在做。

（4）订单处理速度比国内快，更够实现自动化批量处理订单。

（5）处理退货高效，买家退货，可以直接退到海外仓，不用退回国内。

缺点：

（1）在速卖通中，专属卖家自己的海外仓少，大部分都是平台推荐的海外仓本地的服务商。

（2）库存压力相对大，仓储价格不低，资金周转不便。

（3）卖家们无法自己管理海外仓，而且也接触不到海外仓的产品。

拓展阅读 3.9
【速卖通】运营思考：速卖通中小卖家要不要开海外仓？

第七节　长三角地区跨境物流

代表企业：

长三角跨境外贸是一家集仓储集运物流为一体的综合性企业，从事国际物流集运多年，拥有强大的国际代理网络和渠道，该企业的宗旨是"客户为本，转运全球"。公司致力于服务商业客户集运转运需求，从事国际物流10多年，公司拥有强大的国际代理网络及渠道，全球服务网络遍及100多个国家及地区，运用自身积累的服务经验，渠道和品牌优势，深入探索各国海关基本要求，为中国商品转运全球提供一体化物流解决方案。

本章首先对跨境电子商务物流进行详细的讲解，包括其概念、特征、优势；然后介绍我国跨境电子商务物流的发展现状，大家可以直观地看出跨境电商物流广阔的发展前景。

通过本章的学习，希望大家对跨境电商物流有一个基本的认识，能够对今后的学习树立信心、指明方向。

跨境电子商务　　邮政物流　　商业快递　　专线物流　　海外仓储物流　　FBA 物流

1. 跨境电商物流有哪几种，各有什么优势？
2. 跨境电商物流与传统邮政物流有何差异？

你知道哪些商业快递、专线物流？请分别对它们进行评价。

第四章
跨境电商市场调研

1. 掌握跨境电商市场调研的内容意义。
2. 了解跨境电商调研的方法。
3. 了解大数据分析的工具及如何利用这些工具分析各平台数据。

引导案例

人工智能与大数据如何改变跨境电商?

近几年,人工智能呈井喷式的发展,众多的国家及公司也都纷纷备战人工智能,各个国家都希望在人工智能的竞争中占有一席之地。现在,AI 已经进入电商,这也是电商的一次创新。美国电商平台美图美妆上线 AI 测肤功能,正式宣告 AI 成功进入电商领域。在美图的后台有更多的相关人员和专家,利用大数据和人工智能分析得出相关数据并提出相应建议。

AI 跨境电商的时代已经正式来临,人工操作将正式成为过去。近几年,跨境电商出现在人们的视野中。市场上各种软件及黑科技的频繁出现,正是在提醒人们:在将来,人工操作即将被淘汰。近期,京东上市的无人送货快递车,凭借京东后台的大数据及人工智能,准确定位客户的地址,方便快速地将快递送货上门。京东的快递员将会从 16 万名减少到 8 万名。

eBay 的中国区 CEO 林奕彰表示:未来跨境电商的发展,关键是人才。这也就意味着人的思维将会在很大的程度上决定着人工智能的发展方向。相信在将来,我们的生活在大数据及人工智能的时代里会更加美好。

资料来源:https: //baijiahao.baidu.com/s?id=1611034124794258426&wfr=spider&for=pc.

引导问题:

1. 大数据如何影响跨境电商行业?
2. 怎样利用大数据分析工具助力跨境电商行业发展?

第一节　跨境电商市场调研概述

一、国际市场调研的内容及意义

国际市场调研是指运用科学的方法，有目的有系统地收集一切与国际市场活动有关的信息，并对所收集到的信息进行整理和分析，从而为营销决策提供可靠的科学依据。从广义上讲，国际市场调研的内容包括任何与跨境电子商务有关的、直接或间接的信息，远至天文地理、社会人文，近至企业内部的各类管理材料。从狭义上来看，国际市场调研内容是指商业情报，或简称商情、行情，是指那些反映国际市场发展变化规律、直接影响企业从事跨境电子商务的信息。随着国际市场竞争日趋激烈，跨境电子商务市场调研的作用也越来越明显。

国际市场调研的内容主要包括目标市场环境调研、目标市场总量调研和目标市场要素调研等。

（一）目标市场环境调研

跨境电子商务市场调研中的市场环境主要是指影响企业在目标市场经营活动的宏观因素，主要包括国际市场上各个潜在目标市场政治、经济、文化、技术环境的具体情况。

1. 政治环境

随着世界经济的发展，政治因素在各国的贸易政策中占据越来越重要的地位。跨境电子商务作为国际贸易的重要组成部分，对政治因素具有高度敏感性。对于目标市场政局稳定性、对外贸易政策的制定、涉外经贸活动管理、贸易干预程度、经济外交、国际经济协调等国际经济关系政治化的具体表现，都需要详细了解和分析。

2. 经济环境

调研内容包括目标市场的人均消费水平、购买力、消费结构、消费意愿、物价水平、社会经济发展阶段等。

3. 文化环境

文化差异是跨境电子商务的重要制约因素。文化是包括知识、信仰、艺术、道德、法律、习俗和任何人作为一名社会成员而获得的能力和习惯在内的复杂整体。对目标市场的文化具备充分了解并给予理解与尊重，是跨境电子商务能够成功的至关重要的一步。

4. 技术环境

跨境电商业务伴随着互联网行业一同发展，是互联网企业拓展国际市场的重要落脚点。

调研内容包括：目标市场的电子商务基础设施、物流信息化和海外仓建设情况、国际电子支付的安全环境等。

（二）目标市场总量调研

市场需求总量，是指一定时期内消费者在一定购买力条件下的商品需求量，商品价格会影响供需量，而供需关系也会影响商品价格。企业应当充分了解目标市场同类产品的价格、供需关系、市场占有率、消费者偏好等情况。只有通过跨境电商市场调研深刻了解市场需求，才能迎合目标市场消费者，打好顾客基础，提高顾客忠诚度。具体包括：

1. 目标市场规模

市场规模包括现实的规模和潜在的规模。现实规模可以用目前的销售总量来表示，潜在规模可以用统计中的回归分析技术进行预测。

2. 目标市场顾客特征

目标市场顾客特征包括目标市场顾客的规模、收入水平、年龄、地理位置、资信情况、职业、受教育程度、价值观念、审美观点、消费习惯、消费者购买行为等。

3. 目标市场竞争对手分析

目标市场竞争对手分析包括对目标市场主要竞争对手所属国家、所占市场份额、营销策略、竞争优势及劣势等的分析。

（三）目标市场要素调研

1. 产品调研

产品调研内容包括目标市场上产品生命周期所处的阶段、产品生产技术的变化、目标市场对同类产品的接受程度及改进意见等。

2. 价格调研

价格调研内容包括目标市场供求变化情况以及影响产品供求的各种因素、产品的市场价格弹性及替代品价格高低情况、目标市场的外汇政策、竞争对手的价格策略等。

3. 销售渠道

调研销售渠道调研主要是对产品所针对的目标市场的销售方式进行调研，例如对分销渠道、直销渠道、代理商信用状况和能力以及对竞争对手产品进入该国市场的方式进行考察。

4. 促销调研

促销调研的内容包括促销手段的调查和促销策略的可行性研究等，是对企业在产品或服务方面的促销过程中所采取的各种促销方法的有效性进行测试和评价。

二、国际市场调研的方法

国际市场调研首先要确定调研目标,其次要制订调研计划、设计调研方案、实施调研方案、分析调研数据,最后撰写调研报告。具体的调研方式,有如下几种:

1. 网上调研

互联网是世界上最大的信息库。真实世界的任何动态都会反映到虚拟世界。明确目标以后,我们可以通过搜索引擎,找到需要的信息,再归纳整理,将资料条理化。可能提供有用信息的网站主要包括:国际贸易门户、行业门户、专业协会、商会、大公司网站和专业期刊网站等。网上调查的特点是费用低、速度快、信息量大。也可以通过将调查问卷投放在各大社交媒体等网站页面,对用户进行直接调研,获得第一手数据。

2. 付费调查或者购买现成的市场报告

国际上有很多知名的调查公司。它们在接到客户申请以后,利用科学的方法,采用多种收集信息的方式,按照客户要求给出相关报告。同时,它们也有专题组,制作各种专题报告,售卖给需要者。专业调查公司编制的报告,方法科学、内容翔实、结论可信。按需定制的报告针对性强、建议具体,可立即实施,但成本比较高。还有一些专门的调研公司,分工非常细,会定期对某些专题进行调研、总结,这些报告同样具有很高的专业性,如气象经济信息。公司可以根据自己的情况选择购买。

3. 实地调研

拓展阅读 4.1
跨境电商中的大数据分析

实地调研分不同的层次。产品生产出来以后,可以组团报名参加相关的展览,在展会上等客户上门。有一定经验和市场基础时,可以单独拜访已有客户。参展和拜访客户可以一并进行。在国外还可以实地拜访交易场所、当地商会、行业协会和驻外使领馆,获取一手的客户资料。实地考察的费用稍高,但是结果具体。

4. 大数据分析技术

跨境电商经历用户数量增长及销量增长这两个时期以后,当前已经全面进入大数据时代,跨境电商的竞争已经逐步转为数据的竞争。跨境电商平台每天都会产生数量巨大的数据信息,并且这些数据信息具有很强的真实性、准确性及针对性,有利于跨境电商企业充分运用这些自然数据进行市场调研分析。大数据分析可以实现全面分析跨境电商的整体运作流程,并且逐渐成为跨境电商企业在市场中的关键竞争能力。

第二节　跨境电商的大数据分析

一、跨境电商的大数据分析特征

（一）数据化运营发展模式

大数据时代，跨境电商在市场经济发展中的运营模式，已从传统商业模式向数据化运营模式转变，并且跨境电商企业在企业管理与经济参与方式上逐步数据化。跨越电商企业的数据化运营体现在企业原材料采购、生产流程及营销等各个环节中。跨境电商企业在运营过程中通过充分运用大数据，能有效分析用户的个人消费习惯、偏爱及心理变化等，结合市场供求变化，可以实时调整企业产品营销模式，进而最大限度地满足用户的需求，扩大企业的经营效益和增加促销的成功率。

1. 消息的精准推送

通过互联网进行数据收集和分析的成本是非常低的，同时互联网用户访问网页时，通常都是出于自身的真实需求，所以通过互联网采集的数据真实性也很高。另外，互联网庞大的数据信息具有很强的实时性，更加能够体现用户的购买心理和关注的方向，对这些信息的收集和分析，对跨境电商企业制订营销方案具有重要意义。跨境电商企业通过对大量的数据信息进行分类、分析及整合，收集对企业营销有利的信息，对网站中的注册用户进行归类，进而分析出用户群体的特点，推送具有针对性的广告信息，从而保障营销的实用性和成功率。

2. 消息的及时推送

跨境电商所涉及的信息范围非常广泛，主要包括互联网用户注册时提供的个人信息及跨境电商企业对用户推送的各类产品信息等。当前多数跨境电商企业会根据用户周期性的购买习惯来推送相应的产品信息。产品信息的及时推送，在O2O领域起着非常重要的作用，它利用移动终端或各类移动设备来获取设备使用者所处的地理位置和移动数据，并对这些信息进行整理和分析，向用户推送附近商家的促销信息，提升产品信息推送的实效性。

3. 消息的个性化展示

人们对网络购物的需求日益呈现个性化的特点，互联网用户产生的数据来源更为广泛和复杂，而跨境电商企业在大数据时代获取这些数据的成本更低且获取效率更高。在大数据时代，信息量的增长呈爆发式趋势，这使得用户在进行信息筛选时的难度逐渐变大，要求跨境电商企业运用相应的技术手段对这些数据进行挖掘和分析，提取用户需要的信息并将其展现给用户，提高用户对企业的忠诚度并提升企业的经济效益。同时也能够使企业在产品研发及服务定制上更具有针对性，提升用户的购物体验。

（二）数据化运营策略创新

1. 可视化分析——用户画像

拓展阅读4.2
京东的用户画像

用户画像是指用户信息的标签化。随着大数据技术的深入研究和应用，为充分挖掘用户需求，用户画像应运而生。它能够快速定位用户群体，明确用户需求。系统将用户的社会化人口信息，根据其个性化的目标、行为和观点差异区分成不同类型，以高度凝练的特征标志为用户"贴标签"，描绘用户立体的商业全貌。

用户画像平台对于跨境电商有着重要的战略意义。它加深了企业对用户群体的认识和理解，通过对用户的需求进行分析和判断，在产品问世之前明确目标用户与其对应的产品功能设计、信息互动渠道和推广方式，有利于提高产品对用户的满意程度，完善精准营销，促成交易。

2. 内容营销和"网红经济"

产品和内容的融合创造了更多的消费潜力，而网络红人/达人是其中的"助燃剂"。他们结合自身和产品的特征，高频地创造内容传递给用户。衣服、护肤品、箱包等产品的属性本身决定了适合作为网络达人的推广对象，而网络达人本身的个性特征、社群定位、穿着品位为内容和产品都增色不少，为他们持续吸引用户提供了基础保证。这些达人通过微博、微信等社交平台营造并树立所定位的形象，用情感和互动来建立立体的个人IP，保持与用户的友好互动并增进情感联系。他们的持续吸引某社群的过程就是在为用户做分类，并已经做了精准定向的理念传递。网络达人以恰当的频率和时间点，推出形式生动活泼的视频或直播内容，能快速从社交平台引入流量，帮助跨境电商平台转化为成交量。网络红人/达人依靠个体影响聚集社群，利用网络传播的优势，极大地促进了产品推广的效率。

3. 价格策略

竞争战略作为一个企业在竞争中所采取进攻或者防守的行为，大体分为三类：总成本领先战略、差异化战略和集中化战略。以价值链为分析维度，在跨境电商的竞争环境中，每个企业要达到成本领先，必须从企业内部的产品设计、生产、营销、销售、运输等多项活动中不断优化，同时企业的价值链与上游的供应商、下游的买主的价值链相连，通过联结和协调形成企业创造和保持竞争优势的能力。

二、跨境电商的大数据分析工具

（一）大数据分析常用概念

1. 浏览量

浏览量（Page View，PV）指页面被访问的总次数。一个页面被单击一次，即被记为一次浏览；一个用户多次点击或多次刷新同一个页面，会被记为多次浏览，累加不去重。

2. 访客数

访客数（Unique Visitor，UV）即网站独立访客总数。一个用户一天内多次访问网站被记为一个访客。

3. 转化率

常用的转化率有详情页的成交转化率和全店铺转化率。相关公式如下：

$$详情页成交转化率 = 详情页成交人数 / 详情页访客数$$

$$全店铺转化率 = 全店铺成交人数 / 全店铺访客总数$$

4. 点击率

点击率指页面上某一内容被单击的次数与被展示的次数之比，反映了内容的受关注程度，常用来衡量推广图片或产品主页的效果。

5. 支付率

支付率指支付成交笔数占拍下笔数的百分比。

6. 跳失率

跳失率指用户登录店铺后只访问了一个页面就离开的访问人次，占登录页面访问总人次的比例。

7. 访问深度

访问深度指用户一次连续访问店铺的页面数。平均访问深度，即用户平均每次连续访问店铺的页面数。

8. 人均店内停留时间

人均店内停留时间指平均每个用户连续访问店铺的时间。

9. 成交转化率

成交转化率指店铺成交人数占总访客数的比率。

10. 客单价

客单价指每一个买家购买店铺商品的平均金额，即平均交易金额。

$$客单价 = 某段时间销售额 / 客户数$$

（二）主流分析工具简介

主流的分析工具，根据功能不同，这些工具可分为综合类工具、选品分析工具及关键词分析工具。

综合类工具主要有：

1. Jungle Scout

Jungle Scout 有网页版和插件版。Jungle Scout 插件版集成在谷歌浏览器，可以快速分析产品，查看产品估算销量。Jungle Scout 网页版可以追踪产品销售数据和现成的产品库、

关键词，并进行长尾产品开发，是产品开发必不可少的辅助工具之一。网页版与插件版产品的功能对比如图 4-1 所示。

	JS插件	JS插件+网页版	网页版
选品功能			
选品数据库	20次试用	不限次数	不限次数
竞品跟踪器	3次试用	1个账号 – 80个 3个账号 – 150个 6个账号 – 300个	1个账号 – 80个 3个账号 – 150个 6个账号 – 300个
潜力市场搜索器	20次试用	不限次数	不限次数
自定义筛选条件	✓	✓	✓
产品上架时间	✓	✓	✓
市场机会分数（独家专利算法）	✓	✓	✓
支持10大亚马逊站点	✓	✓	✓
FBA费用和利润计算器	✓	✓	✓
数据支持CSV格式导出	✓	✓	✓
竞品跟踪和销量分析			
一键点击，获取销量等最新数据	✓	✓	✗
一键跳转谷歌趋势	✓	✓	✗
查看竞品日/月销量变化	预估	准确	准确
跟踪竞品历史销量、价格和排名	✗	最长6个月	最长6个月
竞品Listing质量分析（独家专利算法）	✓	✓	✓
关键词搜索			
关键词搜索和ASIN反查	20次试用	不限次数	不限次数
关键词排名跟踪	✗	1个账号 – 3500个 3/6个账号 – 5000个	1个账号 – 3500个 3/6个账号 – 5000个
查看关键词搜索量及变化趋势	✗	最长24个月	最长24个月
新品出单量参考和广告出价建议	✗	✓	✓
关键词排名难度指数	✗	✓	✓
Listing生成器	✗	✓	✓
供应商数据库			
查找供应商（由美国海关提供，支持导出）	20次试用	✓	✓
ASIN反查供应商	✗	✓	✓
其他福利			
JS课堂（亚马逊卖家成长必备）	✓	✓	✓
高级运营工具			
智能邮件营销，自动邀评（增加留言和减少差评）	✓	需绑定亚马逊店铺 方可使用	需绑定亚马逊店铺 方可使用
站外促销（提升销量和排名）	✗		
店铺销售分析	✗		
库存预测及管理	✗		
Listing测试优化	✗		
基本配置			
使用人数	1	可选1/3/6个账号套餐 一台设备同一时段只允许一个账号登陆	
增加JS子账号	✗	✓	✓
支持绑定几个亚马逊店铺	1	1-5个	1-5个

图 4-1　Jungle Scout 网页版与插件版功能对比

(1)选品数据库(Product Database)

掌握亚马逊的产品目录,从需求、价格、预测销售量、评级、季节性、尺寸和重量等多个方面过滤产品,准确出击,制定最佳的选品策略。

(2)关键词搜索器(Keyword Scout)

输入一个关键词,我们便可以找到相关关键词,并查看这些关键词在亚马逊的月搜索量,以及想要短期快速提高排名所需要在每天促销推广的产品数量、PPC(点击付费)推广的建议出价;还可以输入 ASIN 反侦查产品的相关关键词信息和数据。

(3)竞品跟踪器(Product Traker)

一键单击即可监控竞争对手的产品销量、定价和库存变化,可以提高工作效率,降低运营成本。

(4)供应商数据库(Supplier Database)

供应商数据库的功能是深挖近三年的美国海关数据,每月更新数据库,助力卖家寻找产品供应商,挖掘竞品的供货工厂;助力工厂轻松挖掘更多的 VIP 用户,了解潜在用户对产品的需求,并反向挖掘其他工厂的 VIP 用户,开拓境外市场,获得更大的商机。

2. 卖家精灵

卖家精灵也是比较好用的跨境电商分析工具,其首页界面如图 4-2 所示。

图 4-2 卖家精灵首页界面

(1)选市场

- 基于亚马逊细分类目销量 Top100 样本。
- 超过 26 种市场维度指标供您排序和筛选。
- 亚马逊七大站点 2 万+类目的深度行业分析报告。
- 只有在蓝海市场,才能发现蓝海产品。

（2）选产品
- 提供 Amazon 最准确的产品销量和历史趋势。
- 支持产品上架以来的 BSR/价格/评分数历史走势。
- 超过 20 种维度的产品详细信息及趋势数据。
- 支持亚马逊美国、日本等七大站点。

（3）关键词挖掘/ASIN 反查
- 业界最准确的关键词搜索量及历史趋势。
- 提供多维度的关键词选品和趋势指标。
- ASIN 关键词反查准确度业内至今无人超越。
- 支持美国、日本、欧洲 5 国、印度和加拿大。

选品分析工具主要有：

1. 谷歌趋势

谷歌趋势（Google Trends）是谷歌推出的一款基于搜索日志分析的应用产品，它通过分析谷歌全球数以十亿计的搜索结果，告诉用户某一搜索关键词在谷歌中被搜索的频率和相关统计数据。

2. CamelCamelCamel

CamelCamelCamel 是一款针对亚马逊的价格追踪免费工具，可以设定产品的价格提醒，了解指定产品的历史价格走势。主要是为亚马逊用户提供服务，方便亚马逊用户轻松发现价格实惠的好产品，辅助用户进行购买决策。

3. Keepa

Keepa 是一款免费的亚马逊价格追踪工具，保存了亚马逊上所有产品的价格历史数据。Keepa 核心功能是搜索功能，通过搜索可以找到指定产品的所有价格历史数据，并根据搜索返回一个信息量非常丰富的图表，卖家们可以根据图表信息获得选品参考。

拓展阅读 4.3
Google Ads 业务简介

关键词分析工具主要有：

1. 关键字规划师

关键字规划师（Google Ads）是一种使用谷歌关键字广告或谷歌遍布全球的内容联盟网络来推广网络的付费网络推广方式。它采用文字、图片及视频广告在内的多种广告形式。

2. Merchant Words

Merchant Words 是亚马逊卖家理想的关键词分析工具。Merchant Words 收集了全球超过 10 亿次亚马逊用户实时搜索的数据，所有关键词数据都直接来自亚马逊搜索栏中的用户搜索。

Merchant Words 的专业算法涵盖了站点范围内的亚马逊流量、搜索排名及当前和历史的搜索趋势，卖家还可以使用数量有限的关键词免费查询。除了免费版本外，Matched

Words 还有付费版本（30 美元 / 月，仅适用于美国数据；60 美元 / 月，适用于全球数据）包括不限量搜索、CSV 下载及 24 小时的客户服务支持。

3. Keyword Tool

Keyword Tool 是一个让亚马逊卖家快速地找出产品最佳关键词工具，如图 4-3 所示，如果卖家想使用更多的高级功能，则需要升级为专业版。

图 4-3　Keyword Tool 首页界面

第三节　主要跨境电商平台的大数据分析

一、AliExpress 的大数据分析

1. AliExpress 数据分析要点

全球速卖通（AliExpress）的卖家后台提供了"数据纵横"分析工具，卖家可以查看平台各行业的交易状况、买家分布、热卖商品、热搜关键词等数据。

打开全球速卖通卖家后台的数据纵横工具，如图 4-4 所示，卖家可以看到左侧有实时风暴、流量分析、商品分析、行业情报和搜索词分析等模块。

（1）实时风暴

卖家可以看到店铺内的实时流量情况，这在店铺做促销活动时非常有用。

（2）商品分析

卖家可查询商品的流量、热门商品和访客地域分布，使自己对店铺的经营状况了如指掌。

（3）行业情报

卖家可了解全球速卖通各行业的市场情况，为店铺经营指导方向。

其他板块可详见全球速卖通官网。

图 4-4　全球速卖通"数据纵横"工具

2. 基于大数据分析优化 AliExpress 标题

标题在全球速卖通的搜索权重比较大，用户搜索或浏览类目查找商品时，系统判断商品是否符合搜索需求的第一依据就是标题。一个包含精准关键词的标题，其相应的商品页面（Listing）被推荐曝光的概率就比较大。

（1）设置一个好的标题的前期数据分析

一个好的标题需要经过精心的推敲和打磨，并且要在实践中不断总结完善。设置一个标题之前首先要明确标题应该体现什么内容，标题的内容取决于目标市场用户对商品有什么要求。

例如，某一俄罗斯用户购买手机时，要求性价比高，喜欢安卓系统，习惯较大的屏幕和内存，对 5～6 英寸的屏幕关注度比较高。此外，由于俄罗斯冬季时间长，用户对手机电池的容量及其在低温下的使用状态也比较关注。因此，面向俄罗斯用户的手机卖家在设置标题时，应该把用户特别关注的价格、尺寸、内存、电池容量与可使用的温度范围等特性在标题中体现出来。只有标题中的信息足够吸引用户，用户才会有购买的欲望。

对目标市场用户的购买行为习惯进行数据分析，是设置一个好标题的重要前提。一个好的标题并不是固定不变的，而是会随着市场、销售情况的改变而改变。

（2）持续数据分析，持续优化标题

一个标题的好坏，需要结合标题带来的流量及转化率来衡量，卖家可以通过对流量、转化率数据的长期监测与统计分析，并结合市场变化情况，综合分析标题的时效性。例如某一个时期，用户特别注重手机的内存，但随着手机内存普遍增大之后，用户可能转而关注手机的摄像功能，这时候标题就要根据数据分析结果做出合理的调整。

对于尚未确定标题关键词的情况，卖家可以使用不同关键词组合标题的方法，收集不同标题的搜索指数、点击率、转化率等数据进行统计分析，挖掘标题热词与组合方式，以此来优化标题。卖家也可借助全球速卖通平台数据统计工具或第三方数据分析工具，也可以借鉴同行的做法，挖掘所属品类的优秀标题与热词，参考优秀标题以优化自己的商品标题。

（3）保持标题与详细描述的匹配

标题与详细描述是一个 Listing 的重要组成部分，因此，标题的优化不是单独的标题优化，也是对整个 Listing 的优化。根据数据分析结果来优化标题时，要注意保持商品标题与详细描述的匹配性。如果标题很吸引人，但用户点开后发现商品的详细描述并非如此，就会觉得卖家夸大其词。因此，商品标题、详细描述与商品本身要相匹配，匹配度越高越有利于提高排名。

二、Amazon 的大数据分析

1. Amazon 数据分析要点

在亚马逊后台的数据报告中，业务报告和库存报告是卖家应当重点关注的报告。业务报告包含的数据是店铺的销量；库存报告主要包含两个数据：自发货库存和亚马逊提供的代发货业务。（Fulfillment By Amazon，FBA）

Amazon 数据分析可以参考市场趋势报表、用户行为分析数据表、地理位置数据分析表、订单销售数据表、店铺运作数据表、用户评论数据表。报表常用的名词如表 4-1 所示。

表 4-1 Amazon 数据分析报表常用概念

英文	对应中文	中文含义
Page Views	页面流量	在所选取的时间范围内，销售页面被单击的总浏览量
Page Views Percentage	特定页面流量比例	在页面流量中，浏览某项特定 SKU 或 ASIN 的流量所占的比例
Sesssions	浏览用户数	24 个小时内曾经在销售页面浏览过的用户总数
Sales Rank	销售排名	产品在亚马逊平台的销量排名及变化
Ordered Product Sales	订单销售总和	订单的销售数量乘以销售价格的总和
Average Offer Count	平均可售商品页面	在所选定的时间范围内，计算出平均可售商品页面
Ordered Item Session Percentage	下订单用户百分比	浏览用户数中下订单用户所占的百分比

续表

英　　文	对应中文	中文含义
Unit Session Percentage	销售个数用户转换率	每位用户浏览后购买产品的概率
Average Customer Review	平均商品评论评级	总体平均的商品评论级数，以五星级的评级方式来显示
Customer Reviews Received	商品评论数	商品获得评论的总数，好评和差评一起计算
Negative Feedback Received	差评数	所收到的反馈差评总数
A-to-Z Claims Granted	收到 A-to-Z Claims 的次数	不收到是最好的

另外，我们也可以使用参考平台提供的数据，如 Best Seller（热销商品）、Hot New Releases（类目热销商品）、Movers and Shakers（新品热物）、Most Wished（一天销量上升榜）、Gift Ideas（礼物类当日热销排行）等进行数据分析。

2. Amazon 大数据运用下的排名规则

亚马逊平台的店铺或商品排名主要与关键词、店铺/商品评论、店铺绩效有关，也与卖家使用亚马逊物流配送的情况有关。商品和店铺的各项数据，对卖家在亚马逊上的排名有着非常重要的影响。亚马逊长期对商品和店铺的各项数据进行统计分析，并结合平台的算法规则，对卖家的商品和店铺排名进行调整。例如，亚马逊自营的或选择亚马逊物流配送的商品，在亚马逊平台上的排名比较靠前。亚马逊对商品或店铺的排名进行调整时，主要考核的行为数据包括：

拓展阅读 4.4
如何利用数据分析工具分析亚马逊店铺数据状态

（1）使用亚马逊仓储物流（FBA）

亚马逊一直宣传自己的 FBA 用户体验，鼓励第三方卖家入仓并使用 FBA，所以在搜索排名中，亚马逊会支持使用 FBA 的商品。

（2）转化率

优秀的商品图片和文案能直接影响转化率，从而影响排名。

（3）销售量

销售量越高，在亚马逊的排名就越靠前。

（4）绩效

亚马逊的绩效考核包括销售量、退货率、用户评论、订单取消率、退货服务满意度、账户违规、准时送达、有效追评率、回复率、发货延迟率等，绩效越好在亚马逊的排名就越靠前。

（5）用户反馈

用户根据购买的商品与得到的服务情况对卖家进行评价，用户反馈是给卖家看的，评价包括评价数量、评分等。评论数量越多，评分越高，排名就越靠前。

（6）商品评论

用户对某商品的评论会在商品详情页中体现，供其他用户选择商品时参考。商品评论对排名也会有影响，整体评论越好排名就越靠前。

（7）关键词的匹配性与准确性

商品标题中的关键词与搜索关键词的匹配性越高，曝光度就越高；商品描述中的关键词越准确，排名就越靠前。

（8）类目相关性

主要考核卖家在设置商品类目时，是否选择与商品最匹配的类目，并且是否详细设置类目下的商品属性、商品品牌等。类目越匹配、商品属性设置越详细，亚马逊就越能更好地根据商品信息推荐给正在搜索商品的用户，提高商品排名。

三、eBay 的大数据分析

1. eBay 的数据分析要点

eBay 的店铺流量报告有 10 项数据，包括店铺访问人数、买家停留时间等店铺相关页面的留底数据信息统计，也包括买家前往店铺和商品详情页的路径。

店铺的页面，包括自订页面、自订类别页面及搜索结果页面。各种形式的物品刊登，包括拍卖、一口价和店铺长期刊登物品。

其他与卖家相关的 eBay 页面，包括其他物品页面、信用评价档案和我的档案。eBay 平台有些数据的变化会影响商品销量，卖家需要留意以下几类数据：

（1）最近销售记录（针对定价类物品）

是指衡量卖家的 Listing 中，有多少 item（产品）被不同的买家购买。商品的最近销售记录越多，曝光度越高。第一次被重新刊登的商品同样保留有最近销售记录。

（2）卖家评级（DSR）

包括商品描述、沟通、货运时间、运费这几项。优秀评级卖家（Top Rated Seller）的商品一般排名较为靠前。

（3）买家满意度

包含三个考量标准，即中差评的数量、DSR1 分和 DSR2 分的数量、INR/SNAD（货不对版）投诉的数量。

（4）物品"标题"相关度

买家输入的搜索关键词与最终成交商品的标题、关键词之间的匹配程度。

收集 eBay 平台数据后，卖家可以从以下几个方面展开市场分析：

（1）市场容量分析

通过比较同类商品的月度总成交金额，卖家可以估算自己所占的市场份额。

（2）拍卖成交比例

卖家可以比较自己的拍卖成交比例，在同类商品中是否高于平均值。如果低于平均值就需要查找原因。

（3）最优拍卖方式

卖家可以分析哪一种拍卖方式更合适，决定是采用设底价还是采用一口价。

（4）可选特色功能促销效果分析

促销是有成本的，卖家可以分析采用何种促销方式能为自己带来最大的收益，以及其是否可以提高成交比例和成交价格。

（5）最优拍卖起始日期

卖家可以分析星期六起拍是否比星期一起拍更容易成交，以及成交价是否更高。

（6）最优拍卖结束时段

卖家可以分析什么时段结束拍卖可以取得最高的成交比例或者最高的成交价。

（7）商品上传天数

商品上传天数有 1 天、3 天、5 天、7 天、10 天。最常用的是 7 天，但是不同的商品有不同的性质，如一些流行商品，1 天就已经足够了；而对于一些古董类的商品，10 天则比较好。

（8）哪个目录下成交率高

一个商品可以放在多个目录下，以查看商品在哪个目录下的成交率更高。卖家可以将商品放在成交率高的目录下，如果两个目录的成交率都不错，那么卖家可以使用双目录功能。

（9）市场竞争情况

卖家可以分析平台上现有多少卖家在销售同类商品，以及前 10 位卖家占有多少市场份额。

2. eBay 的大数据运用魔力

eBay 拥有巨大的数据量，可以分析这些数据并建立模型。通过大数据分析，eBay 系统每天都能够回答各种问题，如本月最热门的搜索商品是什么？本月转化率最高的商品是什么？昨天的热搜词是什么，等等。

通过分析用户的浏览历史记录数据，eBay 能够"猜想"用户的消费偏好。对于没有太多历史购买记录的用户，eBay 可以通过对比有着相似特点的用户需求，来推测该用户的潜在需求，从而将适合的商品推送给用户。

利用大数据，eBay 不断优化平台的搜索引擎。利用大数据分析，搜索引擎能够更好地理解用户的搜索需求，使商品与需求精准匹配，增加在线交易量。

对于跨境电商卖家来说，eBay 对大数据的运营给卖家带来的最大好处就是获取"情报"。根据大数据分析结果，eBay 定期向卖家建议应该销售的商品，如告诉卖家某商品一个月预计的销售量、定价的最佳范围、竞争对手有多少、卖家的市场占有率是多少等。

四、Wish 的大数据分析

1. Wish 数据分析要点

Wish 平台的"您的统计数据"是针对卖家店铺每 7 天统计一次产品的浏览数等信息。有流量的产品数据统计可以理解为被 Wish 官方认可的产品数据统计,没被认可的产品数据统计没有流量,不会被纳入统计数据。针对没有浏览量的产品,卖家可尝试进行以下数据调整:

(1)产品销售价每天降低 0.01 美元(有些产品则需要涨价)。

(2)物流费用每天降低 0.01 美元。

(3)库存数量每天增加 1 个。

(4)产品从不同的颜色尺码增加一个子 SKU。

Wish 平台的标签搜索权重很大,10 个标签要全部写满。以裙子为例,标签的命名方式为一级分类、二级分类、产品、风格、特征、花型、颜色等。

Wish 平台注意收集店铺销量前 10、飙升产品榜、刊登新品、累计销售额、刊登时间、Wish 标签等详细数据和信息。

Wish 平台第三方数据分析工具,可以参考卖家网 Wish 数据、米库、超级店长跨境版。

2. Wish 基于大数据的智能推荐

Wish 的核心竞争力是基于大数据的智能化推荐系统,它可以自动向用户推荐用户可能喜欢的产品。对卖家来说,产品因为被推送给用户而得到了曝光,店铺也得到了平台推送流量,这是每个进驻 Wish 的卖家最希望得到的结果。然而,Wish 向用户推荐产品是依据一定的算法规则的,卖家想要自己的产品得到 Wish 的推荐,就必须摸清这些规则并遵循规则做出调整。

(1)初次匹配

Wish 向用户推荐一个新产品,首先是根据产品的标题、图片、标签、描述去鉴别产品,其中主要还是依据产品标签做鉴别,然后与用户需求喜好进行匹配,向用户推荐匹配度高的产品。

(2)初始流量的转化情况

经过初次匹配后,Wish 就不再只以产品的各项属性作为推荐的依据了,还会考虑产品初始流量的转化情况。例如,某个产品已经被推荐了 1000~2000 次,但点击率、转化率却很低,就算这个产品在属性上非常符合用户的需求,也不会再得到 Wish 推荐。因此,产品本身还是非常重要的,产品的转化率越好、评价越多,被推荐的机会才会越多,产品销售量也会越来越高,如此形成一个良性循环。

(3)店铺绩效与服务

经过一段时间的经营,店铺绩效与服务的各项数据,如店铺好评率、DSR、延迟发货率等就会显现出来。这些数据越完美，其产品被推荐的机会就越大。因此，Wish 卖家在把产品做好的同时，也要把服务做好。

（4）店铺活跃度

店铺活跃度越高，其产品被推荐的概率就越大。店铺活跃度包括账号登录频率、买家浏览次数、点击率、店铺整体转化率、产品更新情况、评论情况等。

本章首先对跨境电商市场调研理论基础进行了详细的讲解，包括其概念、内容、意义及方法；然后介绍了大数据分析的概念，特别是大数据分析在跨境电商领域下的具体应用以及分析特征；最后讲述了不同跨境电商平台大数据分析上的侧重点。

通过本章的学习，希望大家对跨境电商环境下的大数据分析有比较全面的认识，掌握什么是大数据分析，大数据分析如何创造商业价值，大数据环境下如何改进跨境电商的流程及跨境电商的大数据分析特征；了解数据分析常用的概念，不同平台在大数据分析上的侧重点；初步认识主要的大数据分析工具及不同平台在大数据分析环境下的典型应用。

大数据　　数据分析　　商业价值　　关键词分析　　选品　　大数据分析常用概念

1. 大数据分析如何创造商业价值？跨境电商环境下，大数据将带来哪些变革？
2. 简述大数据分析常用的概念及含义。

结合跨境电商平台案例分析,谈谈如何利用分析工具更好地辅助跨境电商。

[1] 赵慧娥,等.跨境电子商务 [M].北京:中国人民大学出版社,2020.
[2] 伍蓓,等.跨境电商理论与实务 [M].北京:人民邮电出版社,2020.
[3] 黑马程序员.跨境电子商务 [M].北京:清华大学出版社,2020.

5 第五章
跨境电商选品与定价

1. 理解跨境电商选品的考量因素及注意事项。
2. 掌握跨境电商选品的分类和方法。
3. 了解跨境电商货源选择的途径和方法。
4. 掌握跨境电商商品的价格构成。
5. 了解跨境电商商品的定价策略。

引导案例

差异化成就了三家公司

在亚马逊平台上,Anker一直是神话一样的存在。

很多中国卖家在研究和模仿Anker,但正如齐白石先生所言:"学我者生,似我者死。"真正能够模仿Anker而做得很好的,少之又少;但基于对Anker的研究和学习,进而做出新的商品、开拓出新的思路的卖家,倒有几家。下面将就此做一个简单的分析。

Anker以移动电源起家,一直以黑白色调为主。Anker自己调研得出的结论是欧美人更喜欢黑色,所以,打开Anker的店铺,黑色调格外明显。同时,Anker的商品以方正款式为主,商务人士为其首选客户群体,甚至包括亚马逊全球副总裁在做招商推介的时候也说:"我来中国出差,用的就是中国品牌Anker的移动电源。"

很多想从Anker身上取经的卖家,都采取了同样的黑色调和方正款,但由此而成功的案例并不多。但偏偏有两家公司,同样以移动电源为主打,剑走偏锋,选择了和Anker不一样的路,却做得非常成功。

Jackery,同样主推方正款式,却选择了和Anker完全不一样的颜色——橙色。Anker的黑色给人以冰冷沉稳的印象,而Jackery的橙色却以鲜活亮眼的色彩吸引用户的目光。抛开品质方面,单纯从色彩层面来看,如果说Anker是以成年稳重的商务人士为核心客户群,那么,Jackery则明显可以获得女性群体以及更年轻的消费者的青睐。

亚马逊平台上,在移动电源这个类目下,Anker占据着霸主地位,而Jackery的另辟蹊径也让它活得非常好。从商品Review数量可知,Jackery的销售金额也是以亿元为单位计,将其他卖家远远甩开。

Jackery之外,另一家移动电源品牌的打造过程就更有意思了。

Lepow,以更加鲜活的形象切入移动电源市场。在品牌打造的过程中,Lepow选取了绿色和黄色为主推色调。同时,在款式的选择上,Lepow选取了圆润款式甚至带有卡通形象的款式为主打,一下子就俘获了年轻群体的心。在亚马逊平台上,Lepow起步虽晚,但发展速度很快。

回头看这三家的选品思路,Anker凭首发优势,主要面对商务人士群体,占得移动电源类目的顶端;而Jackery在选品中既从Anker的发展中看到了商机,同时为了避免与Anker正面"肉搏",选择从侧翼进入,以亮色调获取了年轻群体的青睐;当Lepow想进入移动电源这个市场时,想撼动Anker的销售地位已经非常困难,既然无法撼动,就迂回前行吧,你们都针对商务成熟人士,我就选择"新人类"。于是,它以更加年轻化的群体为目标,做出针对性的颜色和款式优化,也获得了成功。

亚马逊平台的特点是以商品为导向，适合做品牌。但是对于中国卖家来说，在亚马逊上只有"跟卖 Listing"和"自建 Listing"两条路线。亚马逊平台允许多个卖家共用一个商品链接，因此，在一个卖家上传商品后，其他卖家可以在此基础上填写价格信息，售卖同样的商品，也就是跟卖。

跟卖要选择销量好的商品。在亚马逊上跟卖的商品大多数是电子类、汽配、家居和运动器材等标准化商品。不过要明确"跟卖"的母 Listing 是否是品牌，有无侵权风险。但由于同质化商品竞争会带来价格战，跟卖往往没有利润，销量上升很快，风险大，非常容易导致账号被封。而自建的大多数商品是得到认可的品牌（往往是非标准化和主观性商品，相对比较小众），设计独特，利润有保障，不参与价格战。因此，在这一品牌路线下，选品的核心是考虑这类商品的市场销售容量。

资料来源：https：//www.cifnews.com/article/34800.

引导问题：
结合上述案例，分析各个跨境电商平台的卖家应该如何选品。

第一节　跨境电商选品

一、跨境电商选品的考量因素及原则

（一）选品的考量因素

从市场角色关系看，选品是指选品人员从供应市场中选择适合目标市场需求的商品。一方面，选品人员要把握目标需求，另一方面，选品人员还要从众多供应市场中选出质量、价格、外观最符合目标市场需求的商品。成功的选品，应该达到供应商、客户、选品人员三者共赢的结果。选品是决定跨境电商成功的关键。由于需求和供应处于变化之中，因而选品也是从事跨境电商的企业的日常工作。选品的考量因素有以下几个方面（如图5-1）。

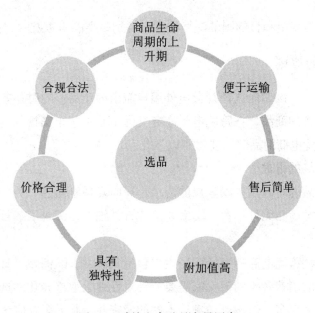

图 5-1　跨境电商选品考量因素

1. 商品处于生命周期的上升期

处于生命周期上升期的商品市场潜力大、利润率高，跨境电商的商品利润率基本上是50%以上，甚至100%以上。

2. 便于运输

要求商品体积较小、重量较轻、易于包装、不易破碎，这样可以大大降低物流成本和物流环节货损的概率。符合这一特征的商品包括手机壳、手机膜、手机支架、耳机等手机

周边商品。

3. 售后简单

要求商品不需要售后服务或售后服务简单，便于操作、不需要组装或安装。需要有使用指导、安装指导等售后服务的商品不适合作为跨境电商的选品，否则会加大后期的客户服务成本，一旦处理不当，会直接影响客户的购物体验及评价。

4. 附加值高

价值低于运费的商品不适合单件销售，可以打包出售，以降低物流成本。

5. 具备独特性

有自己独特的功能或商品设计，包括独特的商品研发、包装设计等，这样的商品才能不断激发买家的购买欲望。

6. 价格合理

在线交易的价格如果高于商品在目的国当地的市场价，或者偏高于其他在线卖家，就无法吸引买家在线下单。

7. 合规合法

不能违反平台的规定和目的国的法律法规，特别是不能销售盗版、仿冒或违禁品。

（二）选品的原则

面对众多的产品，该如何选择符合境外用户需求的产品？同时还要注意有很多可在国内电商平台自由销售的商品，在跨境电子商务交易中是被禁止销售的，如减肥药。所以，卖家在选择出口跨境电商商品时，要做到以下几点。

1. 判断目标市场的需求

卖家在进行选品的时候需要以客户的需求为导向发现刚需品。关乎衣食住行的商品每个人都离不开，这类商品无处不在，卖家要关注日常细节，深入了解目标市场消费者的实际需求。

需要注意的是，跨境电商的目标市场主要包括美国站、欧洲站、日本站、非洲站等。位于这些目标市场的消费者不同，卖家需要有针对性地采取差异化的选品策略。例如，全球开店的亚马逊卖家很多，但做亚马逊日本站的卖家并不是太多，应该说亚马逊日本站目前尚属于"蓝海"市场。日本人的消费习惯和中国人比较接近，卖家对于日本站的选品需要考虑以下两个因素：

（1）商品认证和审核手续问题。在日本销售商品，首先要考虑的就是外观侵权、食品卫生安全认证、商品安全认证等。日本的动漫有名，在日本销售动漫类商品稍有不慎就会侵权，轻者下架警告，重者直接销号。其次，日本站对于进口类商品的审核非常严格。某公司销售过一款水壶，商品发到日本海关时麻烦就来了，海关要求其出示各种认证资料，大部分认证资料要求必须是日本当地的认证。这款水壶由于认证不符合要求，结果被下架。

在日本站销售商品，所有商品的认证资料都必须提前准备好。

（2）商品差异化优势和质量优势。日本人非常注重商品的工艺，所以商品的细节在日本站必须处理好，低价低质在日本站行不通。如果商品各方面质量都比较好，就不用担心没有销量。具有差异化优势的商品在日本站的销量会比较好，例如，在日本销售USB线，1m线的销量并不好，价格再低都不好卖；相反，15cm的线和2m的线销量却非常好，这就是差异化的优势。

2. 符合平台特色，遵循平台规则

例如，做Wish和亚马逊是不一样的。Wish是一个快销平台，要快速推广商品，这个平台的特点是需要大量的、多类的商品，所以卖家要选择多种品类的商品到平台。而亚马逊平台对商品质量的要求比较高，所以卖家就要找质量比较好的商品。

另外，各个跨境电商平台的规则不同，卖家选品时就必须了解和遵循各平台不同的规则。

3. 判断货源优势

在满足以上原则的情况下，选品人员还需要考虑自身是否具有货源优势。对于初级卖家，如果其所处的地区有一定规模的产业带或有体量较大的批发市场，则可以考虑直接从市场上寻找现货；在没有货源优势的情况下，卖家再考虑从网上寻找货源。

对于有一定营销基础并且已经积累了一定销售经验的卖家，能够初步判断哪些产品的市场接受度较高时，卖家可以寻找工厂资源，针对比较有把握的产品进行少量下单试款。

经验丰富并具有经济实力的卖家可以尝试预售，确认市场接受度后再下单或投产，这样可以减少库存压力和现金压力。

二、选品的分类与方法

（一）选品的分类

1. 主动选品

主动选品是指卖家通过对目标市场的了解或者对某个行业的了解，主动去研发或者寻找商品。例如，熟悉数码类消费电子商品的卖家，对数码类商品的选择肯定会精细到：数码类商品→手机周边商品→音响→蓝牙音响。

拓展阅读5.1
以加拿大为例进行选品分析

以蓝牙音响为例，进行主动选品时，卖家需要对整个市场的蓝牙音响商品了如指掌，例如，哪款是新开发出来的，哪款是用来低价走量的，哪款是走高端高利润策略的。这个时候，卖家会针对公司的具体情况来自主选择蓝牙音响。

2. 被动选品

被动选品是指卖家参考大多数卖家的数据，查看其近期销量比较大的爆款是哪些，从而决定自己销售的商品。这样做会比较省事，但是会比别人慢一步，所以卖家在选品时如果能做到主动选品与被动选品相结合更佳。

（二）选品的方法

1. 做好目标市场分析

选品时，卖家要提前对目标市场进行分析，掌握当地人群的生活习惯、饮食习惯、业余爱好及节假日等基本情况，同时也要参考国内外相关数据信息，为选品提供依据。

2. 做好数据分析

跨境电商做得比较好的卖家，都非常重视数据分析。数据分析是通过对各个业务节点业务数据的提取、分析及监控，让数据作为管理者决策、员工执行的有效依据，作为业务运营中的一个统一尺度和标准。从数据来源看，数据分为外部数据和内部数据。外部数据是指企业以外的其他公司、市场等产生的数据。内部数据指企业内部经营过程中产生的数据信息。卖家要想做出科学的、正确的决策，需要对内外部数据进行充分的调研和分析。

拓展阅读 5.2
跨境电商——在美国卖什么商品好

（1）外部数据分析。外部数据分析是指综合运用各种外部分析工具，全面掌握品类选择的数据依据。例如，通过 Google Trend 工具分析品类的周期性特点，把握商品开发先机；借助 Keywords Spy 工具发现品类搜索热度和品类关键词，同时借助 Alexa 工具选出至少三家以该品类作为主要目标市场的竞争对手的网站，作为目标市场商品详情页分析的依据。

（2）内部数据分析。内部数据是已上架的商品产生的销售信息，是选品成功与否的验证，也可用于以后选品方向的指导。卖家可通过平台分析工具获得已上架商品的销售信息（流量、转化率、跳出率、客单价等），分析哪些商品销售得好，从选品成功和选品失败的案例中积累经验和教训，再结合外部数据分析，一步步成长为选品高手。

三、选品的逻辑

总体来看，跨境电商选品需要经过 5 个步骤——确定行业类目，找到卖家需求，找到热卖款、洞悉卖家爆款，市场数据验证分析和产品战略布局，如图 5-2 所示。

确定行业类目 → 找到买家需求 → 找到热卖款、洞悉卖家爆款 → 市场数据验证分析 → 产品战略布局

图 5-2 跨境电商选品步骤

1. 确定行业类目

选择跨境电商产品的第一步，是谨慎地确定要选择的行业，如女装、男装或是其他类别。因此，我们要对行业数据进行分析，行业数据分析包括行业竞争分析、行业数据分析、行业国别分析。

（1）行业竞争分析

行业可以分为红海行业和蓝海行业。红海行业是指现有的、竞争白热化的行业；蓝海行业是指未知的、有待开拓的市场空间，是竞争不大，但又充满买家需求的行业。我们在选择跨境电商产品时，需要结合自身优势，选择竞争不那么激烈、有一定市场利润空间的产品。

（2）行业数据分析

行业数据分析需要我们分析相关行业的访客数占比、浏览量占比、支付金额占比、支付订单占比、供需指数等数据。其中，访客数占比指该行业的访问数量占比，代表市场容量，访客数占比越大表明市场容量越大，相反则表明市场容量越小；支付金额占比是产品成功的支付数占产品下单数的比例，支付金额占比越大，证明买家越倾向购买该类目的产品；供需指数代表卖家数量和买家数量的比例关系，指数越小则表明市场竞争越不激烈，指数越大则表明市场竞争越激烈。因此，我们要选择访客数较多、支付订单占比较大、供需指数较小的产品。

（3）行业国别分析

根据买家搜索产品类目的关键词来判断哪个国家的买家搜索该产品的量比较多。通常情况下，我们可以依托不同国家的搜索关键词数据来判断产品的主要目标国家市场。

2. 找到买家需求

确定好行业类目后，接下来需要寻找买家需求。根据卖家的搜索习惯或喜好，找到买家需求较多的产品。买家的搜索习惯可以通过搜索指数和购买率排名确定，搜索指数越大的产品搜索量越大，购买率越高的产品则说明买家对其的需求越多。跨境电商选品通常情况下要选择搜索指数和购买率排名均较高的产品。

3. 找到热卖款、洞悉卖家爆款

确定好买家需求后，需要进一步洞悉卖家爆款。爆款产品不仅能够提高店铺销量，还能提高整个店铺的浏览量，对于提高店铺的知名度和效益具有重要作用。一般情况下，可以借助一些专门的跨境电商网站选品，比如，"越域网"能够通过大数据帮助用户迅速定位 eBay、Wish、亚马逊的热销单品，协助卖家快速选品、便捷铺货、放心采购。

4. 市场数据验证分析

如果已经基本确定了某款产品，卖家可以将所选择的产品在境外相关网站进行产品验证，如果和数据分析的产品一致，那么它就是一款有潜力、符合境外需求的产品。具体操作可以打开境外的电商平台，如 eBay、亚马逊、ASOS、Gmarket 等，查看爆款或引流款、热卖产品、搜索关键词等信息。

5. 产品战略布局

通常情况下，卖家店铺的产品可以分为引流款、利润款、品牌形象款。引流款能够为店铺提供高流量、高曝光率、高点击量；利润款能为店铺提供利润；品牌形象款能够逐渐树立店铺的品牌形象。一般情况下用引流带动销量。三种产品类别应设置的数量、折扣率及利润率如表 5-1 所示。

表 5-1　跨境电商产品战略布局

产品分类	数量	折扣率	利润率
引流款	5%	50%	初期亏损
利润款	85%	30%～40%	初期略赚
品牌形象款	10%	5%～20%	赚

从表 5-1 中可看出：引流产品通常属于初期亏损产品，起引流作用；利润款产品的数量占店铺产品总量的 85% 左右，其利润率较低；品牌形象款产品的数量占店铺产品总量的 10% 左右，利润率较高。

第二节　跨境电商商品的价格构成及定价要点

一、跨境电商商品的价格构成

从事跨境电商经营的核心目的是盈利，而利润＝商品价格－成本，也就是说商品价格取决于成本和利润。所以，我们要非常清楚真正的商品成本，这也是我们后期商品定价策略的基础。商品的实际成本一般由下面几部分组成：进货成本（商品价格＋快递成本＋破损成本）跨境物流成本＋跨境电商平台成本（包括推广成本、平台年费、活动扣点）＋售后维护成本（包括退货、换货、破损成本）＋其他综合成本（人工成本、跨境物流包装成本等）。以下分别进行论述。

1. 进货成本

进货成本是指从国内供应商处采购商品的成本，一般包括工厂进价和国内物流成本。进货成本取决于供应商的价格基础。在进行跨境商品定价之前，首先应该了解商品采购价格处于这个行业价格的什么水平，也就是供应商的价格水平是不是具备优势。选择一个优质的供应商是跨境电商经营的重中之重，优质的商品品质、商品研发能力、良好的电商服务意识都是选择供应商要考虑的因素，但最核心的因素是供应商的价格必须具备一定的市场竞争力，这样才可能拥有足够的利润空间去做运营和推广。

2. 跨境物流成本

跨境物流成本是商品实际成本的重要组成部分，根据跨境物流模式的不同而有所不同。在跨境物流费用的报价上，商品标价里通常会写上"包邮"（free shipping），这样的标价方式更能吸引客户。所以，卖家一定要将跨境物流费用计算在商品价格中。物流成本的核算方法见第三章内容。

3. 跨境电商平台成本

跨境电商平台成本是指基于跨境电商平台运营、向跨境电商平台支付的相关费用，一般包括入驻费用、成交费用、推广费用、平台年费和活动扣点，其中的核心是推广费用，如速卖通平台的P4P（Pay for Performance）项目推广费用。如果卖家的资金实力不够雄厚，对于商品的推广投入成本更应该谨慎且要有非常详细的预算，一般资金投入建议是：（工厂进价＋国际物流成本）×（10%～35%）。就入驻费用而言，目前只有敦煌网和Wish不收，其余平台都要收，且每年在1万元以上。就成交费用而言，速卖通按每笔成交额的5%收取，而亚马逊则是按成交额的一定比例收取，为8%～15%，其他平台也有相应规定。跨境电商平台成本越高，商品的价格就会越高，就越不具备价格竞争力。

4. 售后维护成本

售后维护成本是很多跨境创业新人最容易忽视的一个成本。很多中小跨境卖家在我国境内发货，线长点多周期长，经常会出现一些商品破损、丢件甚至客户退货退款的纠纷。因为跨境电商的特性，这样的成本投入往往比较高，在核算成本的时候应该把这个成本核算进去。核算的比例一般是：（进货成本＋国际物流成本＋推广成本）×（3%～8%），如果超过这个比例建议放弃这类商品。

5. 其他综合成本

其他综合成本包括人工成本、办公成本、跨境物流包装成本等。

6. 利润率

利润率也是跨境电商卖家需要考虑的因素，利润率越高，商品的售价也就越高。目前速卖通等平台的利润率普遍越来越低，一般在15%～20%。

二、跨境电商外贸新人定价要点

1. 要注意数量单位

跨境电商外贸新人要注意数量单位，如piece和lot。这个问题看上去简单，但是很多外贸新人做跨境电商时往往不注意这一细节，经常把这样的原则问题搞错，最终导致订单成交后亏本发给客户。此外，跨境外贸新人应该根据不同数量为商品制定不同的价格，这样就可以吸引采购商下大订单，如 100 个多少价格、300 个多少价格、500 个多少价格等。

2. 避免随意定价格

随意定价是目前跨境电商新人最容易犯的错误。如果商品定价非常随便，定了又改，改了又定，会让客户感觉这个店铺在价格核算上不够专业，而且以前买贵了的客户心理会不平衡，认为买亏了。所以，定价要细致严谨，卖家在制定价格之前要做好调研，不要轻易改变价格。

3. 注意合理的销售方式

有些商品需要分件卖，有些商品需要分批卖，有些商品需要成批卖，其实这里面都有非常严谨的定价和销售策略，如低于 1 美元的商品一般建议分批卖。

4. 要进行充分的市场调研

论卖家首先在平台输入关键词，查看自己的价格在行业内属于什么水平；如果自己的商品没有特别具有竞争力的同行，一般建议利润水平不高于 25%。多去了解你的同行，多去关注你的竞争对手，多向他们学习，这样你的店铺才能真正成长并获得成功。

5. 注意 C 类买家和小 B 类买家的区别

通过跨境电商平台我们可以找 C 类买家，他们的特点是购买数量少，有时甚至只购买单件商品，但对销售服务的要求高。对于这类买家，我们一般建议将商品价格定为正常的零售价格。同时，通过跨境电商平台我们也可以认识一些小额批发商（小 B 类买家），他们的特点是能产生小订单，对他们要在价格上给予一定的让利，因为小 B 类买家是店铺的最强的支持者，所以要特别重视这类客户的订单。

6. 精准的国际物流快递核算

一个有责任心的跨境电商卖家要尽量帮助客户节省国际物流费用，在商品标价的时候建议将国际物流费用直接包含在商品单价中，同时标明商品包邮；对于商品的包装和重量要精心计算，选择可靠、价格低廉的跨境物流公司，商品的包装尽可能做到牢固且便宜，这样就能使店铺真正拥有一批忠实的客户，最终走向成功。

7. 多了解海外网站上该商品的市场价格

这一点非常重要，如果目标市场是美国，就多去美国网站了解所售商品的终端零售价格，比较自己商品的零售价格加上快递费之后的价格与美国当地同类商品的价格，看看自己的价格是不是更具有竞争力；如果跟美国当地的商品价格没什么差别，那价格竞争力就比较弱，客户下单的可能性就比较小。

8. 考虑人民币与美元的市场汇率

对于很多已经有一定销售量的跨境电商卖家来说，其应重点考虑人民币与美元的市场汇率，将商品美元价格的汇率预算得保守一点，以此规避人民币升值的风险。

9. 不要忘了平台收汇扣费成本

无论是 eBay、速卖通、敦煌网，还是其他跨境电商平台，其单笔美元收汇都会有非常高的收汇成本，一定将这个成本纳入商品定价中。另外，建议店铺账户累积到较大余额时再去平台提现，这样能最大限度地节省提现费。

三、跨境电商平台的价格调研

要在激烈的跨境电商竞争中赢得订单，店铺商品的价格应该有明显的优势。只有进行充分的市场调研，做到知己知彼，不断调整价格，店铺才能真正具有竞争优势。

对于商品的市场调研，卖家一般要了解下面几个核心点：

1. 商品价格

首先进入常规的跨境电商平台，如速卖通、敦煌网、eBay 等，选择要调研商品的商品类目，统计前 10 页的商品价格，并计算出一个平均的价格，对照自己商品的价格，看一下你的商品价格是否具有优势。自己商品的价格水平最好在中等偏下的位置，这样才有市场竞争力。

2. 市场竞争度

进入速卖通、亚马逊、eBay 等跨境电商平台，从下面几个维度进行调研。第一，竞争者的数量。如果竞争者数量太多，那该市场已经是"红海"市场，定价只会越来越低。第二，地区的分布。关注一下竞争对手店铺的地区分布，同一个地区的竞争者越多，你的价格溢价能力越差。最后，还应该仔细分析一下核心竞争对手的实力，如店铺的综合能力、品类、营销推广能力等；实力竞争对手越多，后期的溢价能力也越差。

3. 店铺商品的差异化

这一点非常重要，因为一个店铺商品的差异化程度越高就意味着商品价格溢价能力越强，所以卖家要在店铺经营的过程中注重自己商品的个性化和差异化，在商品拍摄、店铺装修、商品的包装等方面都要有个性和特色，拒绝同质化竞争。

第三节　跨境电商商品的定价策略

一、跨境电商商品的传统定价策略

要决定如何给一个电商商品定价，对一些卖家来说可能是一个挑战——既想给顾客一个合理的价格,又想赚取更多的利润。了解传统的、最受欢迎的零售电商定价策略,有助于卖家综合使用这些不同的定价策略,为所销售的商品设定一个合适的价格。电商卖家经常使用的、传统的商品定价策略主要有:基于成本的定价、基于竞争对手的定价和基于商品价值的定价。

1. 基于成本的定价

基于成本的定价可能是零售行业最受欢迎的定价模式。其最大的优点就是简单。一家商店,无论是实体店还是电商店铺,不必进行大量的顾客或市场调研就可以直接设定价格,并确保每个销售商品的最低回报。因而,这种定价又被称为"稳重定价"。

卖家要想运用基于成本的定价策略,就需要知道商品的成本,并提高标价以创造利润。该定价策略的计算方式为:成本 + 期望的利润额 = 价格。

比如你拥有一家卖 T 恤的电商店铺。采购一件衬衫并打印样式,你需要花 11.5 美元;这件衬衫的平均运费是 3 美元,所以你估计的成本是 14.5 美元;而你想在每件售卖的衬衫上赚取 10.5 美元的利润,所以你的价格就应该是 25 美元。

如果你新增了一种新 T 恤,这种 T 恤需要额外的打印费,成本可能需要 15 美元,加上 3 美元的预计运费,你的价格应该为 28.5 美元,也就是 18 美元的商品成本再加上 10.5 美元的利润。

当然,卖家也可以使用百分比来定价,可以简单地在商品成本上加上你期望达到的利润率来定价。

例如:商品成本是 3 美元,按照速卖通目前的平均毛利润率(15%),还有固定成交速卖通佣金费率 5%,以及部分订单产生的联盟费用 3%～5% 进行计算。我们可以推导出:

$$销售价格 = 3\ 美元 \div (1-0.05-0.05) \div (1-0.15) = 3.92\ 美元$$

$$再保守点,销售价格 = 3\ 美元 \div (1-0.05-0.05-0.15) = 4\ 美元$$

那么这其中,5% 的联盟佣金并不是所有订单都会产生的,但考虑到部分满立减、店铺优惠券、直通车等营销投入,以 5% 作为营销费用基本没有差错。

当然,这其中还可以加入丢包及纠纷损失的投入,按照邮政小包 1% 的丢包率来算,又可以得到:

$$销售价格 = 3\ 美元 \div (1-0.05-0.05-0.01) \div (1-0.15) = 3.96\ 美元$$

$$再保守点,销售价格 = 3\ 美元 \div (1-0.05-0.05-0.15-0.01) = 4.05\ 美元$$

得到销售价格后,我们需要考虑该商品是通过活动来销售还是作为一般款来销售。假如作为活动款,那么按照平台通常活动折扣要求 40%(平时打 40% 折扣,活动时最高可以到 50%)来计算:

$$上架价格 = 销售价格 \div (1-0.4)$$

基于成本的定价策略可以让零售电商卖家避免亏损,但这种定价策略容易带来价格战。

2. 基于竞争对手的定价

采用基于竞争对手的定价策略时，你只需"监控"直接竞争对手对特定商品的定价，并设置与其相对应的价格就可以了。

这种零售定价模式，只有当你与竞争对手销售相同商品且两种商品没有区别时，才可以达到效果。实际上，如果你使用了这种策略，你就是在假设你对竞争对手已经做了一些相关研究，或是竞争对手至少拥有足够的市场地位，你假设他们的价格一定是匹配市场期望的。

不幸的是，这种定价策略可能会带来价格竞争，有些人称之为"向下竞争"。假设你在亚马逊平台上销售商品，你有一个通常在自己网站上标价 299.99 美元的商品，因此你将亚马逊上该产品的价格也设定为 299.99 美元，希望订单能蜂拥而来。但你发现，订单并没有涌来。后来，你发现你的竞争对手正在以 289.99 美元的价格出售相同的商品，因此你将价格降至 279.99 美元。不久之后，双方都会因为不断降价，把利润空间压缩得几乎可以忽略不计。所以卖家要谨慎使用基于竞争对手的电商定价。

3. 基于商品价值的定价

如果专注于商品可以给顾客带来的价值，卖家思考的问题则是：在一段特定时期内，顾客会为一个特定商品支付多少费用？然后根据客户的这种感知来设定价格，这种定价就是基于商品价值的电商定价策略。因为这种定价策略取决于顾客对商品的认知水平，所以又被称为"认知定价策略"。

基于商品价值的电商定价是几种定价策略中最复杂的一种，原因有以下几个：

这种策略需要进行市场研究和顾客分析，卖家需要了解最佳受众群体的关键特征，考虑他们购买的原因，了解哪些商品功能对他们来说是最重要的，并且知道价格因素在他们的购买过程中占多大的比重。

如果卖家使用的是基于价值的定价策略，这并不意味着只设定完一个价格后就万事大吉了。相反，商品定价的过程可能会是一个相对较长的过程。随着顾客对市场和商品的了解加深，卖家需要不断对价格进行细微的改动。不过，不管是从平均商品利润还是整体盈利水平来说，该定价方式可以带来更多的利润。

比如一位在繁忙大街上卖雨伞的商户，当阳光灿烂时，路过的行人没有立即买雨伞的需要。如果他们买了雨伞，那也是在未雨绸缪。因此，在天气好的情况下，顾客对雨伞的感知价值相对较低。但尽管如此，卖家仍可以依靠促销来达到薄利多销的目的。在下雨天时，雨伞的价格可能会上升很多。一位急着去面试的行人在下雨天可能愿意为一把雨伞支付更高的价格，因为他不愿意浑身湿透了再去面试。因此，卖家可以从每把销售的雨伞中获得更多的利润。换句话说，商品价格是以顾客的感知价值为基础的。

拓展阅读 5.3

跨境电子商务卖家如何定价？

二、跨境电商商品的其他定价策略

1. 折扣定价策略

利用电商平台的促销功能，设置折扣价是常见的定价策略。折扣价格并不是长期打折，折扣的目的是吸引消费者，一般是在标价的基础上选择一定的折扣，把利润、成本全部标在你的"上架价格"中，并且把快递邮费也包含在标价里，这样往往容易吸引客户。卖家也可以定期做一些优惠活动，如"买就送"，参与平台的一些推广活动等。销售量越高，价格越优化，卖家在跨境平台上的排名就越有优势。需要注意的是折扣的英文表达，例如，如果卖家希望将商品打9折，其英文应该写"10% off"，而不是"90% off"。

2. 引流型定价策略

对于新的跨境店铺，首先要做的就是引流。此时一般的定价策略是，在速卖通等跨境平台输入商品的关键词，找到行业的价格水平，如找到10家跨境卖家的价格，取一个价格的平均值，最后把商品的"上架价格"标为"平均值×（1-15%）"的价格。这样卖家可能有亏损，但是这样的标价再结合一定的P4P推广，很容易为店铺吸引比较高的流量。这个标价是折扣价格，后期等店铺流量上来以后，卖家可通过调整折扣的方式，把价格调回正常水平。

拓展阅读5.4
跨境电商运营产品定价策略技巧

还有一种引流型定价策略，又被称为"狂人策略"，具体做法是研究同行业卖家、同质商品销售价格，确定行业的最低价，以最低价减去其5%～15%的价格为商品的销售价格。用销售价格倒推"上架价格"，不计得失确定成交价。"上架价格"的定价方法有两种。

（1）上架价格＝销售价格/(1-15%)，此策略费钱，可以用来打造爆款，简单、有效，但不可持续，风险较大。

（2）上架价格＝销售价格/(1-30%)，此策略略微保守一些，可以通过后期调整折扣来使销售价格回到正常水平。

以上两种定价思路都可以在15%折扣下平出或者略亏，作为引流爆款的方法。

3. 盈利款式的定价策略

盈利商品的调价能力（也就是商品的溢价能力），是定价策略中最核心的部分。对确定能产生利润的商品，卖家应该在商品品质和供应商供应链能力方面做好把控，其品质必须非常可靠而且稳定，供应商的供应能力（包括库存、研发等）应该完善且持续性强。

一个店铺的优质盈利商品必须具备以下几个特性：

（1）行业竞争不充分、不密集。卖家进入跨境电商平台调研，输入商品的关键词，查询这个阶段有多少竞争对手在卖同系列同款式的商品，查看其排名和商品曝光是不是具有优势。一般来说，同类供应商越密集，商品定价越低，溢价能力越弱。

（2）商品的差异化特征。跨境电商商品应在照片拍摄、商品描述上具备差异化，在功能、属性方面有自己的特点。以女装为例,卖家在拍摄商品照片时聘请国外的专业模特,溢价能力就会提高。在船模型上刻字,给客户提供个性化、差异化的服务,商品溢价能力也会提高。

（3）营销推广测试新款。把你的商品推广到P4P直通车或者利用脸书等进行营销推广,添加购物车数据越多,溢价能力就会越高。

（4）客户对品牌的印象。品牌和高档仅是客户的感觉,客户会从店铺装修、店铺设计、图片美工、描述等细节感觉这个店铺的专业度和商品的档次,所以卖家一定要在店铺的设计和定位上下足功夫,做好文章。店铺的设计越专业,商品溢价能力越强。

（5）抓住消费的季节性。很多商品会有季节性,如圣诞节、万圣节、情人节。季节性越强的商品,商品的溢价能力越高。

（6）销售量和好评率。这一点最为明显也最为直接。如果店铺的销售量高、好评率高、客户满意度高,商品溢价能力自然也高。

（7）对于供应商的压价能力。如商品是爆款,销量非常大,店铺订货就会采用大额订单的模式,通常这时供应商就会给店铺一个更低廉的价格,店铺就拥有了一个比较大的价格空间,后期的溢价能力也就比较强。

总之,盈利商品是店铺的核心,对于盈利商品,卖家要依靠特色和差异化提升竞争力,要在拍摄、描述方面下足功夫,并且多给商品增加溢价能力;溢价因素越多,商品的后期利润就越高。

本章对跨境电商的选品和定价的相关知识进行了讲解。

在选品方面,选品的考量因素有商品处于生命周期的上升期、便于运输、售后简单、附加值高、具备独特性、价格合理、合规合法。选品的注意事项包括：符合平台特色,遵循平台规则,最大限度地满足目标市场的需求。选品的分类包括主动选品和被动选品;选品的方法有从生活日用品入手的方法和数据分析法。货源的选择包括线上货源和线下货源。

在定价方面,商品的价格构成包括进货成本、跨境物流成本、跨境电商平台成本、售后维护成本、其他综合成本、利润六部分。跨境电商商品的定价策略包括基于成本的定价、基于竞争对手的定价和基于商品价值的定价三种策略。

选品逻辑　　选品策略　　主动选品　　被动选品　　定价策略

问题思考

1. 简述跨境电商选品与传统贸易选品的异同。
2. 简述跨境电商商品的价格构成。
3. 简述跨境电商商品的定价策略。

实训专题

1. 假设你毕业后从事跨境电商出口贸易，请结合家乡的实际情况，谈谈你对选品的理解和想法。

2. 浏览亚马逊、速卖通、敦煌网三大跨境电商出口平台网站，分析其商品及定价特色，并形成实训报告。

[1] 赵慧娥，等. 跨境电子商务 [M]. 北京：中国人民大学出版社，2020.

[2] 伍蓓，等. 跨境电商理论与实务 [M]. 北京：人民邮电出版社，2020.

[3] 邓志新，等. 跨境电商理论、操作与实务 [M]. 北京：人民邮电出版社，2018.

第六章
产品详情页制作与发布

学习目标

1. 了解产品详情制作与发布的重要性。
2. 理解产品管理的内涵、特征。
3. 了解跨境产品管理的难点。
4. 理解速卖通平台与亚马逊平台的特征。

◉ 引导案例

跨境谷速卖通代运营案例——小客单大收益

YANXIZAO是一家专注做饰品DIY（Do It Yoursel）吊坠珠子的店铺，有稳定的货源，并定期开发新款。

店铺已经开了一年，效果不是很明显。在流行饰品行业这样的销售额不算高，而且店铺产品的客单价也比较低。

我们代运营后，对店铺进行了整体的分析，发现原来店铺产品的上新质量是比较差，包括主图混乱、标题和属性填写不合理，基本相似，详情不整齐等。

首先，我们选择数据好的产品，对全店的产品进行优化。

其次，我们从行业对比分析中发现，整体来说流行饰品的行业最近是趋于稳定，其中珠子的访客数据下降得很厉害，不过浏览量的数据是在线上线下徘徊的；手链的访客在下

降，但其浏览量数据却在上涨。我们决定手链上新，并且根据访客时间，采用断点式活动设置。同时配合平台活动。

最后，针对产品客单价较低，如果想让店铺火起来，我们就要把销售数量提升上去、做批发单。所以，我们对于回购率比较高的老买家进行维护，给予较低的折扣，买家认识到我们产品的质量很好，自然成为"回头客"。

一个月后，成交总额 GMV（Gross Merchandise Volume）超过 3400 美元。

两个月后，GMV 已经超过 12300 美元，店铺的整体数据都有一个质的飞跃。其间，我们也随时根据店铺的情况调整不同的运营方案。

三个月后，GMV 达到 16000 多美元。把店铺做到这样的程度，有我们运营的功劳，当然也离不开客户的配合，现在店铺的数据还在持续增长，我们非常有信心把店铺再提升一个高度。

资料来源：https：//baijiahao.baidu.com/s?id=1646819451215933216&wfr=spider&for.

引导问题：

1. 本案例如何优化产品和详情页？
2. 改进后的短短三个月，GMV 的变化反映了什么问题？

第一节　速卖通平台

一、产品详情页制作

产品详情页是指网店的产品页面，既是产品的名片，又是产品与客户之间的桥梁。客户在下单之前，会浏览产品详情页描述的信息。产品详情页面能否吸引客户的目光，决定了客户询盘的数量和质量，同时对客户是否下单发挥着重要的作用。

（一）产品详情页的内容

1. 产品主要功能

产品的功能可以分为使用功能与审美功能。使用功能是指产品的实际使用价值，审美功能是利用产品的特有形态来表达产品的不同美学特征及价值取向，是让使用者从内心情感上与产品取得一致和共鸣的功能。

如果产品具备顾客意想不到但很需要的功能，就会给顾客留下深刻的产品质量印象。在产品功能的表现上将设计触角伸向人的情感因素，通过富有审美情调的设计，产品必将赋予人们更多的意义。

2. 产品核心卖点

产品核心卖点要尽量优于或别于其他同类产品，要有个性、易识别，要充分体现产品特质。

产品卖点的实质是引起客户的认同及共鸣。在产品高度同质化的今天，卖点并不局限于产品本身的优势，更需要研究目标客户的需求。只有这样，才能达到畅销产品、树立品牌的目的。

3. 产品认证情况

产品认证是由可以充分信任的第三方证实某一产品或服务符合特定标准或其他技术规范的活动。国际标准化组织（ISO）将产品认证定义为：由第三方通过检验评定企业的质量管理体系和样品型式试验来确认企业的产品、过程或服务是否符合特定要求，是否具备持续稳定地生产符合标准要求产品的能力，并给予书面证明的程序。

如果一个企业的产品通过了国际或国内公认的认证机构的产品认证，就可获得此认证机构颁发的"认证证书"，并允许在认证的产品上加贴证标志。可使企业经过产品认证树立起良好的信誉和品牌形象，同时让顾客和消费者也通过认证标志来识别产品的质量。

4. 产品制造商

产品制造商是产品品牌的创造者。对于产品制造商而言，品牌是一笔宝贵的财富，也是最好的广告。产品制造商可以通过促销、质量控制和质量保证等措施提高产品的顾客忠诚度。客户购买产品的过程，就是不断从"信任产品"转化到"信任制造商"的过程。只有在客户对产品信任的基础上，培养起客户对制造商的信任，才能从根本上留住客户，抓住订单。

中国的产品制造商要作为独立法人单位申请并通过 CCC（China Compulsory Certification）认证。3C 认证是中国政府按照世贸组织有关协议和国际通行规则，为保护广大消费者人身和动植物生命安全，保护环境、保护国家安全，依照法律法规实施的一种产品合格评定制度。

5. 产品使用说明

产品使用说明是一种以说明为主要表达方式，主要由使用和保管方法等。因此，产品使用说明的文字必须准确易懂、条理清晰。

（二）产品详情页制作重点

速卖通详情页制作重点通常包含产品的图片、参数、服务。页面不仅视觉效果美观，而且文字表达精确专业、语法规范。

1. 图文并茂，直击人心

图片是速卖通详情页的重点，文字也同样重要。只有图文搭配相得益彰，才能直击客户的心。在编辑产品详情页之前，要有清晰的编辑思路。跨境电商可以先概括总览出这个产品的主要卖点，然后用英文先把卖点编辑好，再制作相应的图片。

产品详情页的内容主要是产品性能、参数、使用场景、使用注意事项等可以引起买家兴趣的内容，语句要简短易懂、长度要适中、有趣味性，图片真实且精美，尽量吸引买家的目光。

在制作详情页图片的时候，要注意以下几个方面：

（1）详情页色调与产品要相协调。一定用是自家网店销售的实拍照片，注意详情页色调与产品的协调性和统一性，能在第一时间给客户带来视觉冲击。不同的色彩能为客户带来不同的视觉体验，所以色彩的选配要与产品本身的功能及目标客户群体的色彩喜好相适应，要凸显产品这朵"红花"，其他色彩仅充当"绿叶"。

（2）详情页图片尺寸格式要统一。速卖通详情页的宽度是 960px，产品主图是 7000×700，这样才可以有放大效果且不会模糊。可以是 .jpeg、.jpg、.png 三种格式的图片。详情页图片尽量控制在 10 张左右，图片大小需要控制在 5MB 以内。详情页图片要给人一种清新的感觉，高质量、高分辨率的精美图片能让产品脱颖而出。

（3）详情图片上不出现文字描述。就中国卖家而言，图片上不要出现中文，必须是全英文的产品描述，这样方便不同国家的人理解，进而提高产品的购买率。对同一件产品的描述信息，在产品页面的各个环节都应该是保持一致、相互匹配，如同一件产品的标题、图片、价格、运费模板、属性区域、详情描述等。在图片的展示上要选择与其他商家不同的图片，同时在图片上水印。

2. 核心参数，一目了然

要挑选客户最关心指标作为核心参数。通过图片和文字相结合的方式，对产品的核心参数进行精准专业且通俗易懂的描述。

3. 服务内容，精准到位

服务模板主要就是卖家店铺能提供给客户的服务，例如售后、退换货、保修等，一定要如实填写。同时，要设置售前和售后关联营销，这样做是为了能够促进店铺成交，带动店内其他产品的销售。

4. 页面布局，循序渐进

产品详情页要根据客户的浏览习惯来布局。一般客户在网购时，都会先看主图，然后再进入其他详情图。要抓住客户的这一浏览习惯，要让客户感觉卖家店铺的别致的风格和用心的布局。

（三）产品详情页制作难点

1. 挖掘产品的内在价值，引起境外客户共鸣

所谓的引起共鸣，是在客户了解产品的基础上，给客户一个非买我们产品不可的理由。简单来说，就是在告诉客户用了我们的产品，会使得生活更美好。

2. 重视文化差异性问题，提炼产品核心卖点

由于文化的差异性问题，描述产品应当做到言简意赅，简明扼要地说明产品的特色和作用，通俗易懂。描述的使用场景，一定要符合境外买家习惯。

3. 深入了解客户需求，重视研究市场细分

做好产品的详情页，卖家必须深入了解客户需求，注重产品市场细分。

二、产品的发布

在完成了选品和定价之后，进入了产品发布的环节。由于买家无法看到真实产品，只能根据产品的图片、描述来做出判断。因此，卖家真实、专业、精准且通俗地描述一个产品尤其重要。下面以日常生活中广泛使用的手提包发布为例：

（一）登录网站

速卖通需要企业注册账号，同时也必须入住类目，否则无法发布产品。登录速卖通网

站，输入相关账号和登录密码，进入到后台的管理页面后，我国卖家一般选择简体中文，这样方便界面操作。当然，卖家也可选择英文（English）等。在图6-1快速入口下面有个"发布产品"选项，单击"发布产品"，就会进入图6-2所示的界面。

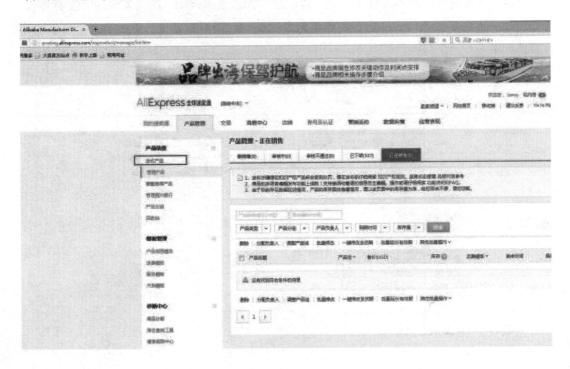

图6-1 后台的管理页面

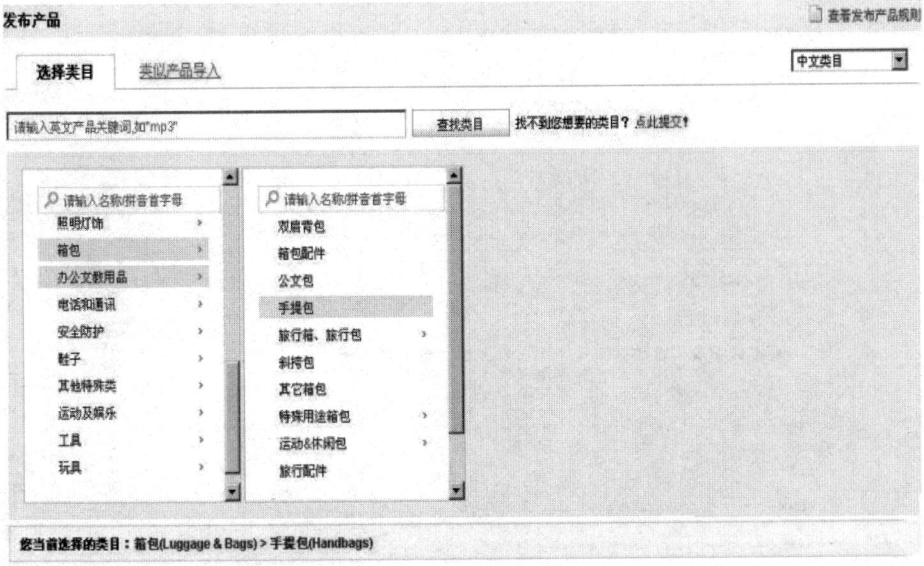

图6-2 发布产品页面

（二）发布产品

在发布产品页面，看到的是产品标题、产品关键词、图片、计量单位、颜色、销售方式、价格以及发货期等内容。标题写全、通顺且不含重复关键词，产品关键词定位要精准，产品图片一定要足数上传。一定要考虑清楚发货期，利用好批发价可以提高速卖通店铺的客单价如图 6-3、图 6-4 所示。

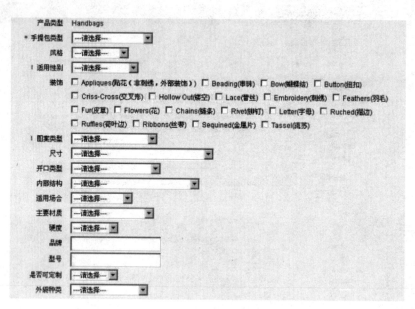

图 6-3　产品发布页面

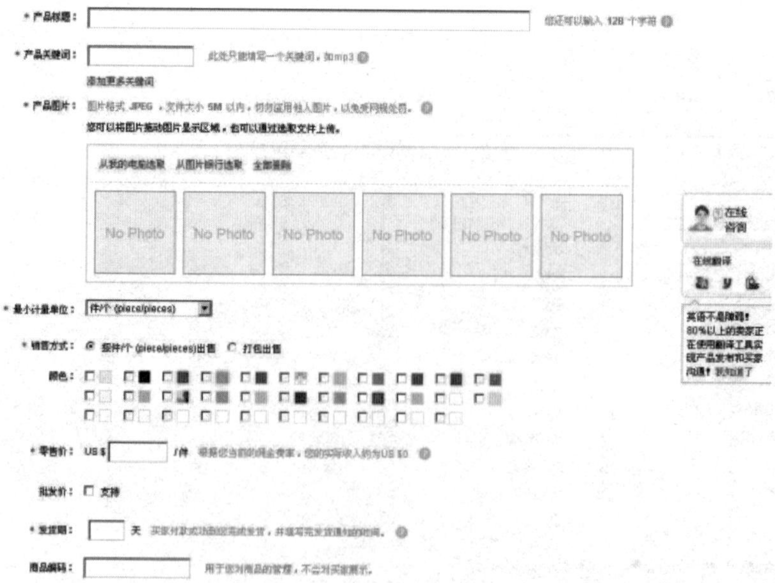

图 6-4　产品关键词页面

（三）产品详情描述

产品详情描述页有产品描述、包裹信息、物流设置等内容。在产品描述中，一定要注意做好相关产品的关联以及对产品细致的描述等内容（包括产品图片、细节图片、描述、相关产品、售后政策。产品规格参数一定要和产品本身一致，基本属性填写也要一致，客户非常重视对质量的描述。同时，对包裹重量和尺寸的计算要准确，设置一个合理的运费模板，对发货期一定要考虑细致，利用好批发价可以提高速卖通店铺的客单价，如图 6-5 所示。

图 6-5　产品详情描述页面

（四）服务模板

服务模板中的产品有效期在速卖通是分为 14 天和 30 天。一定要把产品周期设定为 14 天，因为速卖通的排序规则是越快下架的产品排名越靠前。最后，我们点击提交后产品就发布成功了，如图 6-6 所示。

图 6-6　服务模板页面

以上内容中，带绿色"！"的为必填项目，其他项目可以根据卖家自己的需要来填写。最后，可以看到发布、保存与预览，再点击发布。等到速卖通审核产品通过后，可以在速卖通网站上看到发布的产品。

三、产品的管理

（一）管理搭配套餐

商家发布产品后，可在单独管理产品页面对产品进行基础管理操作，比如搜索或者查看产品状态，对产品进行单个编辑或者批量操作，如以下的管理搭配套餐和状态选项变更，如图 6-7 所示。

（二）状态选项变更

分类展示不同状态的产品：正在销售、草稿箱、审核中、审核不通过、已下架，如图 6-8 所示。

扩展阅读 6.1
速卖通产品发布价格与库存设置小技巧

扩展阅读 6.2
速卖通店铺曝光量突然降低，如何找原因

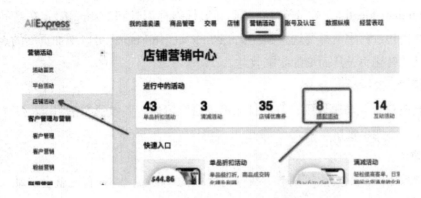

图 6-7　管理搭配套餐

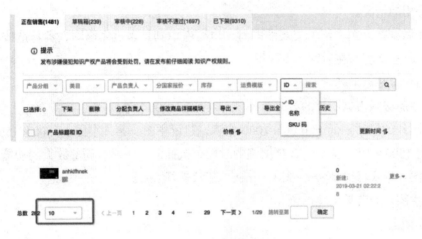

图 6-8　状态选项变更页面

第二节　亚马逊平台

一、产品详情页制作

（一）产品详情页制作重点

亚马逊平台是全球流量最大、覆盖市场最广、注重产品质量的跨境电商平台。卖家在亚马逊上架的所有产品，都有一个对应的 Listing（页面）。该页面是针对产品的一个全方位的信息介绍页面，只要卖家创建了 Listing 之后，平台就会自动生成一个对应的 ASIN

(Amazon Standard Identification Number)亚马逊标准标识号和 Listing ID。在产品正式上架之前或者在销售过程中，都要调整和优化 Listing。优化 Listing 可以增加页面的点击访问量、增加产品的转化率，从而增加卖家收益。

1. 产品标题

产品标题应符合亚马逊规则，符合目标市场语言习惯。要做到简单明了、有关键词，无须全部大写，不能出现拼写错误。

2. 产品图片

详细图要展示产品的卖点等细节。买家对卖家的产品感兴趣，首先就会滑动去查看卖家的详情页。买家在卖家的产品页面停留的时间一般最多 12s。跨境电商要用好这 12s 的时间，要让用户能第一时间了解产品的全部内容。也可展示产品的使用场景图，方便用户了解场景使用的情况。

卖家在做到产品图片清晰美观的同时，也要考虑到是否过度修图，容易造成产品与图片相差过大，这样容易在后期产生纠纷。

产品图片应注意下列 4 点：

（1）产品必须占据图片的 85%，不能包含水印、文本等。

（2）图片的尺寸不低于 1000×1000 像素，建议主图（第一个图）1500×1500 像素，其他图片用 1000×1000 像素。客户浏览的时候，鼠标放上去要有局部放大的功能。

（3）图片格式可以是 .gif、.tiff、.jpeg，建议选择 .jpeg。

（4）主图片的背景用纯白色。

3. 产品卖点

亚马逊的 Bullet Point 是指着突出产品卖点。Listing 的 5 行特征一般要涉及的内容有功能、特点、价格、评价、售后等。以下是一个路由器的例子：

（1）首先在亚马逊前台搜索首先无线路由适配器"wifi adapter"，如图 6-9 所示。

图 6-9　无线路由适配器

（2）根据 Listing 的 Review（回复）以及评分情况，点击 1 个 Listing，如图 6-10 所示。Listing 的标题要简洁和明了，直奔重点。欧美消费者喜欢简洁，突出重点的标题。还有就是写 Listing 最重要的一点常识：千万不要在写 Listing 的时候使用中文输入法。使用中文输入法后，Listing 上传会后出现乱符，如图 6-10 所示。

图 6-10　产品 Listing 及五点特征内容

以下是 Listing 的五点特征内容：

External Powerful Antenna: High Gain Long-Range 2dBi Antenna can help you connect even when signals are weak.

High Speed: Up to 600Mbps Wi-Fi speeds on 5GHz (433Mbps) or 2.4GHz (150Mbps) bands: Performance to reduce freezing and lags when streaming and gaming.Ultra-fast AC600 wireless adapter speed with 802.11ac.

Plug-and-Play: Windows 10 is plug and play. Setup CD included; Once you've run the software, you can simply insert the adapter to get connected.

Works with Any WiFi Routers：By using AC600 AC wireless adapter，you can upgrade your PC, laptop or Mac to work with the latest AC WiFi router for faster speed and extended range.

Warranty & Support: One year warranty for this product，we provide the full technical we provide the full technical support after selling and any questions about the product, feel freely to contact us.

从本案例的 Listing 可知：在每行开头，要尽量用简短关键词去描述客户最关心的核心内容，如 WiFi adapter 最重要的就是网速了，还有哪些系统支持、产品售后服务等。

4. 产品价格

产品价格是客户关注的重点，除了合理的定价，卖家还应该在价格旁边标注是否免运费，这对最后的成交会产生很大的影响。如果客户在支付时被提醒另外支付运费，很容易引起客户的反感，进而放弃支付。

5. 评论

评论对浏览卖家网页的客户影响是很大的，好的评价能够促使客户即刻下单，差评过多也会直接影响客户的购买欲望。因此，卖家应该合理控制自己的差评率，对于有些过激的评论，卖家应该主动与评论者协商删除，以避免产生负面影响。

质量是跨境电商的立身之本，也是客户最为关注的。高质量的产品有利于店铺后期的运营，减少差评、退货等售后问题。没有取得品牌授权销售许可证明的情况下，不能销售其他有品牌的产品。未取得相关版权的情况下，不能使用名人肖像，不能出现卡通形象、品牌 logo 或文字等。

（二）产品详情页制作难点

1. 国外客户的真实需求

想要做好产品的详情页，卖家必须深入了解用户需求、市场容量、产品特点，然后根据这些特点进行优化。

2. 产品星级的影响因素

影响产品星级的因素主要有几点：①买家评论的质量。一个优质的买家账号和购物 IP 环境所留下的评论会排在最前面。②评论的留存时间。一般能长时间留存下来的评论都是高质量的评论。③评论被点赞的数量。就是一条评论被点击"helpful"（有用的）的数量，被点赞数量多的评论会排到前面。④评论的评论字数及内容。一般类似自然留评、文字数量和质量都不错的评论，在星级评定中占据一些优势。

当买卖双方达成交易时，亚马逊就会让交易的双方用亚马逊邮件进行交流，卖家可以利用这个机会凭借着尽心的服务和精心编写的语言吸引或者引导买家在 Listing 上留下 review，但是绝对不能直接说让买家给个好评。

扩展阅读 6.3
学会选品必是亚马逊运营重要技能

二、亚马逊产品的发布

（一）登录后台

登入卖家后台后，一般默认的语言应该是英语，如果需要其他语言可以在后台右上角选择语言。把鼠标移至"库存"（INVENTORY），点击"添加新产品"（Add a

Product）。下面以 Clothing& Accessories 衣物和饰品为例，如图 6-11 所示。

图 6-11　亚马逊卖家后台页面

（二）创建新产品信息

在"添加新产品"页面（Add a Product）页面，点击"创建新产品信息"（Create a new product listing），如图 6-12 所示。

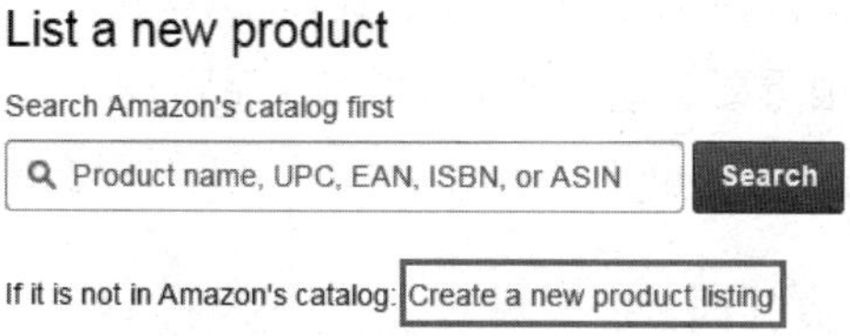

图 6-12　创建新产品页面

（三）选择产品详细品类

在列表中选择产品详细品类，在搜索框里输入关键字可以搜索品类，点击选择（Select）确认品类，如图 6-13 所示。

图 6-13　选择产品详细品类页面

如果没有看到卖家的品类，可能是因为该品类的销售需要审核或受限。卖家可以点击"Learn more"获取更多信息。

在选择产品分类时，如果没有看到对应的品类，也可能是因为该品类的销售需要审核或受限。如果不确定产品的品类，可以使用品类搜索功能，输入品类关键字后，进行搜索。在所有产品分类列表中选择产品详细品类，也可以在搜索框里输入关键字搜索品类，找到之后点击"选择"（Select），进入添加产品页面。卖家需要注意以下三点。

1. 参考同类卖家分类

不确定自己的产品分类时，可以参考其他同类卖家的分类，但是其他卖家产品前台分类与后台有可能不完全对应。

2. 审核通过后才能销售

有些产品需要分类审核才可以销售：Automotive Parts 汽车零部件、Clothing & Accessories 衣物和饰品、Luggage 行李箱、Collectible Books 收藏书籍、Industrial & Scientific 工业类产品和科学类产品、Jewelry 珠宝类（现在这个类别已经不准新卖家入驻了）、Motorcycle & ATV 摩托车、ATV 车、Sexual Wellness 性健康用品、Shoes 鞋类、Handbags & Sunglasses 手提包和太阳镜、Sports Collectibles 体育用品、Toys & Games（Holiday season only）玩具和游戏（只在假期内）、Watches 手表。

3. 不能出售二手产品

以下类目的二手产品不能出售：Beauty 电源、Clothing & Accessories 衣物和饰品、Luggage 行李、Jewelry 珠宝首饰、Shoes 鞋子、Toys & Games 玩具和游戏、Watches 手表。

这个类目节点的选择很重要，它直接影响卖家产品的推广。如果卖家的产品选择错节点，即使卖家打站内 CPC 广告，也不会有效果，因为平台没有流量分配给卖家。

（四）进入添加产品页面

1. Vital Info

在搜索结果中选择相应的品类点击后，进入添加产品页面，如图 6-14 所示。卖家通过输入产品的重要信息（Vital Info），完成对 Listing 的编辑。

（1）Product Name（标题）：很重要，就是客户搜索的关键词，也是第一眼看到的信息。

（2）Product ID（这个是产品的标识，相当于产品的一个身份）：这个可以用"Select"，点击它就可以选择其中的一种，然后在左边来填写通用商品代码 UPC（Universal Product Cod）码。

（3）Brand Name（品牌名字）：有品牌就填自己的品牌，不要去填写别人的品牌名，否则可能会关联或者触发审核。

（4）Color（颜色）：这个是填写颜色属性的。这里需要注意，比如，你的产品或者接下来的产品同种颜色，不同型号的情况有的话，这里要注意一个技巧。比如 Grey（灰色），如果你第一个灰色产品填的时候，这里填写了 Grey，那么后面的产品也是灰色的话，这里可以分别填写：Grey01，Grey02 等来表示。

（5）Color Map（也是颜色）：这个填颜色或者选择颜色，是什么颜色就选择什么颜色，即使后面的产品也是这个颜色。

（6）其他的几项，就根据你的产品的实际情况来填写。

其中，带红星的产品信息是必填信息。填写产品名称（Product Name）时，只填写能吸引顾客的产品信息，让读者明白卖的是什么，首字母除介词外全部大写。切忌出现促销信息。产品信息编辑页有红色星号标记的为必填项，包括：规范的产品名称、纯白背景的高质量图片、详细的产品介绍和重要属性。如果没有提供必要的产品数据，可能导致卖家的产品遭到质量警告，或被禁售。

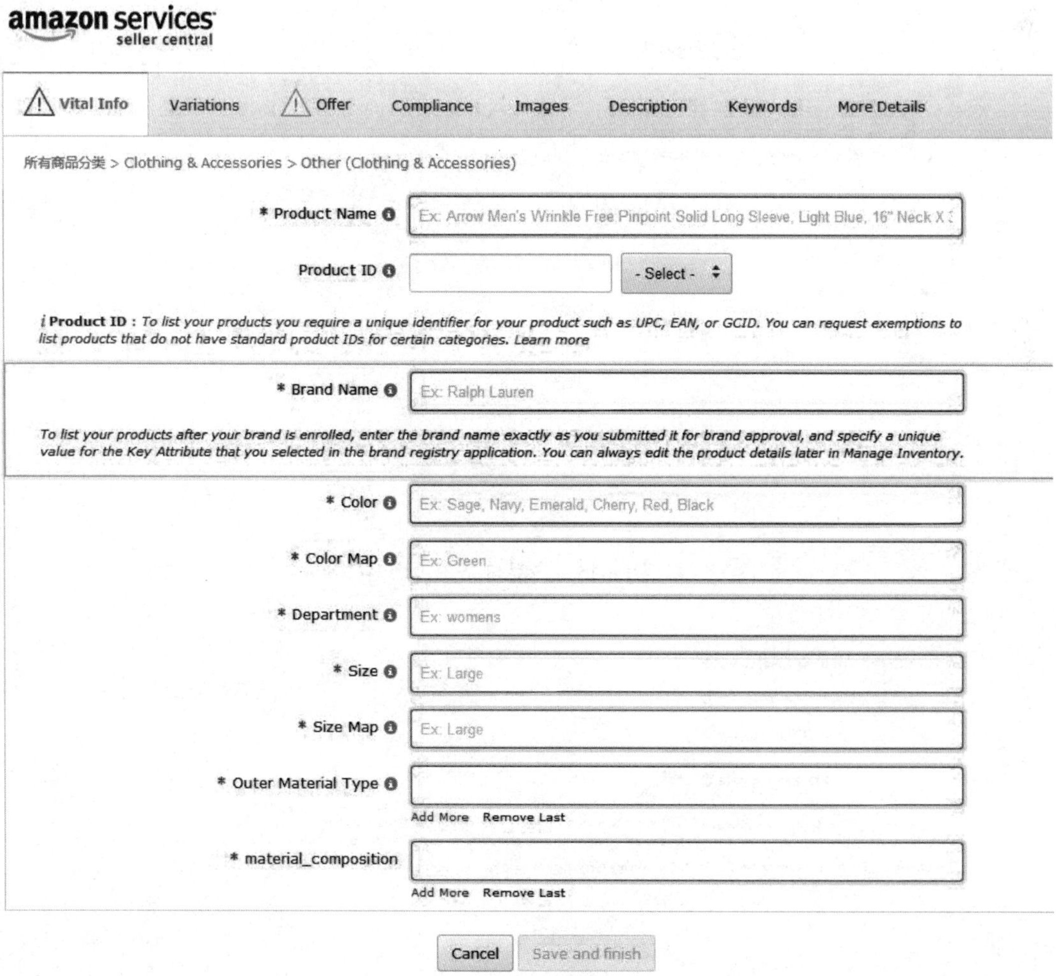

图 6-14　产品重要信息页面

2. Variations

变更（Variations）可以不用填写，除非是特殊情况。

3. Offer

卖方出货（Offer）是必填的，如图 6-15、图 6-16 所示。主要有以下八点。

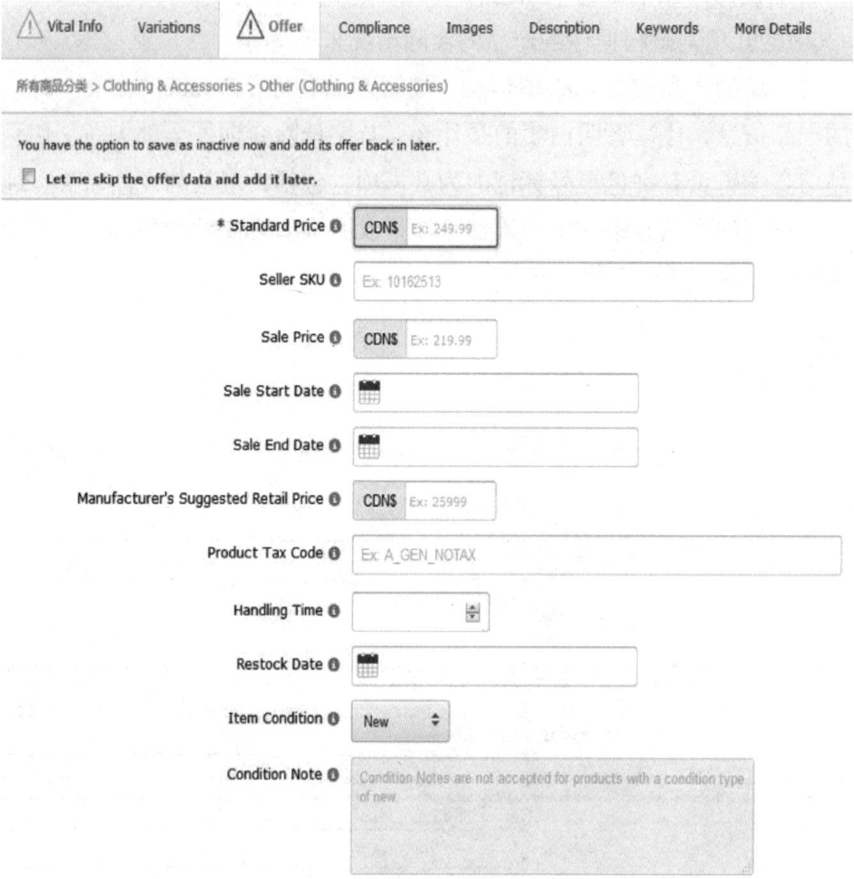

图 6-15　产品价格等页面

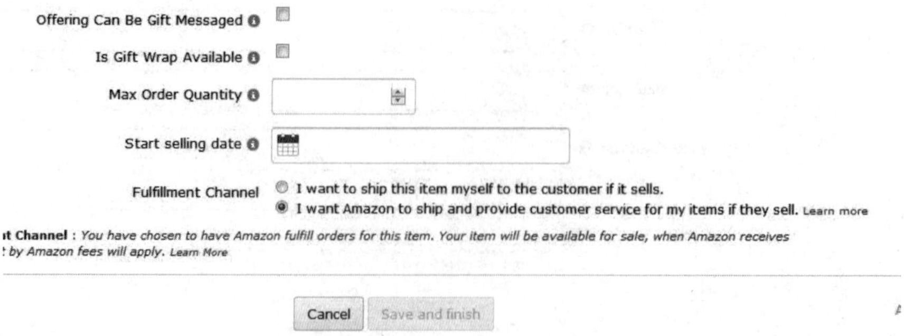

图 6-16　发货的渠道信息页面

（1）Standard Price（标准价格）是可以根据卖家想要的价格来填写的，一般填写比 Sale Price 高一些。

（2）Seller SKU：来标识产品 listing 的一个身份。卖家最好自己填写，以便识别和管理后台。如果没有填写，系统会随机给卖家的产品编一个码。

（3）Sale Price（销售价格）：就是卖家要卖出去的价格。

（4）Sale Start Date：开始销售的时间。

（5）Sale End Date：结束销售日期。

（6）Max Order Quantity（最大的购买数量）：就是限制一个客户一次能买多少个上限的。

（7）Fulfillment Channel（货给客户的渠道）：上面是卖家自己发货给客户的。下面是卖家发 FBA 仓库，由 FBA 负责发派送的。卖家根据实际情况选择发货方式。

（8）本页的其他选项可以不填写。

4. Compliance

Compliance（承诺）是填写一些电池信息等。如果产品没有带电子电池这些的，就不需要填写。

5. Images

Images（图片）就是上传产品图片。

6. Description

（1）Product Description（产品描述）：体现在类目排名下面展示的。这里可以用来描述卖家的产品的用途和规格等卖家想表达的信息。有字符限制。填写产品描述（Product Description）时，可以用一些 HTLM 代码分行，加粗。

（2）Key Product Features/bullet-point（关键产品特性）：用来描述产品的五点重要特征，这是卖家产品的卖点。

（3）其他的就不用填写，如果没有警告注意事项的话。

7. Keywords

Keywords（关键词）需要填写的就是 Search Terms（搜索词），目前的都只有一行，这行很重要。是用来填写卖家的产品关键词的地方，建议填写主要关键词，出单关键词，第二大关键词。除了 CPC 广告组填写关键词外，客户通过搜索卖家填的这些词，就能查阅到相匹配的页面，如图 6-17 所示。

图 6-17　关键词页面

8. More Details

More Details（更多细节）可以根据卖家具体信息填写。主要是填写卖家的产品包装信息，产品重量和尺寸等，如图6-18所示。

图6-18　更多细节页面

（五）添加成功

确认所有标识为红星的信息都填上以后，屏幕下方的"Save and finish"（保存并完成）按钮会由灰色变成橘黄色，点击"Save and finish"创建产品。完成上面产品信息的填写之后，即可点击保存，并提交给平台审核。产品审核通过后，会在15～24小时内出现在Manage Inventory（库存管理）中。

（六）发布方式

亚马逊产品发布的两种方式：后台单条发布和表格批量发布。单个产品发布时直接在卖家后台上传，批量发布需要在后台下载对应模板然后用办公软件打开操作，上传后需要一段时间才能显示出来。

后台单条发布时，搜索选中类目后依次填写标题、上传图片、价格、产品描述等内容就可以了。后台单条发布的产品，后续不容易用表格作批量修改。

表格批量发布时，可以下载中英文对照后台表格发布模板，里面有详细的提示，告诉卖家哪些是必填项，哪些是选填项，填好后再上传。表格必须是Excel格式。表格的文件名必须用英文名字。表格发布一定得首先把图片存储在图片空间，可以用百度云等云存储空间。图片链接尾缀统一用.jpg格式。批量发布表格模板下面，还有一些表格模板，包括批量修改、删除的模板。批量发布表格模板下面，还有一些表格模板，包括批量修改、删除的模板，可以结合使用。

亚马逊允许卖家销售已经在亚马逊平台创建好了的产品，但是必须确认产品的所有信息完全一致才能销售已有产品，包括UPC、品牌、厂商、包装及产品各种参数等都必须完全一致，并且卖家必须有该品牌拥有者的授权经销许可。

三、亚马逊产品管理

1. SKU & ASIN

SKU（Stock Keeping Unit）定义为库存控制的最小可用单位，SKU 就是指库存进出计量的单位。这个单位可以是件、盒、托盘等。在零售行业中，SKU 编码和数量都是用来管理合计产品，通过 SKU 的使用可以更好地管理管理库存系统。

ASIN（Amazon Standard Identification Number）是亚马逊产品一个特殊的编码标识，是数字和字母组合。每个产品都不同，相当于一个独特的产品 ID，在亚马逊平台上具有唯一性。同一个产品同一个 UPC 在不同站点对应的 ASIN 通常是一致的，即一个 ASIN 码对应一个 SKU。在平台前端和卖家店铺后台都可以使用 ASIN 码来查询到产品。ASIN 由亚马逊系统自动生成，不需要卖家自行添加。

2. Shopify

Shopify 是一站式 SaaS 模式的电商服务平台，为电商卖家提供搭建网店的技术和模板，管理全渠道的营销、售卖、支付、物流等服务。自 2015 年 9 月，亚马逊宣布选择 Shopify 作为服务提供商。可以在 Shopify 后台内的产品页面上查看 Amazon 产品页面并管理这些产品的库存。

（1）查看产品页面

在 Shopify 后台的产品页面上，卖家可以查看当前产品页面，包括有效、待处理和已拒绝的产品页面。

当卖家创建产品页面后，此产品页面会提交到亚马逊以供批准。卖家的产品页面获得批准后，此产品页面则会显示在亚马逊商城中。卖家可以单击"View Listing"（查看产品页面），查看产品页面在亚马逊上的外观。

卖家可以在"Errors"（错误）选项卡上查看所有存在错误的产品页面。

（2）编辑产品页面

卖家可以在 Shopify 后台内更改亚马逊产品页面的价格、调整多属性的生产时间、添加或删除多属性，以及调整库存设置。

具体步骤：在 Shopify 后台中，转到亚马逊，单击清单。单击 Shopify 产品列中的产品以打开"编辑产品页面"页面，进行更改，然后单击发布。

（3）管理库存设置

亚马逊后台上的"管理库存"可为亚马逊全球开店的卖家们提供搜索、查看和更新产品和库存产品信息的工具。要查看库存，需要转至库存选项卡并选择管理库存。

在亚马逊上查看卖家的产品页面和报价的客户可以查看每个多属性的可用库存数量。如果卖家选择 Use Shopify inventory settings（使用 Shopify 库存设置），则 Shopify 产品库存会根据产品的库存更新与否自动与亚马逊同步，Shopify 会自动更新亚马逊产品页面以匹配 Shopify 中的产品库存；如果亚马逊上的库存将自动设置为 100 件。此数字不会在 Shopify 上显示。

卖家也可以手动管理在亚马逊上供货的库存数量。在创建或编辑产品页面时，卖家要选中手动管理库存。卖家为亚马逊设置的库存数量不会影响卖家的 Shopify 库存。在亚马逊上售出产品时，亚马逊网站和亚马逊销售渠道中产品详细页面上的库存会减少，但是 Shopify 上的库存不会减少。卖家随时都可检查库存数量，并增加或减少该产品的可销售数量。具体见图 6-19。

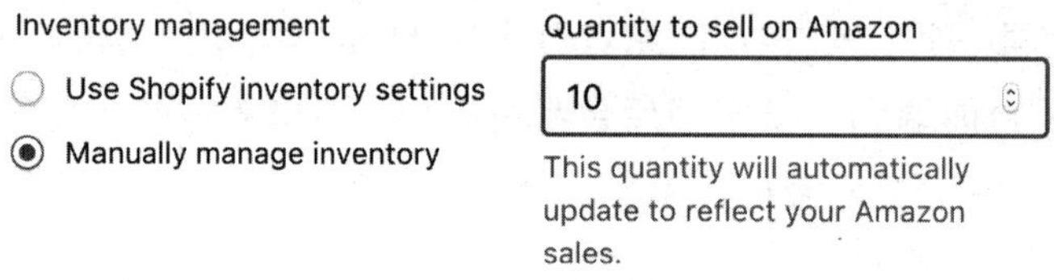

图 6-19　亚马逊库存数量设置

（4）删除报价或产品页面

卖家可以通过手动将库存数量设置为 0 来暂时停止在亚马逊上销售某产品。由于删除产品页面是永久性的，此操作却可以在不删除产品页面情况下阻止生成此产品的订单。具体步骤：在 Shopify 后台中，转到 Amazon，单击"清单"；单击 Shopify 产品列中的产品以打开 Edit listing（编辑产品页面）页面，单击"Delete listing"（删除产品页面）；在确认框中，单击"Delete listing"（删除产品页面），从 Amazon 销售渠道和 Amazon Seller Central 中永久删除此产品页面。

如果卖家在 Amazon Seller Central 中删除了产品页面或报价，那么 Amazon 销售渠道的产品页面上会显示一条错误。卖家可以在 Amazon 销售渠道中删除该产品页面以消除该错误。

（5）取消链接产品

如果卖家要继续在亚马逊上销售已链接的产品，但是不想再与 Shopify 同步此产品，则可以取消链接此产品页面中的所有多属性。卖家无法通过此方法取消链接单个多属性。

卖家只能首先取消链接在 Amazon 上销售的产品，然后才可链接到卖家的 Shopify 产品。具体步骤：在 Shopify 后台中，转到 Amazon，单击清单。单击 Shopify 产品列中的产品以打开"编辑产品"页面（Edit listing）。单击确认框中的"Unlink all variants"（取消链接所有多属性），停止与 Shopify 同步产品。卖家的产品仍可在亚马逊上销售。

扩展阅读 6.4
亚马逊 A+ 页面是什么？有什么优势？

第六章 产品详情页制作与发布

图 6-20 亚马逊取消链接产品设置

本章首先对速卖通的详情页制作进行了详细的讲解,产品详情页主要包括:产品主要功能、产品核心卖点、产品认证情况、产品制造商、产品使用说明。精美、专业、规范的详情页在激发客户购买动机方面起着重要的作用。然后通过案例,分析了亚马逊 Listing 的五行特征:功能、特点、价格、评价、售后等,使大家对亚马逊这个全球流量最大、覆盖市场最广、注重产品质量的跨境电商平台有了一定的了解。

通过本章的学习,大家对亚马逊和速卖通的详情页制作有一个基本的认识,两者的共同点都是图文并茂,言简意赅,找出痛点,直击客户内心,并为今后的工作积累相关的知识。

核心参数　　直击人心　　五行特征　　SKU　　ASIN　　Review

1. 写好详情的关键要素有哪些?
2. 速卖通与亚马逊各有什么特点?

1. 简述 Shopify 在亚马逊产品管理方面的作用。
2. 假设卖家要在速卖通上开网店，卖家认为要做哪些方面的前期工作？

[1] 鄂立彬，等．跨境电子商务前沿与实践 [M]．北京：对外经济贸易大学出版社，2016．

[2] 易静，王兴，陈燕清．跨境电子商务实务 [M]．北京：清华大学出版社，2020．

[3] 徐鹏飞，王金歌．Shopee 跨境电子运营实战 [M]．北京：电子工业出版社，2020．

[4] 叶杨翔，吴奇帆．跨境电子商务多平台运营 [M]．北京：电子工业出版社，2017．

第七章
跨境电商营销

学习目标

1. 了解搜索引擎营销的方式。
2. 了解社交媒体营销。
3. 了解视觉营销的定义与重要性。
4. 了解视觉营销的基本原则。
5. 了解视觉营销的规范化实施与应用。

引导案例

在海外独立站封神的 SHEIN（希音）到底用的是什么营销方式？

1. SHEIN-跨境电商独角兽

现在聊起跨境电商，提到 SHEIN 这个品牌，大家肯定都不会陌生，"中国版 zara""海外独立站独角兽""亚马逊颠覆者""低价快时尚"等都是 SHEIN 的标签。

SHEIN 是一家把快时尚女装做到极致的跨境电商独立网站，站内只售卖其品牌的服装。疫情初起期间完成了近千亿元的营收，一举超过 ZARA、优衣库等快时尚巨头。

2. SHEIN 海外独立站的营销模式

随着 SHEIN 的海外战绩累累，其营销模式激起了激烈的讨论，SHEIN 到底用的是什么营销方式？

SHEIN 的流量密码离不开"种草"与"社交电商"二词。主要引流方式：

（1）SHEIN 海外独立站引流以社交电商为主，通过在 Instagram、YouTube、Facebook 等一些海外主流社交平台上与 KOL（Key Opinion Leader，关键意见领袖）、KOC（Key Opinion Consumer，关键意见消费者）等大小网红合作，进行产品推广；

（2）在谷歌、Facebook 等做渠道投放精准广告以及 SEO（Search Engine Optimization，搜索引擎优化）优化；

（3）分销推广，加盟者在社交平台上推广 SHEIN，潜在客户点击帖子，并且最终在 SHEIN 平台下单，加盟者就可以获得佣金。

这三个引流模式是否十分熟悉，其实就是国内电商的：网红达人种草＋平台广告＋淘宝客联盟引流模式！

当时平台上的网红经济尚未成熟，流量便宜，机会遍地。有时 SHEIN 免费提供几件当季新品，就能让小 KOL 用自己的账号发布评论和穿搭建议，同时配上产品链接，吸引粉丝购买。现在火热的小红书推荐笔记、淘宝的逛逛，可以说是当年 SHEIN 玩剩下的。

万变不离其宗，任何一个电商品牌在市场上的获得成绩都离不开"人货场"逻辑，SHEIN 除了早期抓住了"人"网红经济红利，在"货"与"场"上面也配合的绝佳。

高度相似的服饰，SHEIN 的售价是 ZARA 的半价，甚至更低！很对人认为这得益于中国强大的供应链辅助 SHEIN 把海外市场打爆仓。其实 SHEIN 的低价，除了中国强大供应链，更让人注目的是 SHEIN 对于服装供应链强大的整合能力。

海外独立站是否还会有更多像 SHEIN 一样的封神品牌出现？独立站的引流方式除了以上的引流方式介绍，还有更多近年火热的 Tik Tok 等社交兴起，也是非常适合做矩阵流量、流量裂变的方向。

资料来源：https://baijiahao.baidu.com/s?id=1713676045148613152&wfr=spider&for=pc

引导问题：
1. SHEIN 用了什么营销模式？
2. SHEIN 的模式可以应用于哪些其他同类品牌？

跨境电商推广渠道有哪些？跨境卖家常用的推广渠道有以下几个。

1. 搜索引擎营销

这里所说的搜索引擎营销不单单指的是 SEO 优化，它是指通过搜索引擎为手段，挖掘更多的客户，并筛选出目标客户。通常会使用的方式有：SEO 优化、PPC 广告和 SEM 竞价推广。

搜索引擎营销是最常见的站外引流方法，无论是 SEO、PPC 还是 SEM，目的都是通过关键词引导客户使用搜索引擎到访自己的网站或店铺。

2. 产品测评

现在推广产品，最佳方式之一就是让使用者为你打广告。如果人们看到很多该产品的正面评论，他们就更有可能尝试新产品。将产品免费送给别人，然后要求他们给你好评，并附上产品图片和视频，这样可以帮助你提高排名及产品的曝光率。

3. EDM 营销推广

EDM 电子邮件营销指的是通过订阅和主动推送的形式将卖家所想要传达的信息提供给客户。用电子邮件推广产品，卖家需要先知道目标客户的邮箱地址，然后给他们发促销广告、新品发布等信息，附上链接，方便客户点击进去。

4. 社交媒体营销推广

跨境电商中所指的社交媒体主要是指在国际上使用频率最高的几个软件，如脸书、推特、YouTube、Pinterest、Instagram 等，通过这些社交媒体软件吸引粉丝并最终推荐商品的手段。

5. 网红 KOL 推广

网红 KOL 和相关专业领域的达人也可以为品牌带来可观流量。

6. 博客营销

国外流行对博客的运用，早期做外贸的人喜欢通过博客传递企业信息，而现在更多的是使用博客吸引粉丝并与其建立友好的关系，通过价值信息留住粉丝并最终实现转化。

7. 参加贸易展览

现在，贸易展览和博览可以很好地曝光你的产品。对于新产品发布，你可以在贸易展览中提供新品预告。

8. 推荐营销推广

由第三方，比如老客户，向新客户推荐产品或服务，推荐形式也多样化，从传统的口口相传，到现在的朋友圈分享。相比广告宣传而言，人们更相信自己的亲人、朋友。

9. 产品新闻提及

品牌经常通过举办产品发布会和促销活动而发行新闻稿，但不利的一面是：记者每天都会通过发布数百份新闻稿，因此这样容易被它们所覆盖。不过该种方法还是值得一试。

第一节　搜索引擎营销

一、搜索引擎营销的方式

搜索引擎营销的本质是反馈用户的需求，并将此应对方案商业化。搜索引擎营销作为被动营销，其在商业化时有着得天独厚的优势。如果将搜索引擎营销比作连接用户需求与结果的桥梁，那么在获得用户时，营销人员的努力方向更多为增加桥梁的数量与夯实桥梁的根基。而搜索引擎营销人，就是通过一定的技术手段，不断地在各地修桥，并将桥梁修建得更加宽阔、敦实、平稳。

（一）定义阐释

搜索引擎营销（Search Engine Marketing，SEM），主要是通过用户检索信息的机会，将营销信息传递给目标用户。简单来说，搜索引擎营销就是基于搜索引擎平台的网络营销。

（二）逻辑流程

它的基本逻辑流程是用户搜索确定信息，搜索引擎平台返回对应结果，用户单击相对满意的结果，浏览网页内容，找到答案或完成支付等一系列活动。

（三）营销特点

首先，它是获取用户的有效手段。每个人都会有各种各样的疑惑，都会遇到各种各样的问题，比如孩子做哪个运动更好，今年有哪些促销活动等。当一条可以解决此疑虑的途径出现在用户面前时，用户会对此深信不疑。如果用户一开始是抱着希望花钱来解决问题的心态，那么会很容易成为成交用户。如果只是想获得解决方案，那么也可以成为潜在用户，具体能不能成交，就看提供信息的公司的营销方法了。

其次，它满足用户的检索需求，并且是用户主动查找需要的信息。每当用户进行一次搜索时，就会有对应的营销广告向用户呈现；而当用户不进行搜索时，它便不能呈现广告，这时搜索引擎向用户呈现的，就只有一个大量留白的页面，中间孤零零地显示着一个搜索框。

再次，它有着及时更新的特性。不同于其他媒体，不能时时更新内容或是对已发表的内容进行撤销。比如北京日报刊登了一篇文章，等到大家看到时，事态已经扭转，内容不符合实情。北京日报的编辑显然不可能马上更改内容，或者向所有读者解释这文章发错了，需要修改后再给大家阅读。但是，搜索引擎营销呈现给用户的物料内容是可以随时更新的。具体更新的频率，取决于操作人员与此搜索平台的技术部署。

最后，便是它的优越之处。从营销流程来讲，相比于其他的主动曝光渠道，其本身有着较高的投资回报率。线下营销常常使用传单、条幅、宣讲等；线上营销经常采用视频广告、EDM营销、互联网门户等，主动曝光给用户。因此从转化的角度进行对比，它有着更高的转化特性。但近些年来，由于市场竞争越加激烈等原因，SEM也越来越难做。

二、如何做好搜索引擎营销

对于公司而言，想要开展此部分工作通常有以下三种方法。

（一）完全独立进行

很多公司为了使数据不外泄，通常会自建团队来开展工作。一般情况下，自建团队被称为互联网营销团队或是互联网营销中心。这个自建团队管理并接触着公司的核心数据和资源，因此，团队的成员都会签署保密协议，甚至部分公司会要求签署竞业协议。在互联网营销团队中，较简化的团队组成需要SEM、UI、SEO、编辑人员和项目经理。在项目经理的领导下，团队成员彼此是平行关系，统一为公司的销售团队创造资源，并且这种布局常见于教育行业和医疗行业。而较为复杂的团队组成则需要渠道运营人员、SEM、UI、SEO、编辑、数据分析和项目经理等。其实SEM是渠道运营人员的一种，专门运营搜索引擎的搜索产品。SEM已经发展多年，因此有了自己的称谓。其他渠道的运营人员，主要运营非搜索类渠道，比如广点通、信息流、厂商资源等。这种形式常见于大型电商行业和游戏行业。自建团队的优点显而易见，数据不会外泄，团队成员之间配合密切，而不足在于相对封闭，缺少与外界沟通交流的机会。所以通常自建团队为了弥补这个不足，会经常和媒体或是代理商接触，来了解最新的市场动态与技术变革。

（二）半自建团队进行

这样的团队组成只需要专业的对接人员，其他部分工作进行外包。公司通常是招聘一名专业的SEM人员，让此SEM人员负责与外包团队进行沟通，布置工作内容与考核指标。每隔一定时间，外包团队配合SEM人员向公司做相应汇报，汇报内容包括外包公司态度部分、业绩部分和技术部分等。这种形式常见于中小型社交行业和旅游行业。半自建团队的优点在于公司可以及时与外包团队进行技术沟通与交流，了解当前的发展动态。缺点在于部分外包团队具有被动性，工作内容更多是对接人员布置的内容，对于其他工作内容的关注度会相对降低。

拓展阅读7.1
俄罗斯市场的跨境电商营销策略

（三）完全托管进行

在这种形式中，公司将此部分内容完全外包，按固定周期部署考核指标，当达到相应目标时，有相应的服务费用；没有达到目标时，则按相应比例支付或是不给予服务费用。当前很多公司会采用这种办法，这也是很多代理商公司赖以生存的基础。代理商通过提供搜索引擎优化的服务来收取相应的费用，或是代理商从媒体给出的优惠返点中留出一部分作为此部分的费用，给客户提供优化服务。完全托管的优点在于公司内部可以省去较多精力，外包团队也会有较大的权力进行操作，可以充分发挥代理商的优化水平。缺点在于需要支付高额的服务费用。

第二节 社交媒体营销

社交网络已经不仅仅是连接人们生活的工具，它更是一个获取各种信息的重要渠道。社会化媒体的内容生产者可以是全职编辑，也可以是普通用户。这个媒体的渠道由集中式分发渠道与每个接受信息的用户组成，而后者往往发挥更大的作用。合理化使用社会化媒体营销，不仅可以轻松引爆话题，更可以在短时间内形成传播规模，这样的特点使它成为企业互联网营销的必备工具之一。

（一）定义阐述

社会化媒体营销（Social Media Marketing，SMM）也称社会化营销，主要是指通过社会化网络、在线社区、博客或者其他互联网协作平台与媒体来传播和发布资讯，从而形成营销、销售、客户关系服务维护及开拓的一种方式。社会化媒体营销的工具包括论坛、贴吧、微信、微博和 SNS 社区等。

（二）开展流程

社会化媒体营销的开展形式与搜索引擎营销的开展形式类似。尽管都包括公司内部招人来完成，或是半外包、完全外包来进行这三种，但两者有着明显的区别。搜索引擎营销有连续性特点，而社会化媒体营销的连续性不是很强，或是说后者频次没有搜索引擎营销那样高。所以即使公司招人完全负责，此人的工作内容也会包括其他的编辑内容。

（三）发展历史

2003 年 3 月，美国出现了 SNS 网站，SNS 在极短时间内风靡美国，被众多互联网企业看好，短期内得到飞速发展。2005年，王兴（现美团创始人）创办校内网。同年8月，著名互联网人士庞升东于上海浦东创建51游戏。2008年，程炳皓成立"北京开心人信息技术有限公司"，正式创办开心网。从2008年开始，无数的SNS网站一夜之间声名鹊起，除此之外，传统的下载类、视频类、BBS类网站均推出了各种类型的SNS应用。每个拼搏的SNS企业和项目都陷入了一场空前惨烈的"厮杀"当中，大家都生怕错过互联网下一个"the big thing"的机会，一波接一波的抄袭、炒作和竞争令人应接不暇、眼花缭乱。但对于广大用户而言，SNS浪潮的兴起，使分享和互动成为趋势，用户尽情享受社交和沟通的乐趣。

（四）社会化媒体营销的价值

通过社会化媒体营销，可以帮助企业提升品牌关注度、品牌美誉度和品牌忠诚度，并且还可以配合与辅助搜索引擎推广，为公司创造更多的利润。因此，综合来看社会化媒体营销的价值，可以发现其有以下四点重要优势。

1. 公司的信息传递与发布的平台

企业可以通过媒体发布相关信息，进行产品和公司的介绍。比如发布最新的市场活动，最近的产品更新等。通过社会化媒体，企业得到免费发声的机会，通过持续的信息更新，不断筛选、激发潜在用户。

2. 树立品牌形象，提升品牌知名度

在企业通过社会化媒体发布信息后，用户会进行评价或是转发相应信息。在评价和转发的过程中，公司媒体负责人可以通过一定方式，对企业的正面形象进行塑造、传播，对负面信息进行处理，给用户塑造一个正向、积极的形象。通过宣传，制造"口碑效应"，树立企业品牌，凸显企业的核心竞争力。

3. 为企业网站引入流量

企业在社会化媒体发布信息时，如果媒体平台允许，可以直接添加链接，从而直接为公司带来流量；如果媒体平台不允许，可以通过信息传播品牌，通过用户讨论，进而引导搜索，间接带来流量。公司运用社会化媒体，直接或间接为公司带来流量，发展潜在客户。

4. 为公司创造收入

企业通过社会化媒体的运营，聚合粉丝资源，运用粉丝的力量，为企业创造巨大的价值。在快销界，有很多社会化媒体运营很好的公司，比如手机圈的果粉、锤粉、米粉等，每一次公司新产品发布时，他们会自发地举行各种活动，做各种周边的宣传，甚至自发地为公司筹集资金、场地等。这些活动，不仅为公司进行了正向的宣传，还为公司创造了高额的利润。

一、适合做社交媒体营销的平台

社会化媒体营销（Social Media Marketing），社会化媒体营销亦有社交媒体营销或社会化营销，是利用网络、在线社区、博客或者其他互联网协作平台媒体来进行营销，公共关系和客户服务维护开拓的一种方式。在网络营销中，社会化媒体主要是指一个具有网络性质的综合站点，而它们的内容都是由用户自愿提供的，而不是直接的雇佣关系。这个就需要社交思维，而不是传统思维模式。

社会化媒体营销平台指的是进行这一系列营销行为或者具备营销性质的线上社交媒体平台，它们通常具备以下特点：传播的内容量大且形式多样；每时每刻都处在营销状态、与消费者的互动状态，强调内容性与互动技巧；营销过程可以进行实时监测、分析、总结与管理。不管是国外的脸书和推特，还是国内的微信或微博，都极大地改变了人们的生活，将我们带入了一个社交网络的时代。社交网络属于网络媒体的一种，而我们营销人在社交网络时代迅速来临之际，也不可逃避的要面对社交化媒体给营销带来的深刻变革。

拓展阅读 7.2
酒香也怕巷子深 跨境电商如何通过海外社交媒体实现站外引流

下面列举一些主流社会化媒体营销平台的名称和特点。

微信：社交媒体营销中最有效的传播方式。微信于 2011 年由腾讯公司推出，如今日均活跃用户已超过 10 亿，是时下拥有最多用户数量的社交媒体平台，其核心功能是基于熟人关系的三项社交应用，包括即时通讯、朋友圈和公众号自媒体。但随着移动通信和互联网的发展，微信已发展为一个集社交、购物、游戏、阅读、娱乐、运动、理财等方方面面为一体的互动平台。

微博：通过视频拉近用户。微博于 2009 年由新浪网推出，其核心功能是基于弱关系的兴趣社交。用户根据自身喜好，对平台上链接、视频、音乐博文产生关注、点赞、评论和分享等社交行为。覆盖几十个垂直领域，得益于名人明星、网红及媒体内容生态，成为电视剧、综艺、动漫等泛娱乐领域，是用户活跃的主要地带。

腾讯 QQ：8 亿人在用的即时通信软件。腾讯 QQ 于 1999 年由腾讯公司推出。其传统功能是文字、语音、视频聊天和 QQ 空间的状态发布，现已拓展为一个将在线游戏、文件共享、网络硬盘、邮箱、论坛等服务集于一体的多平台即时通信软件。

豆瓣：文艺的泛娱乐分享平台。豆瓣于 2005 年由杨勃（网名"阿北"）创立。是以读书、电影、音乐为出发点，自动给出同类趣味和友邻推荐，并集同城、小组、友邻等文艺网络服务为一体的创新社交平台。豆瓣是当下国内最权威的书影音评分网站，拥有超过 2 亿名书影音爱好者用户。

小红书：连接消费者和优质品牌的纽带。小红书于 2013 年由瞿芳和毛文超创立，是一个以美妆、护肤和保健等日用精品为切入点的"社区＋电商"跨境购物平台，致力于帮用户发现全世界的好东西。结合意见领袖（网红、明星）的影响力，小红书是中国电商精品导购平台的领航者。

抖音：年轻人记录美好生活的短视频社区。抖音于2016年由今日头条孵化上线，是短视频同类App中的爆款。其核心功能是通过设置话题挑战、丰富音乐场景，设置影音模板等方式鼓励用户表达自我，分享15s音乐短视频的年轻人社区。

二、如何做好社交媒体营销

电子商务是最有价值的技术产品。从诞生之日起，电子商务就开始为消费者和零售商创造奇迹。随着越来越多的零售企业开始转战电子商务，零售电商行业的竞争日趋激烈。零售企业要想在激烈的市场竞争中取得竞争优势，就必须积极利用社交媒体。对于在线零售企业来说，最艰巨的任务是如何创建一个能吸引更多流量的网站。

脸书、Instagram和推特等社交媒体现在是在线零售商谋求发展的最佳工具。聪明的营销人员会把社交媒体营销纳入其电子商务营销策略中，以促进电子商务网站上的流量生成。以下是具体做法。

1. 通过社交媒体跟踪受众需求

市场营销的基础是否数字化决定企业营销的成败。市场营销的方向必须始终与客户的期望、需求和要求保持一致。通过社交媒体，企业可以跟踪其客户档案，并对消费者的需求进行分析，这样营销人员才知道从何着手。

拓展阅读7.3
低转化？如何"破局"社交媒体营销？

2. 受众参与

与传统媒体相比，社交媒体最显著的优势是互动性和参与性。通过社交媒体，企业可以轻松地吸引他们的粉丝和客户。小测试、比赛、直播视频和利用用户制作的内容均是让目标受众始终乐于参与其中的最佳方式。

3. 增加受众黏性

企业要为受众提供一些有价值的东西，来增加用户黏性。零售商可以通过投票、比赛和竞赛等活动来吸引受众，然后把折扣、促销码和优惠券当作受众完成项目的奖励。

4. 添加社交媒体分享按钮

企业需要为消费者提供最一流的客户服务和最优质的产品，并通过消费者的分享建立良好口碑。在电子商务网站上加入社交媒体分享按钮可以为客户在其社交媒体网络上分享产品提供捷径，从而吸引新访问者，为网站带来更多流量。

5. KOL营销

如今，影响者营销炙手可热，零售商可以利用这一渠道来推广业务。影响者营销是利用社交媒体来提升电子商务网站流量的最佳方式之一。

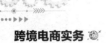

在对影响者市场进行评估后，市场营销人员必须聘请与企业的产品或服务内容相关的影响者。这一方法可以有效地将目标受众引导到企业网站上。

6. 鼓励客户评论

企业必须尽其所能为客户提供最好的服务，并借力客户进行社交媒体营销。对零售商来说，顾客评论是一种非常强大的工具。当今，随着社交媒体的广泛使用，对产品或服务满意的顾客发表好评的概率非常高。

7. 接受客户意见和建议

如果零售商肯接受并重视消费者的想法，他们自然会喜欢这家企业。这些反馈可以通过企业的社交媒体账户、群组或简介来完成。企业可以发布产品改进征求意见。通过这种方式，企业可以有效地获取消费者的建议，从而有针对性地为他们提供真正需要的产品。

8. 设置热搜话题

热搜话题是脸书、推特和 Instagram 等平台当前最火爆的内容营销新趋势。热搜词有助于企业在合适的时间获取合适的受众，把目标受众吸引到其网站上。

9. 创建脸书商店或用 Instagram 购物

脸书商店和 Instagram 购物是增加电子商务网站流量的最直接方式，这将为企业带来更高的销售额。

企业可以利用这些神奇的工具为客户提供完美的在线购物体验。如果在线零售商还在困惑，社交媒体或许是最有效的电子商务解决方案之一，以此可获得成功或建立良好的声誉。

三、开展社交媒体营销应规避的误区

（一）社会化媒体营销存在的难题

在用户充分享用社交新乐趣和社会化网络服务的交流乐趣时，当一次次被优秀的案例刷屏时，却找不到他们传播方式的核心引爆点。营销人员都在研究社会化媒体营销的规律，却也只是停留在各抒己见的阶段。此外，社会化营销还存在 ROI 难以衡量、不易控制、技术复杂和容易做假等一系列问题。

1. ROI 难以衡量

企业做营销宣传，没有纯效果广告与纯品牌广告之说，只有更偏重效果或是更偏重品牌。如果定义社会化媒体营销是为了品牌服务，但又存在大量的企业通过社会化媒体创造了品牌，并且为企业创造了大量的利润，比如小米手机、西少爷肉夹馍等，这些品牌都是通过运营粉丝的社会化手段创业并创造利润的。如果社会化媒体营销是为了效果服务，那么它的 KPI 是什么？又有哪一个广告商可以底气十足地告诉客户，通过此次活动，可以保证产品销量是多少？CPA 是多少？ROI 是多少？

2. 结果不易控制

一旦社会化媒体营销成为病毒营销，就难以控制其发展的方向、传播速度和最终结果。甚至当病毒营销被人恶搞后，很容易朝着对品牌不利的方向发展，对品牌形象产生不利的影响，这是企业不愿意看到的。然而，社会化媒体营销需要通过博客、微博、微信等社交媒体来传播与互动，互动就会有正面和负面的报道，消极的互动只会让品牌贬值。如何控制负面舆论，将品牌向正向引导，成为企业做社会化媒体营销长久谈论的话题。

3. 技术复杂

社会化媒体营销在起初创作时，需要综合多个平台，借助多个媒体。所以需要对各个媒体的特性、媒体的传播速度充分了解。此外，进行企业形象塑造或者传播某个产品时，还需要考虑事件的发起、过渡、高潮、结尾等相关的话题，通过话题不断放大效果，这就需要对整个事件有着一定的把控性。

4. 内容容易造假

企业通过外包来执行社会化媒体营销时，很难会严格要求外包公司带来怎样的转化，所以时常会用多少曝光度、增长多少粉丝、多少互动等来进行量化考核。但这些考核指标很容易造假，有些网络上一块钱可以买几百个粉丝，甚至还可以买活跃粉。部分公司招人来做社会化营销就可能会有员工造假，办一场活动，增加几千个粉丝，有互动点赞，一周过后，再发文章，发现已经没有阅读量了，更别提互动了。

（二）社会化媒体营销的建议

作为互联网营销的一个重要手段，社会化媒体营销在企业营销中的意义是非凡的，但缺点也是显而易见的。如何才能充分地运用它的优势，避免它的劣势呢？建议从以下几个方面入手。

1. 明确重心

社会化媒体营销的价值在于用户的把控和粉丝的运营，而不在于可以快速产生直接变现价值。如果运用传统媒体及搜索媒体的运营思路去运营社会化媒体，那么只会越走越偏。因此，不能够要求一次活动，一个事件能带来多少转化，只能要求带来多少互动，增加多少粉丝等。通过不断地增加粉丝与运营，经过不断的互动，让用户忠于品牌，形成效应，最终可能会形成间接转化与收益。

2. 充分重视

首先企业负责人，特别是市场负责人，要充分重视社会化媒体营销。不论从战略角度，还是从战术执行角度，社会化媒体营销的重要地位都是不可撼动的。不论是作为单独的宣传方式，还是配合其他的推广媒体，都应当将其作为年度或季度市场推广的重要手段。

3. 专人专岗

社会化媒体营销是企业营销的一个重要方式，所以需要有专门的人来执行。如果让 SEM 或是 SEO 来执行相应内容，会从逻辑、方法等产生偏差，从而影响最终结果。社会化媒体营销的特性是明显的，所以也需要专业人群来执行和对接。如果企业是自主招人来做，那么需要对此岗位做好充分的说明，如果是半外包或是完全外包来执行，那么需要明确的考核标准。

4. 明确考核标准

如果企业是招人来做，那么社会媒体营销岗位是需要充分掌握当前主流社会化媒体平台功能与技巧的。比如微信营销的特性、执行方法；微博营销的特性、执行方法等。同时，对每一个主流媒体的考核也需要明确。比如微博状态更新的次数、转发率；微信文章发表的次数、阅读率等。这些媒体的考核标准需要充分明确，以便可以让执行人员做事有标准可依。

第三节　视觉营销

一、视觉营销的定义

视觉营销是为达成营销的目标而存在的，是将展示技术和视觉呈现技术与对商品营销的彻底认识相结合，与采购部门共同努力将商品提供给市场，加以展示贩卖的方法。品牌（或商家）通过其标志、色彩、图片、广告、店堂、橱窗、陈列等一系列的视觉展现，向顾客传达产品信息、服务理念和品牌文化，达到促进商品销售、树立品牌形象之目的。

二、视觉营销的基本原则

（一）有清晰准确的品牌阶段性战略思想作指引

视觉是我们看到的表象，思想才是隐藏背后的核心和灵魂。特别是推广期品牌，每段时间都会有不同的主题作为核心思想，譬如劲霸一开始就是把夹克做大做强，后来以点带面，由夹克单品成功地带动了整体业绩的增长，从而拉动了整个品牌的良性发展。今天，当我们走进夹克的终端，依然可以看见金色的夹克道具附在墙面上。我们说，这是劲霸的战略思想，从开始到现在，坚持不懈，因而获得了成功。

（二）形成广告视觉、终端视觉高度统一

通常把电视广告、网络广告、户外广告、纸类广告等统称为"媒体"，这是因为这些途径具有"媒婆"般的作用：它们让消费者对品牌产生初步印象；而此品牌的产品到底好不好，只有使用后才知道。因此广告、终端与产品之间形成了一种无形的链，而这个链就是：名要符实。

通常在广告创作的时候，有人认为，做广告就好比贴春联，"富贵满堂""财运亨通"可以是祝福和愿望，不见得一定兑现。这恰巧犯了错误：诚信才是品牌常青之道。

终端在表现的时候，也要注意与广告主题或品牌阶段性主题的吻合，尽量避免主题不符或顾左右而言他。广告界有句有名的话：反复刺激、加深记忆。脑白金广告现象说明，在资讯过剩的年代，不断重复重复再重复，就能让人永远记住。柒牌推中华立领，不仅广告猛打，而且终端宣传跟进、陈列跟进、产品跟进，这样就构成了统一的视觉营销链。

（三）注重终端的视觉艺术

法国人有一句经商谚语：即使是水果蔬菜，也要像一幅静物写生画那样艺术地排列，因为商品的美感能撩起顾客的购买欲望。

随着人们消费观念的改变，消费者要购买的已不只是服装本身，他们开始关心品牌所体现的文化、带来的精神诉求。终端店铺是品牌与消费者的窗口，它的形象直接决定消费者是否购买该品牌产品。有人说陈列就是从细小的地方体贴顾客，使他们在感受陈列环境的同时愿意逗留并购买产品。因此，很多人直接把终端的陈列艺术称为"视觉营销"。据其统计，店面如能正确运用商品的配置和陈列技术，销售额可以在原有基础上提高10%以上。

许多国内品牌在声势浩大的广告攻势和豪华的卖场装修背后，却经常出现零乱的陈列、过期的招贴及不规范的导购，这样严重影响了顾客对品牌的信任度。

1. 橱窗陈列美好的幻象

橱窗紧贴着建筑，或将建筑镂空，面朝着街道，把本来想吆喝着拉扯着卖的东西做成一张"脸谱"。橱窗是商业时代的产物，品牌的个性、品牌的品质、品牌的精彩都写在这张脸上。橱窗可根据条件设置封闭式、半封闭式和开放式种。一般来讲，封闭式橱窗大多为场景设计，展现一种生活形态；半封闭式大多通过背板的不完全隔离，具有"犹抱琵琶半遮面"般的吸引功效；开放式则将产品形态或者生活形态完全展现给消费者，亲和力强。

拓展阅读 7.4

视觉营销绝对不是为了美，而是为了营销

2. 整洁店堂唤起审美的愉悦

一个成熟品牌给人的感觉应该是具有高度美感的视觉享受。整体色调的搭配、灯光给

人的冷暖的心理感受、地砖的材质和色彩、道具的装饰，等等，都应该由专业的公司根据品牌的主题来完成。

3. 合理陈列展现货品的优势

货品陈列是一门学问，很多公司的装修可以请专业的公司来完成，却在陈列上犯了难。第一，服装货品陈列分为正挂装、侧挂装及叠装（一般叠装只用来做库存）三种，都要求做到整齐、洁净、统一、不起皱，尽量不断码，不缺色，且卖场的货品都应去外包装袋。第二，新出货品、流行货品、推介产品要放（挂）在入门便可看见的位置，以显出陈列的主次。第三，整齐划一的叠放、清洁光鲜的店堂、无残损且未过季的平面物料、干净端庄的导购是卖场良好形象的有力保障。

三、视觉营销的规范化实施与应用

营销方式可以分为很多种，有内容营销、粉丝营销、视觉营销，以下针对一个女装店铺的视觉分析来讲一下视觉营销。

（一）视觉诊断分析

1. 分析内容

店铺人群定位：30～49岁左右的妈妈群体。

拍摄场景选择：全店采用棚拍白底拍摄，部分服饰简单的沙发背景搭配。

拍摄模特选择：店铺首页装修有模特图的存在，但是详情页无。

平面拍摄风格：优雅 / 清新。

主图视频内容：店铺目前主图主要以一些图片推拉展示为主，结构为"整体 + 局部"的形式作画面呈现。

平面拍摄用光：柔光拍摄，服饰产生阴影较柔但是立体感不强。

平面拍摄搭配：采用服饰加鞋包的固定形式。

拍摄角度选取：搭配图一张 + 整体图一张（目前店铺是直接抠图）+ 服饰设计 / 材质 / 细节图。

其他：无特殊角度和其他效果拍摄。

内容总结：整体店铺平面内容的拍摄形式单一，全部采用的是棚内产品套拍，整体加细节形式，产品体积感和质感弱，服装整体造型能力弱，服饰结构形体优化空间大，目前搭配起来美感弱，画面感觉粗糙，整体图片档次偏低端，与产品中端价格定位不符，对于新客户的开发和首次来购买产品的准新客户，吸引力较低，转化率也低于同行平均水平；但根据店铺数据效果，在店铺180天内购买一次性的客户高达占比82.7%，有很大的市场开发潜力；店铺已有的所有主图视频都是使用一些平面图或者非专业设备组接出来的，对于目前的行业市场来说，市场竞争力较弱，传播率也会受影响而且不容易得到平台抓取的机会和流量红利。

2. 竞店拍摄分析

（1）竞店一（见图 7-1）：

图 7-1　竞店一

拍摄场景选择：纯色底拍摄方式，结合一些出行居家搭配风格。

拍摄模特选择：打扮时尚优雅的女模。

图片拍摄风格：风格偏简约气质款、优雅、百搭。

视频拍摄内容：全店所有产品均无主图视频制作和投放。

平面拍摄用光：柔光拍摄。

平面整体搭配：鞋包类服饰周边，搭配方式多变，配色摆放舒服。

平面细节图拍摄：细节拍摄质感很足，构图准确，能在第一时间锁定产品卖点。

内容总结：

优点：店铺拍摄可分为三部分，模特上身效果展示，产品搭配平铺拍摄展示，产品细节展示，表现形式较为丰富，页面设计用起图来比较多变灵活，整店拍摄效果不论模特还是平铺和细节，产品立体感较强，质感有很好的画面传达效果，画面整体搭配摆放，拍摄构图有较好的处理方式，能让人产生较强的购买欲望。

缺点：少了一些分类型搭配和策划，渲染力可以再提升，主图视频空缺，店铺宝贝首图不统一。

（2）竞店二（见图7-2）：

图7-2 竞店二

拍摄场景选择：纯色底拍摄方式，结合一些石膏几何体做结构搭配。

拍摄模特选择：新款上架均无模特拍摄。

图片拍摄风格：风格偏简约气质减龄款通勤系、优雅简约纯色系的产品占了大部分，颜色较淡雅。

视频拍摄内容：全店所有产品均无主图视频制作和投放。

平面拍摄用光：高亮调柔光拍摄。

平面整体搭配：鞋包类服饰周边，搭配方式多变，配色摆放舒服。

平面细节图拍摄：质感很足，构图准确，细节图丰富。

其他：同款系列产品会使用一些几何体或者结构框做搭配表现，形式新颖。

内容总结：

优点：高亮光的拍摄形式很为产品加分，通透感强，结合一些石膏几何体做结构搭配质感对比明显，细节图展示充分，构图准确，整店设计风格统一整体性很强，画面搭配/配色讨巧，让人喜欢。

缺点：少一些分类型搭配和策划，渲染力可以在提升，主图视频空缺；

（3）竞店三（见图7-3）：

拍摄场景选择：室内白色背景，纯色底拍摄方式。

拍摄模特选择：年轻时尚，外模。

图片拍摄风格：纯色，简约大气，百搭。

视频拍摄内容：店铺目前主图主要以一些图片推拉展示为主，结构为"整体+局部"

的形式作画面呈现。

平面拍摄用光：柔光拍摄，根据服饰材质有所调整，部分柔光弱影，部分高对比，强化质感表达。

平面整体搭配：鞋包类服饰周边，配色摆放舒服。

模特妆容选择：淡雅素妆。

平面细节图拍摄：部分模特上身细节，部分平铺拍摄，用光舒服，服饰细节质感好。

内容总结：

优点：模特上身效果及拍摄效果都比较自然舒服，模特的状态和上身效果很为产品加分，店铺会根据产品特点作用光区别，质感对比明显，细节图展示充分，有模特穿着部分也有平铺部分，店铺设计风格统一，整体性很强。

缺点：少一些分类型搭配和策划，渲染力可以在提升，主图视频表现形式和内容可以提升。

图 7-3　竞店三

（二）转化效果分析

1. 转化率及营业额（见表 7-1）

表 7-1　店铺转化率及营业额情况

店铺名	竞店 1	竞店 2	竞店 3	本店
近 30 天营业额	1910.27 万元	2145.61 万元	3243.58 万元	320.73 万元
转化率	1.42%	1.62%	2.33%	0.70%

目前，转化率低，从视觉上来看会比竞店弱。

2. 拍摄形式对比（见图7-4）

店铺名	竞店1	竞店2	竞店3	本店
模特效果图		空		空
产品平铺图				
细节图				
其他平面效果拍摄	空		空	空
店铺主图视频	空	空		空（前期有做ppt式的主图视频，因为效果不好所以后期上新没在用）

图7-4 拍摄形式对比

模特效果图：本店无模特图，模特图可以弥补平铺拍摄的一些产品美感的表达缺陷，使画面有活力和动感，为产品亮点加分；同时模特图对产品客单价的提升也有一定辅助。

产品平铺图：本店轻场景摆拍，抠图白底效果。

总结与建议：对比其他三家，可以学习采用纯色底直接拍摄，做好衣服整体造型，避免视觉上显得粗大的视觉感受；在搭配选色上也应偏向同色系。

细节图：本店产品平铺/场景细节。

总结与建议：对比其他三店细节图的拍摄、角度选取和用光，效果确实相差较远，后期需要在拍摄构图和用光上进行提升，其次是纯色底的表达更加容易让客户看到产品的卖点，白表达会更加清晰。

其他平面效果拍摄：建议是可以固定策划一些搭配指南系列或者搭配周边的附属产品做一些店铺调性的强化和内容搭建。

店铺主图视频：主图视频的作用是对于产品整体外观和卖点属性快速展示的短片，对服饰品类有较好转化和引流效果。

总结与建议：对比戎美，其实它的主图视频一般，但是店铺整体视觉好，而且又有主图视频，即使技术含量差，但是还是会对店铺转化产生提升，所以这一板块我们应该有所重视，具体建议我们分两种：第一种平铺，使用产品平面拍摄时的搭配做多组景别镜头，来展示整体搭配和细节设计；第二种是对爆款采用模特套牌主图视频，活力展示效果和上身细节。

（三）消费人群分析与消费者洞察

行业人群：气质／知性／优雅，追求生活品质的高教育水平女性。

店铺人群：消费者主要集中在30～49岁，消费者都是以已婚／已育女性为主，店铺中产品更受知性／端庄的职业女性的欢迎，还有10.5%的政府机构人员，教育水平偏高。

产品内容：重视衣服的品质、材质和舒适。

消费能力：店铺客户淘宝消费能力高，线下也对时装品质店较为青睐，购买力不受限。

购买偏好：人群最关注的点是服装品质，其次是穿着体验和质量、版型和整体上身效果；销售额最高的服饰风格是偏简约端庄、轻欧美风通勤系、简约纯色系的产品。

（四）寻找突破做差异化视觉拍摄

1. 平面拍摄部分

拍摄说明：采用素色系列背景，部分结合一些几何体结构线，时尚简单的搭配方式，高调拍摄用光营造品质高端感。

场景：棚拍为主结合棚内几何造型体搭配。

拍摄风格：简约而不失优雅，端庄通勤风。

拍摄方式：棚拍／室内场景实拍。

部分拍摄选择：模特场景实拍。

拍摄道具：手提包、首饰、编织帽子、运动鞋、高跟鞋。

拍摄器材：佳能相机、三脚架、柔光箱、外拍灯。

拍摄用光；高亮调为主，部分结合产品特点布置调整。

拍摄搭配：同系素色周边做辅助拍摄元素。

妆容：清雅淡妆适宜。

2. 定位

私配即私人搭配师。

通过服饰商品多元的组合，结合一些时尚杂志的排版设计，以及搭配指南的文案包装；连带销售一些服饰周边的产品，从而达到视觉营销价值，为品牌风格及视觉精准传达而服务，见图7-5。

图 7-5　私人搭配师

3. 设计

配图，文案。

统一整体的配图和辅助配色会为你的主题和画面渲染增加购买欲，为整体画面增添色彩；精炼又不失文采的文案引导作为画面的又一重要辅导因素，既能准确表达服装属性，又能为主题起到画龙点睛的作用，见图 7-6。

图 7-6　配图,文案

4. 表现形式

模特，平铺。

模特图上身的整体表现，可以通过模特自身气质和造型搭配，为我们的产品做更好的包装展示，见图 7-7。

平铺的内容主要作为服装整体展示和的搭配美感的强化，包含整体配色，周边属性产品的搭配，见图 7-8。

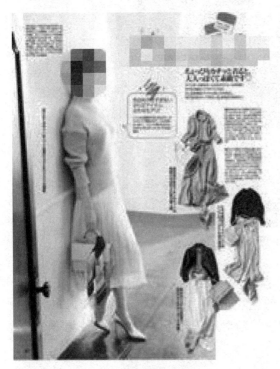

图 7-7　模特，平铺

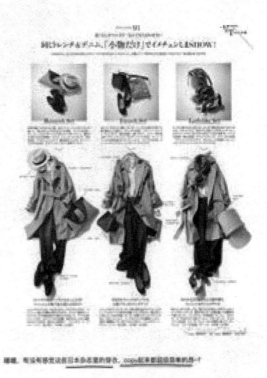

图 7-8　表现形式：平铺

5. 模特图策划拍摄

以随性为主。

主图视频拍摄框架构思：第一个镜头主要作用是用搭配来吸引前来购买的消费者，使之产生兴趣继续观看，也就是所谓的氛围渲染；第二步，对于衣服上的特别设计和材质做出说明和引导，便于客户了解产品属性和需求匹配度；氛围渲染和卖点展示，一个全景展示服饰整体即搭配元素，还有多色系的变化展示，解决客户购买时的多个疑问；最后两到三秒，展示出自己品牌的 logo，强化品牌形象，形成自己的行业影响力。具体见图 7-9。

图 7-9 模特,以随性为主

总结:

店铺的视觉营销可以帮助你吸引客户从而提升店铺流量,从而完成潜在流量到目标流量到忠实流量的转变,因此学会正确的视觉诊断对于提升店铺的调性和转化率是非常重要的。

四、文案策划

(一)制造价格锚点

消费者在为某个商品/服务/产品定价的时候,经常会犹豫不决。其实,在营销学里有一个策略——制造价格锚点。消费者在对产品价格并不确定的时候,会采取两种非常重要的原则,来判断这个产品的价格是否适合。价格锚点是商家设定的参照标准。

1. 避免极端

在有三个或者更多选择的时候,很多人不会选择最低或者最高的版本,而更倾向于选择中间的那个商品。

一款 1000 元的电视和一款 2000 元的电视,怎样让用户去买 2000 元那款呢?就再推出一款 4000 元的。人们在面对选择时,心里会排除掉极端的选项。

《经济学人》有个广告，100元订电子版，150元订纸质版，150元订电子版+纸质版。结果表明选第三种的最多，其实，前两个只是诱饵。

2. 权衡对比

当人们无法判断价值是高还是低的时候，大家会选择一些同类型的商品去作对比，让自己有一个可衡量的标准。围绕这个点，小米的定价策略是这样的。

小米Note顶配版2999元，对标3000多元其他品牌手机。

小米Note标准版2299元，对标2000多元其他品牌手机。

小米4是1799元，对标1000多元其他品牌手机。

红米Note 899元，对标1000元其他品牌手机。

小米就通过这种方式构筑了自己的"护城河"，加速抢占了各个价位档次的手机市场。商品的价值是"相对存在的"，这件商品到底值不值这么多钱？这个定价到底实惠与否？都需要一个可供参照的标准。

比如，出差一家酒店，房间上网资费是：

A. 80元一小时

B. 120元一天

此时B选项存在的价值，是为了让你做出A选择。若A选项单独存在，大家都会认为很贵，不划算，而放弃上网。

我们经常听到一个广告语，只需要请朋友吃一顿饭的钱，就能××××× "，也是制造价格锚点，诱导用户付费。

（二）制造对比，证明产品好

不管出于道德还是《广告法》，我们都不能贬低同行。但可以适当地抬高自己，制造对比，出现优劣感，证明你的产品好。

比如，锤子手机（见图7-10）。

图7-10　锤子手机

比如，小米手机（见图7-11）。

图7-11　小米手机

40道工艺制程，193道精密工序。将产品的制造过程量化，证明产品工艺很过关。

比如，最生活（见图7-12）。前段时间因为"G20同款"开撕网易严选的最生活，在毛巾广告里暗示用户，用料来自于长绒之乡阿瓦，证明毛巾比其他商家的好。而京东上某款日本的长绒毛巾，广告语是"土库曼斯坦棉"，对比后，用户觉得最生活的毛巾品质更好。

图7-12　长绒毛巾

（三）让用户避免失去

在用户处于安全情景时，给用户制造危机感，告诉他不使用你的产品将会失去些什么。

比如：

（推广旅游产品）夏季不去青海湖，就看不到最美的风景了。

（推广减肥品）再不减肥，就会被老公嫌弃了。

有一家做商标业务的公司打电话和你说，有人在抢注你公司的商标，你再不注册就可能失去该类商标的名额了！你第二天就去他们公司了解了情况，后来付了 2000 元，注册商标。具体见图 7-13。

图 7-13　注册商标

在文案里适当使用这种方式刺激用户，会取得意想不到的效果。

（四）让用户产生幸福感

知名的护肤品牌 SK-Ⅱ有一款商品，叫作"前男友面膜"。意思是如果要见前男友之前就敷一片，保证你面部水分充沛，胶原蛋白满满，毛孔细致，美得像天仙，气死前男友，让你产生愉悦感。具体见图 7-14。

图 7-14　护肤品牌 SK-Ⅱ

Darry Ring 戒指最近几年非常火，这和它始终不变的广告语不无关系，"男士一生仅能定制一枚"。男士买了 DR 送给未婚妻，证明是第一次买，证明是真爱，让未婚妻产生了独特的幸福感。具体见图 7-15。

图 7-15　Darry Ring 戒指

买一送二，满 199 减 10，让用户觉得赚到了。京东做的"618"全民年购物节，首页有两个 banner 都是这种策略，简单有效。具体见图 7-16。

图 7-16　618 购物节

（五）唤醒追求

比如：小公举在 2016 年策划了一个招聘广告"说走就走的工作"，提供一份意大利的新媒体 offer 给大家，让大家追求更好的人生。

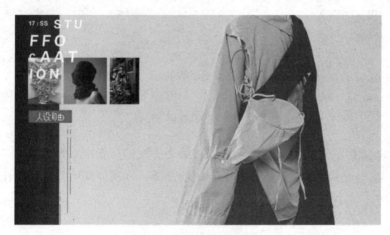

图 7-17　唤醒追求

24小时内收到了500条回复,200份简历(研究生超过一半),约100条评论。

摆脱庸俗,追求个性。比如:最近几年非常火的原创设计品牌"江南布衣",是CELINE、RICK OWENS和山本耀司的合体,天猫和官微文案都是透着一股与众不同风格。

JNBY的目标,就是推广给对舒适度和美感有追求用户(实际上就是喜欢轻奢的小资用户),倡导更好的设计,更好的生活。

比如:知乎的广告语,追求知识——告诉你有一个更大的世界等你来发现。

(六)制造画面感

比如:香飘飘的广告词——香飘飘奶茶一年卖出三亿多杯,能环绕地球一圈,连续七年,全国销量领先,这证明买的人多。具体见图7-18。

图7-18 香飘飘

通过这个广告我们发现,可借用其他事物比喻或形容产品的特点,前后呼应,制造画面感。比如:

华硕品质,坚若磐石。

比羽毛还轻的长绒。

(七)环境绑架

提示用户处于某种环境,给出解决方案,如:

你的周围全是雾霾,买一个防霾口罩。

你喝的水全是杂质,买一个净水器吧。

你每天住在大都市,去一次深山徒步。

唯品会首页的banner——夏之美履,你要get的时髦套路(见图7-19)。

告诉你,在夏天你应该穿搭什么样的衣服鞋子,打扮成怎么样。

图 7-19　夏之美履

比如：宜家家居的广告——我/改变不了孤枕难眠，花¥99成双成套。

孤枕难眠是个成语，形容人夜不能寐。用这个成语告诉大家，睡觉时最好用两个枕头，这样可以提高睡眠质量，保持身心健康。而99元就可以在宜家买到成双成套的枕头和被子，睡得更舒服。具体见图7-20。

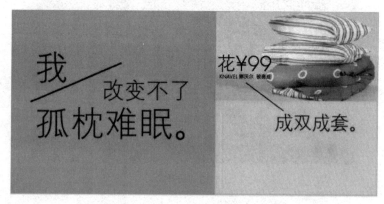

图 7-20　孤枕难眠

五、图片的设计思路与技巧

（一）始终质量为上

素材图片是一项宝贵的投资，低质量、像素化的图像效果肯定不好。如果图像有颗粒感，许多浏览者将不会点击网页，所以确保图像干净、清晰、对焦，并具有良好的分辨率（在线图像不应低于72 dpi）。

（1）素材图片，照片质量高。所有的东西都是清晰的，你可以在所有的图像中感觉到纹理的存在。

（2）即使观众没有阅读文字，图片也应足以表达广告的信息，你选择的图片应该有助于信息。确保它们表达出你要传递给受众的信息，无论是视觉上代表信息，还是起到加强作用。在这些照片中，你可以看到用其他视觉方式表现出愤怒、悲伤、嘟嘴等情绪。

（3）想想你希望广告送达的人。他们应该在广告设计中看到自己。如果你的目标人群是千禧一代的年轻人，广告图片中就不要展示中年人的照片。要向客户展示你想要拥有的客户。把他们放在观众能理解的场景中，尽量让他们觉得有真实感。如果你以另一种方式瞄准年轻人，你会使用其他图像。你可以展示他们之间的互动以及他们经常使用的物品，比如手机等。

（4）人们能与引起强烈情绪的广告更好地建立联系。人类是情感的动物。将人与品牌联系起来的一个好方法是通过激发情感的共鸣。你所描绘的情感应该是你想让品牌带给人们的感觉。如果他们对你的品牌有感觉，就会建立更强的联系。你可以在每个图像中感受到不同的情绪。重要的是要知道你不需要展示一张人脸来建立情感联系。

（5）优化图像以利于搜索。想想主题标签和热门搜索词。如果对图片优化得好，则可以通过搜索引擎为网站创造更多流量。它在某种意义上就像一个标签，可以容易地完成。该图像可以通过多种方式进行优化。你可以标记产品、主题、品牌和信息。这是一个人可以在网上使用的四种不同的搜索短语，图片可能就是搜索结果。

（6）社交媒体可以成为你营销活动中最好的朋友。社交媒体可以成为你最好的朋友。使用手机拍摄快照（质量通常与某些数码相机一样好）并在线发布。再花几秒钟来创建一个有趣的构图，在它上面做滤镜效果，并使用一些标签，你就可以得到很多点赞了。有很多品牌在某些社交媒体平台上非常活跃，他们有很多粉丝。并不是他们发布的所有东西都一定是他们销售的或与公司相关的产品，但它仍然符合他们正在进行的整体主题。

（7）永远不要仅仅为了使用图像而使用图像。视觉内容应始终具有目的性。有时你很忙，无法拍摄自己的特定图片，但如果你必须使用一个素材库中的图片，那就把它放到背景中。如果与正确的消息传递，并调整后一起使用，那么它们的效果就会更好，更明显。

（8）如果你想向用户销售产品，请与他们互动。让他们用你的产品生成他们自己的照片。你可以鼓励人们拍摄自己的照片并在线发布。给它们赋予一个独特的标签，你就会让来自世界各地的人们生成带着你品牌标志的图片。Benefit 化妆品公司经常在他们的社交媒体页面上展示使用其产品的人，这是让人们与你的品牌建立关系的好方法。

（二）视觉营销策划方案

1. 让主题色彩创造体验

我们用眼睛看见这个世界的方式，自古以来就遵循着"从远到近，从大到小"的习惯，所以要想让你的门店能够吸引客户，首先就要将门店的外包装做的醒目，顾客离得很远就能发现你，醒目的颜色是制造这种效果的重要手段。现在，让我们想想麦当劳的门店外面包装成什么样？你可能很难记得一些细节，但是你一定记得麦当劳的颜色——黄色。想想屈臣氏的门店外面包装成什么样？你也可能忘记了一些细节，但是你仍然能够想起屈臣氏的颜色——淡蓝色。色彩是视觉营销要考虑的首个要素，为了和竞争对手制造出差异化来，有些品牌实行了大胆而刺激的颜色，比如国美电器的外包装从原来的蓝色变成了现在的黑色，而黑色似乎是看起来更加彰显专业的一种颜色。

在顾客体验上面做足文章，首当其冲的当然是餐饮店，各种特色餐饮都追求着各种创新，想尽一切办法满足顾客越来越挑剔的胃口，除了菜要做得有特色，就餐环境成为餐饮店的一个重要竞争砝码。在外婆家这样的店里吃饭，你会发现，他们开始采用了大量的绿色植物，当然很多都是塑料的制成品，可就算如此也让你仿佛坐在了外婆家的院子里吃饭，外婆家的院子不就是应该院墙上爬满了丝瓜藤、南瓜藤，一扇古旧的破柴门和一些粗制的碗筷吗？

拓展阅读 7.5

"看脸"时代，旅游品牌如何通过视觉营销设计吸粉又吸金？

色彩是实体门店开展视觉营销的基础，每一家门店都应该有一种主色调，卖水果的凸显森林的颜色，卖海产品的凸显大海的颜色，卖面包的凸显的是麦田的颜色。所以，百果园的店里挂满了绿色植被，85℃的店里到处都是黄色调灯光。

2. 让陈列细节满足想象

星级酒店、经济连锁酒店，给人最大的感受就是星级酒店里面的细节做得特别好，比如说漱口杯上面都是有一个纸盖子以免灰尘落到里面，马桶盖上面都会贴有已经消毒的标签。可是，这一切都是真的吗？玻璃杯真的有用心清洗过吗？马桶真的消过毒吗？可是尽管如此，人们每次看到五星级酒店这些贴心的摆设的时候，仍然愿意相信他们真的已经按照上面写的那样做了，就像每次去饭店吃饭撕去一次性消毒碗筷外面的塑料包装时那样，人们就愿意相信它们真的消过毒了。

眼见未必为实，商家经常会利用视觉营销的技巧来满足顾客的各种想象。为了加快某一款产品的销售，他们开始为这款产品制作了一个颁奖台，然后把这款产品摆在了第一名的颁奖台上，告诉顾客说，这是我们的销售冠军产品，结果滞销的一款产品就开始热销了。门店里悬挂着一个小黑板，上面清楚地写着每一款产品每一天的出货情况，顾客走进门店看到黑板上的内容时就会觉得他们家的生意真心不错，终于可以放心地在这家店里购买了，可是谁知道这些数据的真实性，又有谁愿意去考证呢？在"努力说服顾客购买"这件事情上，只要我们懂得顾客的购买心理，就可以有更多的方法去尝试。

顾客购买任何产品都有风险，在做抉择的时候顾客遵循着这样一条规则——"趋利避害"，将收益最大化，将风险最小化。顾客都有哪些担心呢？怕蔬菜不新鲜，怕面包过期，等等，所以，商家就会在蔬菜上面撒点水，面包不再用塑料纸包装，等等，这些都是在满足顾客的想象。

3. 让销售人员更受欢迎

不管线上购买多么轻松愉快，都没有办法替代线下购买人与人之间沟通交流的愉悦感。

我们为什么要购买？除了刚性的产品需求外，还有一种情感和精神上的需求，有人喜欢接受销售人员的服务，注意我这里用的是"服务"而不是"销售"，没有人喜欢被别人推销，但是每个人都希望自己在决策困难的时候有人能够提供帮助，特别是对于自己不经常购买，也不是特别了解的产品来说更是如此，比如买房、买车、看病、旅游，等等。那么，什么样的销售人员更受欢迎呢？当然是表现专业又谦逊的销售人员了。

当我们自己对自己的需求并不是特别了解的时候，我们就需要专家的帮助了，可是不可能每个人都那么好的运气能够碰到真正的专家。为了让顾客在购买的时候放心，零售门店开始对销售人员进行职业化训练，看起来像个专家的样子，从外在着装到言谈举止全副武装，全面培训。你会发现这样一些规律，卖汽车的很多都是男店员，而卖衣服的则是女店员居多，这样的差异正好迎合了顾客的心理需求，因为相对来说男人更加喜欢汽车，所以我们觉得男店员可能更懂车，而女店员可能更喜欢打扮自己，所以她们卖衣服会更专业一些。但是，这只是个假象，没有任何事实证明这种差距的存在，这仅仅是人们的心理感受而已。

销售人员的性别在视觉上给顾客创造了不同的专业形象，而销售人员的年龄同样也有这样的心理暗示。如果你去买家具，你是喜欢年纪大一点的店员还是喜欢年轻一点的？那么买手机呢？买家具，我们很多人会选择去找年纪大一点的店员，因为我们觉得她们可能会更懂得家庭生活，也更懂得家具的使用和保养，买手机我们则会选择年轻一点的店员，我们觉得她们更加时尚潮流，更懂手机一些。

如果我们的销售人员在性别和年龄上刚好跟产品的销售形象相反，就需要引起注意了，千万不要为自己的销售减分，不要给自己找麻烦。所以，想要卖得好，就要在视觉形象上符合顾客的心理期待，自身的硬件不达标，可以在软件上下功夫，就是我们说的职业形象，从服装、发型、配饰上做出改变。

每次去饭店吃饭点鱼的时候，服务员都拿一个塑料袋子把鱼装过来给我们看过确认了，然后才拿到后厨去烹饪，可是他做的那条鱼就一定是给我们看过的那条鱼吗？即便如此，我们还是喜欢去这样的饭店吃饭，起码比那些不让我们看鱼就烹饪的饭店更加有安全感，因为"眼见为实"。

本章首先对跨境电子商务搜索引擎营销进行了详细的讲解，包括其概念、特征、优势；然后介绍了社交媒体营销，包括其概念、特征、优势；最后讲述了视觉营销，通过这些讲解和分析，大家可以直观地比较不同的跨境电商营销方式。

通过本章的学习，希望大家对跨境电商营销一个基本的认识，并在实际运用中正确选择营销方式。

跨境电子商务　　搜索引擎营销　　社交媒体营销　　视觉营销

问题思考

1. 什么是搜索引擎营销？
2. 什么是社交媒体营销？
3. 什么是视觉营销？

1. 你知道哪些适合做社交媒体营销的平台？请分别对它们进行评价。
2. 假设你们公司推出一款电子产品，你准备用什么样的方式营销？

第八章
站内营销引流与促销活动

1. 了解速卖通、亚马逊、eBay、Wish 各平台的站内营销引流方式。
2. 掌握速卖通、亚马逊、eBay、Wish 各平台店铺常用营销活动类型。

引导案例

网易"新消费"概念

2017年12月4日,网易公司董事局主席、首席执行官丁磊在世界互联网大会的论坛上解读了网易考拉海购的"新消费"概念。不难看出,近年来,网易在跨境电商上进行了全面的部署,并取得了不错的成绩。如今行业内竞争升级,网易考拉海购再推"新噱头",布局"新消费"。

网易考拉海购以25.6%的占比占据2017年第3季度跨境电商平台市场份额分布首位,相较上半年增长1.4个百分点,其数据远远超过了天猫国际、唯品国际、京东全球购等跨境电商,成为跨境电商行业内的领军者。但随着跨境电商行业竞争的加剧,显然不进则退,网易考拉海购也在谋求新的突破发展,"新消费"应运而生。

所谓"新消费"即"所有零售形式的演变,不论服务、销售,还是陈列方式,都源于对用户需求的理解,这是一切的原点。消费1.0解决的是让商品丰富,种类齐全,让用户随时随地,找得到、买得到商品。而消费2.0的核心诉求就是让消费者买得更好、更优质、更便宜、更省心,同时富有生活美感,注重环保健康"。

实际上,"新消费"宣传的就是网易考拉海购打出的商品品质牌。近年来,跨境电商的市场越做越大,随着消费需求的转型升级,消费者对海淘商品提出了更高的要求,越来越注重商品的质量、品牌性和正品保障度。为此,网易考拉海购推出"新消费"的理念,2017年上半年开始了大规模的海外布局战略,与全球近千家顶级品牌商和服务商达成深度合作,着力升级供应链上游,提高跨境电商的商品质量。此外,它还举办了2017年欧洲招商会、澳新招商会,近期宣布"日本战略"和"美国战略",将分别投入5000亿日元和30亿美元采购高品质商品。

但值得一提的是,在越来越注重进口商品品质的消费观里,商品品质并不只是一个口号或者吸引消费者的噱头,而将切实落实在对商品质量的把控上,对供应链的完善上及对跨境电商网购消费者的体验上。

资料来源:https: //zhuanlan.zhihu.com/p/366946441?ivk_sa=1024320u.

引导问题:

1. 在不同的海外市场,消费者对跨境电商商品的要求与期望是否会有不同?如果有,你认为造成这些差异的因素是什么?

2. 你认为网易考拉可以采用哪些营销策略推广其商品?

第一节　速卖通的营销推广

速卖通的站内营销推广方式包括直通车、店铺自主营销活动、其他营销方式（联盟营销、平台活动营销）等。

一、直通车

（一）直通车的操作流程

速卖通直通车的操作流程可概括为：速卖通平台会员在直通车后台设置关键词，并对展示位置进行竞价，通过大量曝光产品吸引潜在用户；当买家单击直通车中显示的产品时，直通车会向对应的卖家进行收费，即按点击量计费。

拓展阅读 8.1

速卖通直通车小技巧

（二）直通车的规则

速卖通直通车包含三个规则：前台展示规则、排序规则、扣费规则。

1. 前台展示规则

直通车的前台展示区包括右侧推广区和底部推广区：右侧推广区包括五个推广位，用于展示推广评分为"优"和出价具有竞争力的产品；底部推广区包含四个推广位，用于展示推广评分为"良"和出价具有竞争力的产品。

2. 排序规则

直通车的排序影响因素如图 8-1 所示，推广评分的优先级高于出价。推广评分主要考虑四个因素：产品信息质量、产品与关键词的相关性、买家认可度和账户质量。推广评分包括优、良两个等级，如果想在右侧推广区进行展示，则产品评分必须是"优"，否则不管出价多高，也无法在右侧进行展示。

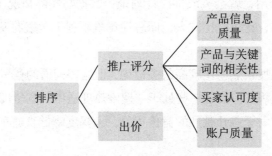

图 8-1　直通车的排序影响因素

3. 扣费规则

（1）按点击率计费，免费展示。

（2）全球速卖通主要面向境外市场，对中国及尼日利亚等地区的用户点击不进行计费，对无效重复点击也不计费。

（3）具体扣费额度与卖家的推广评分和出价有关，但扣费会小于或等于出价。

（三）直通车的推广流程及策略

1. 选品

正确选择推广的产品至关重要，热销产品能够持续为店铺引流，达到事半功倍的效果；如果推广的产品选得不好，则会事倍功半。

2. 选取关键词

关键词是直通车推广的关键，关键词的数量和质量在很大程度上影响着直通车的推广效果。数量是指用尽可能多的关键词描述产品，质量是指关键词和产品的匹配程度。关键词一般采用"属性词+类目词"或单独的属性词表示。类目词是指产品具体所属的类目，如生鲜类目、女装类目、数码类目等；属性词是指用户具体描述产品的属性的词语，如裙子有碎花裙、A字裙、吊带裙、背带裙等；关键词如果只包含类目则会大大降低用户的搜索范围，导致用户体验极差。在速卖通中使用关键词工具有两种方法，一种是"自上而下法"，另一种是"自下而上法"，在实际运营推广过程中，卖家应合理结合使用"自上而下法"和"自下而上法"。

（1）自上而下法

确定好行业和具体类目后，运用速卖通所提供的关键词工具从上至下排序过去30天的搜索热度，选取关键词并注意排除与产品匹配度较低或为0的关键词。

自上而下法具备两个优点：一是所选用的关键词都是行业内搜索热度靠前的词语，在推广评分中具备优势；二是关键词与产品匹配度高，可在很大程度上避免"非意向买家"的无效点击，在减少不必要的支出的同时提高了转化率。

自上而下法也存在一定的缺陷：一是一个关键词一般仅限于推广一个产品，若一个关键词被多个推广计划使用，就会造成推广计划统计数据与实际情况不符；二是关键词热度越高，价格自然就越高，竞争也比较大，而恶性竞争不利于卖家的发展。

（2）自下而上法

卖家会趋向于选择搜索热度比较高的关键词，但这些词语的竞争度及出价也会比较高，这时适用于"自下而上法"。挑选一些处于"搜索热度适中、竞争度极低"状态的关键词。合理利用这些关键词有助于避开激烈的竞价竞争，大幅度降低直通车推广成本。

3. 出价

完成选取关键词步骤后，下一步就是直通车根据卖家设置的关键词词性、产品不同推广阶段、点击效果进行出价。主要的出价管理方法包括根据关键词的匹配度出价和根据不同推广阶段出价。

（1）根据关键词的匹配度出价

在实际营销过程中，关键词与对应产品的匹配度越高，用户转化为买家的可能性越高。高转化率的关键词可以提高出价，低转化率的词则可以降低出价。提高高转化率关键词的曝光度，可以增加这些匹配度高、转化率高的关键词的点击量占产品所有关键词的点击量的比例，进而提高产品的整体点击转化率。

（2）根据不同推广阶段出价

一般来说，最初使用直通车对新品进行推广时，因销量少、缺乏用户好评记录而转化率较低，所以在推广前期直通车的出价较低；随着销量和用户好评的增加，用户会比较放心地购买产品，待转化率逐步提升后卖家可提高出价。

二、店铺自主营销活动

1. 限时限量折扣

在四大营销工具中限时限量折扣是卖家的首选，所以在店铺营销中是最常用的。它有以下几个好处。

（1）通过限时限量折扣工具，可以使平台获得更多的曝光机会。

（2）如在大型促销期间使用限时限量折扣工具，能够为商品带来非常多的流量。

（3）若买家购物车和收藏夹里的商品有限时限量折扣消息，系统就会立刻提示买家，吸引买家关注，从而增加购买率。

（4）在设置限时限量折扣信息时，可以为手机渠道设置专属的限时限量折扣活动。

限时限量折扣工具除了以上所述的各种好处外，还可以结合其他促销活动配合使用。例如，在做产品推优推爆的过程中，限时限量折扣可以搭配直通车，会收到出乎意料的效果。

2. 全店铺打折

全店铺打折工具是根据店铺内不同类目商品的利润率，对全店铺的所有商品按照不同的营销折扣进行分组，对不同组别的商品设置不同的促销折扣。总体来说，全店铺打折是最受平台买家欢迎的促销工具。在换新换季和反季清仓时，全店铺打折不仅能快速提升新品的销量，还能对过季商品进行清仓处理，降低其库存。并且在每年的"双十一"购物狂欢节活动时，平台会对全店铺打折给予支持，提供给其更多的曝光机会、更多的流量。由以上分析可以得出，全店铺打折工具有以下好处：增加曝光和流量，提升转化率，提升店铺整体排序评分。

全店铺打折工具的好处多多，我们要正确使用才能发挥它的最大价值。所以我们在设置的时候要注意以下几点。

（1）活动从开始前 24 小时至活动结束期间，商品的所有信息无法修改，允许商品下架。因此，在报名时一定要细心、谨慎，避免信息填写错误或者没有填写重要的信息。

（2）店铺内不同类目的商品利润率不同，可以先对全店铺的所有商品按照不同的营销折扣进行分组，再对不同组别的商品设置不同的促销折扣。

3. 店铺满立减

店铺满立减是由卖家在自身客单价基础上设置的，只要达到一定的数量或者金额，系统就会自动减价的促销工具，活动类型分为全店铺满立减和商品满立减两种。全店铺满立减，顾名思义就是店铺内的所有商品都参与满减活动。而商品满立减活动是只有部分的商品享受这个活动价格，商品满立减订单金额只计算商品价格，不包括运费，如果同一商品参加了多种促销活动，则以其他活动为先，再以折后价参与。

满减条件分为多梯度满减和单层级满减，其中多梯度满减选项每次可以设置三个梯度，至少需要设置两个，并且优惠比例必须大于上一梯度，比如，梯度一满 100 美元减 10 美元，梯度二满 200 美元的话，必须减 20 美元以上。单层级满减选项只能设置一个梯度，优惠可累加。

如果一个买家购买多个商品刚好符合满减的条件，那么购买的所有商品必须是在同一个订单里，分开下单则不享受优惠。买家下单后，只要订单金额达到优惠条件，系统就会自动减价，若设置了多梯度满减，则默认为减最大梯度的优惠金额，比如店铺满 99 美元减 10 美元，199 美元减 20 美元，若一买家的订单总额为 233 美元，则系统默认减 20 美元。

使用店铺满立减工具的主要目的是促使买家多买，提高客单价。可以将商品的原价设置得高一些，或者将满减的额度设置高一些。可以通过关联产品营销带动店铺内其他的产品销售，并通过站内信留言、电子邮件等方式积极将该活动信息通知各新老客户。

4. 店铺优惠券

店铺优惠券是由卖家自主设置优惠金额和使用条件，买家领取后在有效期内使用的营销工具。其实质作用与店铺满立减类似，不过优惠券更大的作用是增加二次营销，刺激老顾客的回头购买，从而巩固老客户。店铺优惠券分为无门槛优惠券和一般的优惠券。无门槛优惠券是指只要不小于优惠券的优惠金额都可以使用，比如一张 10 美元的无门槛优惠券，只要订单达到 10.1 美元都可以使用。一般的优惠券是有使用条件的，比如订单金额满 99 美元减 10 美元，只有订单大于或等于 99 美元时才会优惠 10 美元。

可以将优惠券定向发放给已经购买过商品或者将自家商品加入购物车或收藏夹的买家。买家领取优惠券后可以通过买家后台的个人信息查看领取的优惠券以及优惠券的使用情况，并在优惠券的有效期内下单使用。如果买家在一个店铺内领取了多张不同金额的优惠券，那么下单时可以自主选择优惠金额最大的一张使用。

需要注意的是，店铺满立减和店铺优惠券两种促销工具可以同时使用，卖家在设置活动的时候一定要根据店铺不同商品的不同利润率错开订单金额和优惠力度。另外，店铺满立减和店铺优惠券两种促销工具的订单金额都是以打折活动（如平台活动、限时限量打折、全店铺打折）的折后价格计算的。此外，订单金额的设置必须大于客单价。

店铺满立减和店铺优惠券两种促销工具都是为了使客户多买，提高客单价。活动创建好后，要尽可能地通过各种渠道，如站内信留言、电子邮件、SNS 等将活动信息快速通知新老客户，并且还可以与其他的营销活动配合使用，最大限度地增加产品的曝光，以达到最佳营销效果。

三、其他营销方式

1. 联盟营销

速卖通中的联盟营销指的是通过各种渠道投放相关的推广广告，如通过搜索引擎、论坛、电子邮件等渠道，和其他平台联盟来引流。联盟营销中，只有成交时卖家才需要付费，联盟营销是一种按效果付费的推广方式。

2. 平台活动营销

平台活动是全球速卖通面向平台卖家推出的一种免费推广活动，每一期的平台活动都会显示在 My AliExpress 的营销中心选项中，卖家可选取自己店铺内符合要求的产品报名，一旦入选，该产品就会显示在活动推广页面，有利于大量引入客流量。平台活动包括常规性活动（如 Super Deals、团购活动等），行业、主题活动（如家具行业的行业活动，Transform your room，情人节大促活动等）和平台整体大促活动（如"双11"大促活动）。

拓展阅读 8.2
速卖通新联盟营销详细解析与操作指南

第二节　亚马逊的营销推广

一、黄金购物车

卖家在亚马逊平台中搜索到的第一个相关项目就是黄金购物车（Buy Box），卖家可以直接进行购买。亚马逊平台中有 90% 的交易都是使用黄金购物车实现的，拥有黄金购物车的卖家的成交量是其他卖家的四倍。在亚马逊中，买家如果想要购买非黄金购物车的产品，需要点击按钮"See All Buying Options"，如图 8-2 所示；而购买黄金购物车的产品则无须二次点击，直接点击按钮"Add to Cart"即可。

图 8-2　黄金购物车与非黄金购物车产品对比

1. 获得黄金购物车的条件

亚马逊的平台门槛高，对所入驻的企业要求也比较高。黄金购物车是亚马逊从这些优质卖家中选择分配出来的，获得黄金购物车的卖家在优秀卖家的基础上，还需具备以下条件。

（1）必须是专业卖家。

（2）必须在亚马逊上有 2～6 个月的销售记录，必须是一个拥有较高的卖家等级、送货评级，同时缺陷率低于 1% 的特色卖家。

（3）产品状态必须是新的。

（4）产品必须有库存。

在符合这些要求的优质卖家中，亚马逊会将 70% 的黄金购物车分配给高评分卖家，25% 的黄金购物车分配给中等评分卖家，剩余 5% 的黄金购物车分配给低评分卖家。

拓展阅读 8.3
亚马逊黄金购物车

2. 亚马逊分配黄金购物车时优先考虑的内容

（1）优先考虑使用 FBA 的卖家。亚马逊平台中，在同等情况下按以下顺序获得黄金购物车：自由卖家 > FBA > 本地发货 > 中国发货。

（2）优先考虑售价较低的卖家。

（3）优先考虑送货时间在 1～3 个工作日的卖家。

（4）优先考虑卖家指数高的卖家。卖家每完成一个订单，平台奖励 100 分，但配送超出预期时间时不得分；若卖家取消订单，则扣 500 分。卖家的总分是对这些分数进行加权计算，距离目前越近的订单所设置的权重就越大。

（5）优先考虑订单缺陷率低于1%的卖家，出货延迟率低于4%的卖家，出货前取消率低于2.5%的卖家。

（6）优先考虑用户满意度高的卖家。

二、广告活动

（一）付费商品广告

付费商品广告（Sponsored Product Ads）是常见的广告类型，广告会在移动端和PC端同步显示，只有拥有黄金购物车的卖家才可创建付费商品广告。付费商品广告包括自动广告和手动广告：自动广告是指亚马逊根据卖家的产品信息来投放卖家广告，这种广告曝光度高但不够精准；手动广告需要卖家自己设置关键词，只有当用户搜索对应的关键词时卖家的广告才会展示。

（二）标题搜索广告

1. 标题搜索广告简介

亚马逊搜索结果的页面顶部是每个卖家都想获得的"黄金展示位置"。针对这个区域，亚马逊推出了标题搜索广告（Headline Search Ads，HSA）。这是一种基于亚马逊搜索，优先于其他搜索结果显示的、图文并茂的高曝光展示方式。之前，该广告功能只向亚马逊代销（Vendor）账户开放，从2017年8月开始，该广告功能开始向第三方卖家（Seller）账户开放。通过该广告，卖家可以将自己的商品展示在亚马逊搜索结果页面的顶部位置，以提高销售额和品牌知名度。

2. 标题搜索广告的优化

（1）选择正确的关键词

卖家在设置关键词时，应选择正确的关键词。系统会推荐一些关键词，并会显示每个关键词的流量，卖家要对关键词的流量进行分析，并选择适合自己的关键词。

（2）根据预算选择关键词

标题搜索广告的关键词是通过拍卖来定价的。一般来说，流量低的关键词其竞标比较少，因此更容易赢得竞价。如果想要获得流量高的关键词，卖家就需要提供具有竞争力的出价。卖家应选择与自己的商品高度匹配的关键词。

（3）广告标题的书写要正确

广告标题的书写要正确，不要出现重音、大小写、缩写、同义词等常见的拼写错误，且标题要与商品关键词高度吻合。标题中可使用"Buy Now"或"Save Now"等号召性词语，但不能使用诸如"#1"或"Best Seller"等未经证实或基于某个时间的销量排行等不具代表性的词语。

（4）对广告进行测试

标题搜索广告的一大优势就是卖家可以自己设定广告创意，这就为卖家对不同的广告进行测试创造了条件。在对广告进行测试的时候，卖家可以建立多个广告系列并同时运行，根据广告效果对其中的变量进行调整，但每次只能更改其中一个变量，最短测试时间为两周，最后根据自己的业务目标和测试结果设定适合自己的广告创意。

（5）充分利用系统提供的报表工具

亚马逊系统提供的报表工具中，统计了广告点击次数、广告费用、广告产生的销售额等数据，实现了对卖家广告效果的跟踪。卖家需密切关注这些数据，以便及时调整营销推广策略。

（三）商品展示广告

与付费商品广告和标题搜索广告相比，商品展示广告（Product Display Ads）拥有更多的展示位置，它可以展示在商品详情页的侧面和底部，以及买家评论页、亚马逊以外的网站和优惠信息页面顶部，有时还可以展示在竞争对手的商品详情页上。

与其他两种广告不同，商品展示广告是基于商品和买家兴趣所投放的广告，而不是基于关键词。因此，卖家可以根据买家兴趣或其关注的特定商品来对广告的目标受众进行定位。对于这类广告，品牌卖家经常会采取两种策略：一是"征服"策略，二是"防御"策略。

1. "征服"策略

"征服"策略是指购买广告位并将广告展示在竞争对手的商品详情页上，将浏览该商品的买家吸引到自己的商品页面中。卖家应用这一策略时，除了要做好广告本身的设计与优化外，还需要对自己的商品页面的图片、评论和商品定价进行优化，以便更好地发挥广告作用，提高页面转化率。

2. "防御"策略

"防御"策略是指卖家可以通过购买该广告位，守住自己商品详情页的广告位，不让其被竞争对手占领。使用这一策略的诀窍在于卖家可以尝试为买家提供升级版的商品或其他能够升级商品效果的附加品、高端版本，卖家也可以创建捆绑销售的商品，鼓励买家组合消费。

三、促销活动

亚马逊平台的促销活动主要包括秒杀活动、满减活动和季节性促销。

1. 秒杀活动

秒杀活动是指将商品在一个较短的时间展示在促销页面上，亚马逊规定，参与秒杀活动的商品不是新商品,且是采取FBA配送或自有配送方式。秒杀活动受到众多卖家的青睐,它既可以增加商品的曝光率,又可以迅速建立品牌形象,大幅度带动销量提高,甚至会带动店铺内其他商品的销售。

2. 满减活动

在很多电商平台中都可以看到满减活动,即订单金额满足卖家设定的金额要求后,买家便会享受到给定的折扣比例。

3. 季节性促销

在国内,我们每年会有新春特惠、国庆大促等促销活动;境外也存在这样的促销活动,如感恩节、情人节的促销活动等。

第三节 eBay 的营销推广

一、促销管理

eBay 跨境电商平台中的优惠活动包括以下五种。

1. 订单折扣

当买家本次订单的总金额达到了卖家所设置的金额要求时,即可享受给定的折扣比例。订单折扣这种促销方式既可用于全店铺商品的促销,也可具体运用于一种商品或一组商品的促销。

2. 运费折扣

除了订单折扣,eBay 中的运费也会设置折扣,甚至可以免运费,许多店铺购买两件以上商品时可免运费。

3. 优惠券

向用户发送优惠券的方式主要包括三种:一是卖家将优惠券通过电子邮件链接发送给用户;二是发布在网店内,用户可进入店铺领取优惠券;三是发布在社交媒体网站平台上,刺激用户领取优惠券后进入店铺浏览并购买商品。

4. 降价活动

将目前参加降价活动的商品显示在打折页面,用户可点击降价商品对应链接访问商品详情页。同时,卖家也可以组合一些经常被一起购买的商品,进行分组促销。

5. 捆绑销售

捆绑销售的前提是先确定一件主商品,然后围绕主商品捆绑一些与其相关的商品。例如，买家在网上购买项链时，可能此时并没有想要购买耳环或手镯，而卖家通过捆绑项链、耳环和手镯，同时给予一定折扣，容易吸引买家购买。尤其是女性买家，一方面是对成套珠宝的喜爱；另一方面是因为成套有折扣，而单件没有折扣，从而大幅增加店铺销售量。

二、付费广告

付费广告是 eBay 的一种站内推广方式，支持站点包括美国站点、英国站点、德国站点和澳大利亚站点，可帮助平台卖家提高商品曝光度。eBay 根据买家的搜索，将相关商品呈现在搜索结果页面的醒目位置，进而提高商品的可见性。在商品成交后，平台会根据具体的商品价格的百分比进行收费，费率在 1%～20%。

拓展阅读 8.4
用好这个 eBay 站内引流利器

三、邮件营销

eBay 具有一套邮件营销功能，卖家可以借助电子邮件营销提高品牌知名度，与用户建立长期有效的联系。卖家通过向买家发送电子邮件，告知买家目前店铺正在进行哪些促销活动，并可以通过文字表述、图片、视频、链接方式等来展示广告或品牌故事。邮件标题决定了买家是否会查看邮件进一步了解内容，卖家在设计邮件营销内容时，必须站在买家角度提供有价值的邮件，而不是发送低质量邮件给买家带来困扰，造成负面营销效果。

第四节　Wish 的营销推广

一、Product Boost 概述

Product Boost 是 Wish 平台推出的结合了卖家端数据与 Wish 后台算法，为给定产品增加流量的工具。Product Boost 能够直接有效地为卖家打造爆款，使产品获得较好的展示排名，为店铺快速引流。Product Boost 不会对所有产品进行推广，只会推广那些系统检测到的有用户市场的产品。参加 Product Boost 活动所产生的费用，每 15 天结算一次，从卖家账户当期余额中进行扣除。Product Boost 推广周期最短为 1 天，最长为 4 周。使用 Product Boost 前需要了解以下内容。

（1）Product Boost 的关键词是搜索关键词。

(2) Product Boost 的推广规则只与设定的关键词有关。

(3) Product Boost 的关键词搜索是精准搜索。

(4) Product Boost 的关键词可以尝试使用小语种词,但是在推广前期建议减少使用。

(5) Product Boost 的付费方式与其他电商平台的按效果付费方式不同,它按照千次展现量进行付费。

二、Product Boost 推广产品的流程

Product Boost 可为店铺快速引流,卖家应好好利用 Product Boost 来提高产品转化率。日常使用 Product Boost 进行产品推广的过程中,主要遵循选品、关键词设置、产品竞价和推广活动优化 4 个流程。

拓展阅读 8.5
IntenseBoost-Wish
引流新方法

1. 选品

适合参加 Product Boost 活动的产品如下。

(1)已经在其他跨境电商平台获得成功的产品。

(2)具有流行趋势且需求量非常大的季节性产品。

(3)市场中还未出现或未大范围出现的产品,或对用户来说非常新奇的产品。

(4)质量和价格具备竞争优势的产品。

(5)流量大的产品。

2. 关键词设置

关键词需准确地描述产品,如"fashion""bag"这些词语,它们的热度和搜索量较高,但是这些关键词并不能让用户准确地搜索到你的产品,所以卖家在避免出现关键词输入拼写错误的基础上,应使关键词能尽可能准确地描述产品。

3. 产品竞价

要设置 Product Boost 产品竞价,卖家需进行多次重复测试,以获得最优竞价。

(1)第一周可进行低价测试,根据产品的竞争情况确定价格。

(2)第二周搜索分析产品关键词的排名情况及上一周的流量转换情况,适当提高竞价。

(3)第三周继续分析产品的流量增长情况及产品点击转化率,考虑是否提高或者降低竞价。

4. 推广活动优化

卖家应每周统计所获得的流量,观察店铺活动关键词排名情况,并及时调整关键词设置;时刻关注产品在行业内销量的排名情况,考虑是否加大对 Product Boost 的投入,以获得更多的自然流量。

　　本章对速卖通、亚马逊、eBay、Wish 四大主流跨境电商平台各自站内营销推广方式及店铺活动进行了详细的讲解,包括站内引流工具的使用规则、店铺活动的参与规则等。

　　通过本章的学习,希望大家对跨境电商站内引流方式和促销活动有一个基本的认识,并在实际操作中熟练运用各大平台站内引流工具,并能合理地参与店铺促销活动。

跨境电商营销　　　直通车　　　联盟营销　　　黄金购物车　　　Product Boost

1. 请简述速卖通直通车是如何进行营销推广的?
2. 亚马逊的黄金购物车有哪些获得条件?

　　自选一款产品,尝试利用"自上而下法"或"自下而上法"选取关键词。

[1] 赵慧娥，等．跨境电子商务 [M]．北京：中国人民大学出版社，2020．

[2] 伍蓓，等．跨境电商理论与实务 [M]．北京：人民邮电出版社，2020．

[3] 邓志新，等．跨境电商理论、操作与实务 [M]．北京：人民邮电出版社，2018．

[4] 马述忠，等．跨境电商理论与实务 [M]．杭州：浙江大学出版社，2018．

第九章
跨境电商支付与结算

学习目标

1. 了解跨境第三方支付的内涵。
2. 理解跨境第三方支付的优缺点。
3. 了解跨境第三方支付的运行模式。
4. 理解跨境第三方支付的结算方式。

第九章 跨境电商支付与结算

◎ 引导案例

新形势下跨境出口电商支付方式的理性选择

"一带一路"给跨境电商企业提供了新形势下发展的新机遇。鉴于"一带一路"国家和地区的法治环境、文化习俗等,可能与欧美国家差别很大,所以对于想走小众路线、针对独特市场的跨境出口电商的新卖家而言,支付方式的选择,要在做好风险控制的基础上,适应并处理好上述差异。本文通过浙江某公司的个案分析,说明跨境出口电商的新卖家不能一味固守所谓的出口商出于控制风险的考虑,不接收"后T/T"(T/T是电汇,英文全称为Telegraphic Transfer,业务上分为前T/T,即预付货款,和后T/T,即装船后或收货后付款)的支付条款的理论教条,而是需要学会在现实与安全之间,摸索出一个买卖双方都可以接受的、支付结算的理性平衡点,并逐步提升对于采用COD(Cash On Delivery,货到付款)快递代收方式进行回款的风险管控的意识和能力。

狭义的跨境电商就是指跨境零售,即买卖双方分属不同关境,磋商阶段是通过网络促成并完成交易,履约阶段要利用小包、快件等跨境物流的方式,将产品送达境外的消费者手中之后,再进行跨境支付结算的一种商业活动。而广义的跨境电商,其实就是外贸电商,即分属于不同关境的交易主体,利用互联网将传统外贸中的会展、谈判及成交等环节信息化、电子化,并借助跨境物流运送产品,从而完成整个交易的国际商业活动。

如下图所示,基于平台的跨境零售卖家的业务流程涉及——即资金流、信息流、物流。其中,资金流对跨境出口电商来说,主要是如何向海外客户收取外币以及结算。本文侧重探讨的关于跨境零售卖家,即狭义的跨境出口电商的支付方式的选择问题。

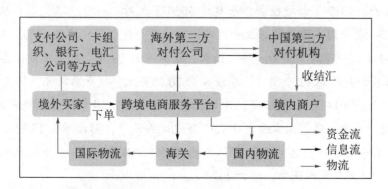

一、跨境电商支付方式的选择

出口卖家跨境支付方式的合理选择,是一个值得深入探讨的问题。而跨境电商的特性使得跨境支付与传统的国际结算有很大的区别，甚至有些在传统外贸要避免的支付结算方式，在跨境电商支付时，出于各种考虑，会被采用。例如，跨境卖家可以接收货到付款（后TT）的支付条款吗？答案未必一定是否定的。

首先，影响出口卖家支付的因素包含跨境电商平台供货方的账期时间长短、库存量等，都是潜在的资金流。因为仓库的存货限制了卖家的资金流，限制了卖家拓展业务的可能性。卖家可以通过制订管理计划，预测所需资金流，根据销售情况和产品利益情况，计算安全库存数量，做好补货预测，做好现金流管理。

其次，现在进入的跨境出口电商，一般有两种发展路径：一种是走主流的在大平台上卖货的路；另一种是另辟蹊径，专门针对一些独特的市场，走小众的路线，例如打开中东市场。本文将利用浙江一家外贸公司如何用COD快递代收，敲开中东市场大门的个案，分析跨境出口电商新卖家不能一味固守传统教科书上支付条款的理论教条，需要学会在现实与安全之间，找到一个买卖双方都可以接受、支付结算的理性平衡点。

二、关于"一带一路"的商机

鉴于国内互联网人口红利已接近瓶颈，中国跨境电商"走出去"正当其时，跨境出口卖家应将战略眼光投向海外市场。商务部数据显示，跨境电商保持每年30%的增速，我国将近20多万家中小企业，在各类跨境电商平台上做国际贸易。每年交易额超过2500亿美元。可见，在互联网重塑的国际贸易格局中，中国已抢占先机。本节所指"新形势"主要指的是"一带一路"国家和地区所带来的商机！

（一）"一带一路"新形势下的商机

在投资方面，2017年新增投资企业超过3000家，对"一带一路"国家投资累计超过550亿美元。与58个国家签署贸易投资协定，单一窗口综合简化率达59%。亚投行的成员数量增加到84个，一半为"一带一路"国家，已批准的20多个投资项目，总额超过了37亿美元；丝路基金签约的17个项目，承诺投资70亿美元，投资总额800亿美元。

在贸易方面，2014年至2017年，中国同"一带一路"国家贸易总额超过4.2万亿美元。2017年对"一带一路"国家进出口7.37万亿元人民币，同比增长17.8%，高于中国整体外贸增速3.6个百分点，占中国外贸总值的26.5%，其中出口4.3万亿元人民币，增长12.1%，进口3.07万亿元人民币，增长26.8%。

以中东市场为例，全球人均GDP最高的15个国家中，中东占1/3之多。在"一带一路"的65个国家，合计总人口约达44亿，占全球的63%；经济总量约21万亿美元，占全球的29%。但在中东地区，线下零售服务在人均拥有面积、品类丰富度、品牌多样性方面，远低于相近人均GDP的其他地区。

（二）影响中东电商发展的障碍

表 9-1　我国与沿线国家的经贸合作所取得的进展

一级指标	二级指标	三级指标	权重	最高得分	最低得分	平均分	得分率
贸易畅通度（20）	双边贸易（8）	双边贸易总额	4	4.00	0.80	2.43	60.75%
		双边贸易总额增速	4	4.00	0.00	1.00	25.00%
	投资合作（12）	我国对该国非金融类直接投资	3	3.00	0.60	1.82	60.63%
		该国对我国非金融类直接投资	3	3.00	0.60	1.79	59.67%
		海外工程项目合作	6	6.00	0.00	2.68	44.67%

注："双边贸易"指标平均得分 3.43 分（满分为 8 分），贸易增速有所放缓。
"投资合作"指标平均得分 6.2 分（满分为 12 分），反映我国与"一带一路"沿线国家投资合作进展顺利。

只有 35% 沙特阿拉伯互联网用户和 55% 的阿联酋互联网用户进行线上消费。因为中东消费者普遍有担心交易欺诈，并对数据安全有顾虑；另外中东地区的支付系统存在漏洞，所以信用卡渗透率较低；加之，物流基础设施不足。中东很多地区没有邮编，"最后一公里"投递系统因此大受影响。熟知路线的快递员数量有限，导致"最后一公里"投递成本提高；以及中东国家征收很高的贸易关税，产品清关很难。海外客户下的订单，可能需要几周才能投递。这些都在一定程度上影响了电商的发展。

关于支付结算方式的选择，中东地区的消费者线上消费喜欢用货到付款方式。在沙特和阿联酋使用"后 TT"的比例高达 60%～70%。但是，理论上出口商出于控制风险的考虑，不应该接收"后 TT"的支付条款。所以一般卖家对于客户要求用"后 TT"的支付条款，理性的选择应该是否定的答案。

（三）中外文化差异的瓶颈

这些所谓的独特的市场，之所以还是小众蓝海，可能还因其独特的地域文化，使得有些国家的出口商会望而却步。例如在中东的文化习俗是，如果男性不在家，女性不敢给陌生男子开门。所以，本来物流基础设施不足，可能花费数月才抵达的产品，最后也许会因为无人付款而无法投递。

三、中东市场的跨境支付案例

下面以案例分析选择第二条"小众路径"的跨境电商企业，在支付方式如何做理性选择。浙江某信息技术有限公司（以下简称"浙江公司"）成立于 2012 年，是中国（杭州）跨境电子商务综合试验区首批试点企业。产品包括服装、鞋包、配饰、家居、母婴童玩、美体护肤等，95%的销售额来自中东地区。浙江公司旗下 Jolly Chic，已成为中东地区排名第一的购物 App。用户数 2000 万；2017 年销售额突破 50 亿元。

（一）支付方式的选择

据预测，中东地区的 B2C 交易总量，至 2018 年将达到 580 亿美元。从单价看，中东的平均货品单价可以达到 100 美元，比起一般的 10～20 美元的单价，诱惑不可谓不大。从数量看，浙江公司 95% 的销售额来自中东地区，每天包机多达 3 架次。销售量较大的同时在支付方式上，中东地区的客户要求是 COD。

COD 快递业务是指消费者通过在网上下单，由跨境电商企业将货物先以快递方式运输至物流公司，再由物流公司将货物送达境外的消费者，并代跨境电商企业向消费者收取货款的一种业务。

传统电汇业务，是汇出行根据汇款人填写的境外汇款申请书上的要求，通过 SWIFT 给国外汇入行做出汇款指示，指示其解付一定金额给收款人的一种汇款结算方式。英语的关键词是 Telegraphic Transfer（T/T）。电汇在国际贸易中的应用，可以分为两种——预付货款、货到付款，俗称前 TT 和后 TT。

对比一下两个概念，发现这种 COD 业务，实际上类似于汇款的后 TT 业务——当货物送达境外，在配送员将产品交付给消费者的时候，通过消费者刷卡、转账或者向其收取现金的方式，物流公司就代跨境电子商务公司收回了相关的货款。

一般在国际结算课程中，关于电汇方式下的货到付款的使用原则是：作为卖家最多可以接受的汇款组合方式是 30% 预付和 70% 即期，也就是发货前客户预付部分货款，余款在卖家发货后付清。理论上出口商这样做，主要是基于：电汇属于商业信用，款项能否安全、按时收回，最终决定权在于客户手中。所以，一般在外贸业务中，只有在熟悉的客户之间，才可以采用 T/T 付款的方式。

正是因此，起初浙江公司也认为：对于卖家来说，COD 风险太大了。但是，从前面的背景分析，又觉得利润和发展空间巨大。所以，一时处于两难之间。但是，由于国内的市场已经很不好做了，于是抱着破釜沉舟的心态，浙江公司找到了当地一家物流公司代做 COD 快递代收。

COD 快递业务代收代付资金结算是 COD 快递公司与跨境电商之间的代收代付的资金结算。作为一种融合信息流、实物流、资金流三流一体的业务，做好 COD 快递代收代付资金管理，必须要把握好以下三个环节：第一个环节是归集，作为代收代付资金管理的第一步，这步也是关乎能否确保资金安全的一步；第二个环节是结算，在归集的基础上，通过第三方支付平台，依据 COD 快递公司结算指令，实现对跨境电子商务公司的直接资金划拨；第三个环节是撮合环节，只有通过撮合才能有效减少 COD 代收代付人工对账的环节，提高资金结算效率，并加强对在途资金的管理。

COD 快递业务，可分为接单结算和妥投结算。前者是先结算后归集，后者是先归集后结算。据说浙江公司所找当地这家物流公司代做 COD 代收，在初期所花费代收的成本要达到 5%，但经过多年运作，目前只要花费 2% 成本即可。

（二）支付风险的防范

传统的汇付、托收、信用证支付方式中，电汇是目前中小型外贸企业使用较多的一种结算方式。电汇 T/T 的业务流程相对简单。

买方作为汇款人，要填写境外汇款申请书同时交款付费给境内的汇出行；汇出行通过 SWIFT 系统发出汇款指示给境外的汇入行；汇入行据此向收款人发出电汇通知书，卖方作为收款人在接到通知后，即去银行兑付，银行向收款人解付；解付完毕之后，汇入行向汇出行发出借记通知书，同时汇出行给汇款人电汇回执。

电汇的特点是收汇迅速，费用适中。在汇付、托收、信用证传统的支付方式中，虽然收费比票汇高，但比信用证和托收都低。中国银行的收费是汇款金额的 1‰，另加收电信费（并设置上下限：每笔业务最低 50 元、最高 1000 元）。

卖家在支付方式上的理性选择，不但要考虑符合地域习惯，更要懂得控制风险。必须将两者兼顾，才算得上是一个理性的选择。由于电汇是一种基于商业信用的支付方式，所以从风险看，T/T 风险是较大的。那么，卖家如何进行 TT 风险控制？前面提到的，将汇款的两种方式进行组合，即前 TT 和后 TT 组合成 30% 预付和 70% 即期，就是一种选择，只有买卖双方完全互信时，才使用前 T/T。但是，如前所述，中东地区顾客就喜欢货到付款，在沙特和阿联酋"后 TT"的比例达 60%～70%。所以，浙江公司可能也是无奈之下的冒险一试。实际上，这在收汇的风控环节上，还是有所欠缺、需要完善的。

（三）中外文化的差异

由于中外的文化差异——当家里的男性不在家时，中东妇女白天她也不会出去取邮件，所以，就是因为文化习俗的原因，导致拒收的比例较大。起初该浙江公司的回款到账率只有 20%。浙江公司的解决之道是用类似国内的 e 栈的做法，在社区，找一家零售店，让物流公司把货送到零售店，方便家庭妇女就近去店里取货，逐步使得拒收问题也得到改善。

四、总结

现在刚刚进入行业的跨境出口电商企业，一般有两种可能的发展路径：主流的一般是在大的电商平台上卖货；另一种是小众的、专门针对某些独特市场的路径。相应地在支付方式的选择上，则既要够灵活，也要懂风控。所谓灵活机动，是要适应当地的风俗和要求；而所谓风险管控，则需提高卖家的资金流的回款率。

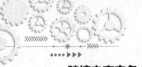

首先，对于跨境卖家来说，现在已经不能再固守传统的出口商不能接收"后TT"的支付条款这种理论教条了，而是要学会在现实与安全之间，找到一个买卖双方都可以接受、支付结算的理性平衡点。

其次，跨境卖家在做收汇结算的选择时，应该树立"风控第一、成本第二"的意识。例如，代收货款，从出现之日起，就具有第三方支付的属性。在跨境电商爆发式发展的今天，第三方支付平台，比如国外的PayPal，国内的支付宝、微信支付等，其安全性和便利性都得到验证，因此，跨境出口卖家应该逐步学会使用借助第三方支付这类更加安全的支付手段。

资料来源：https: //www.sohu.com/a/253303105_468675.

引导问题：

1. 案例中COD快递业务代收代付资金结算有什么特点？
2. 新形势下跨境出口电商支付方式的应该如何选择？

第一节　跨境第三方支付简述

一、跨境第三方支付的含义

跨境第三方支付是跨境电商、境外客户、银行之间的一座桥梁。跨境第三方支付就是客户在网上购买国外跨境电商产品时，由于币种不一样，就需要通过一定的结算工具和支付系统实现两个国家或地区之间的资金转换，最终完成交易。跨境电商第三方支付兴起的直接原因是跨境国电商和客户之间的信息不对称。跨境电商第三方支付平台通过为买卖双方提供一个安全可靠的中介机构或平台来降低诚信风险。

跨境电商第三方支付为多个国家和地区的交易者提供交易资金清算的平台服务。跨境支付是跨境电商交易活动中不可或缺的部分，按其经营方式特点可分为两类：一类主营线上，即第三方支付平台；另一类主营线下，包含一般海外业务，如信用卡线下消费、境外自动提款机取现等。

跨境电商第三方支付，一般有以下特点。

（一）优点

1. 支付结算效率高

在传统跨境交易中，都是先有货币兑换，再进行支付环节。申请换汇的传统流程十分烦琐，而第三方跨境支付平台简化了中间各个环节。卖家可方便、直接地收到对应币种货款；买家支付本国货币，并当即获取实时汇率，加快了交易进程，极大提高了支付结算效率。

2. 安全保障作用强

第三方跨境支付平台通过各种合法手段来降低交易双方由于信息不对称引发的安全风险，比如交易之前必须对交易双方进行实名验证，确认身份的真实性。作为中间平台，第三方跨境支付机构只有在确认买家收到货物真实无误后，才将货款支付给卖家，以确保交易的可靠性。第三方支付模式中，跨境电商无法看到客户的隐私信息，避免了客户信息的泄露与传播，改善了用户购物体验。

3. 促跨境电商发展

第三方跨境支付平台后台积累了海量、全面和多维度的交易数据，有利于技术人员对大数据进行深度学习、科学判别，发掘客户更深层次的需求，并派生出多种业务模式，以便电商为客户定制特殊化的专业服务，市场潜力极大。同时，该平台进一步简化了跨境电商交易的流程，降低运营成本，推动企业发展。

（二）缺点

1. 倾向保护资金流出方

由于第三方跨境支付平台以互联网为媒介，为跨国交易提供收付款业务，网上交易双方互不相识，彼此信用仍需进一步加强。损失如果发生，利益受损的一方较难跨境来寻求法律保护和赔偿。第三方平台更加倾向于保护资金流出方的利益而忽略资金流入方，这会加大卖家面临的风险。

2. 卖家承受汇损的风险

除跨境交易风险较大外，卖家也面临着汇率风险。汇率的意外波动会给卖家的经营利润带来冲击。由于国际物流派送时间较长，长时间的沉淀资金会因汇率波动导致卖家蒙受汇兑损失。例如，亚马逊平台跨境电商收款方式包括 Payoneer、Worldfirst、Currencie Direct 等，除了 Payoneer 几乎没有汇损，Worldfirst 和 Currencie Direct 均有不同程度的汇损。

二、跨境第三方支付的运行模式

（一）客户选购产品

客户选择跨境第三方支付平台作为交易中介。客户在电子商务网站选购产品，用借记卡或信用卡将货款划到第三方支付平台。

（二）网站通知发货

跨境第三方支付平台收到客户的货款后，由电子商务网站通知跨境电商在规定时间内发货。

（三）根据订单发货

跨境电商收到客户已付款的通知后按订单发货，并在网站上做相应记录，客户可在网站上查看自己所购买产品的状态；如果跨境电商没有发货，则该平台会通知顾客交易失败，并询问是否将货款划回其账户还是暂存在支付平台。

（四）交易完成确认

客户在确认收到货物后，将货款划入跨境电商账户，交易完成。客户对货物不满，协商解决未果后退货，第三方支付平台在确认跨境电商收到退货后，将该产品货款划回客户账户或暂存在第三方账户中，等待客户下一次交易的支付。

（五）贸易增值服务

跨境电商需要对资金流和物流进行统一管理。跨境支付与交易流程结合紧密，可基于支付提供综合性服务，包括货物通关、物流仓储等，确保交易的安全性，如图 9-1 所示。

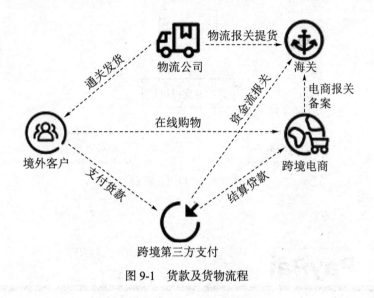

图 9-1　货款及货物流程

三、跨境第三方支付的结算方式

具体见表 9-2。

表 9-2　购付汇和收结汇

	资金流动方向	商品流动方向	业务形式
购付汇	流出境外	进口	换汇 + 付汇
收结汇	流入境内	出口	收汇 + 结汇

出口业务是资金入境，跨境第三方支付平台与境外的第三方支付公司合作建立分发渠道，帮助境外客户和支付机构完成资金入境及境内分发，如图 9-2 所示。

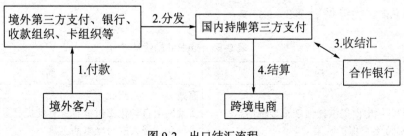

图 9-2　出口结汇流程

进口业务是资金出境,跨境第三方支付平台通过与境外的银行、第三方支付公司建立合作,利用国际卡组织建立的清算网络,帮助跨境电商实现境外资金分发,在境内扮演收单服务商的角色,如图9-3所示。

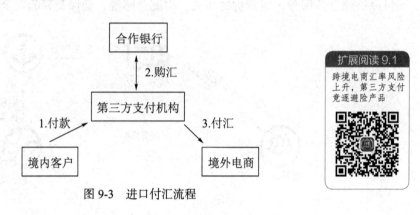

图9-3 进口付汇流程

第二节 PayPal

一、PayPal简介

PayPal成立于1998年12月,总部在美国加利福尼亚州圣何塞市。PayPal是全球使用最为广泛的第三方支付工具之一,是国际上小额支付的首选。PayPal是名副其实的全球化支付平台,服务范围超过200个市场,支持的币种超过100个。在跨国交易中,将近70%的在线跨境客户更喜欢用PayPal支付海外购物款项。PayPal中国网站采用全中文操作界面,能通过中国的关联银行轻松提现。

PayPal独有的即时支付、即时到账的特点,能够实时收到境外客户发送的款项。同时最短仅需三天,即可将账户内款项转账至国内的银行账户。同时,也允许在使用电子邮件来标识身份的用户之间转移资金。无注册费用、无年费,手续费仅为传统收款方式的1/2。PayPal的优势见表9-3。

表9-3 PayPal的优势

客 户	电 商
安全 付款时无须向跨境电商提供任何敏感金融信息; 购物享有PayPal客户保护政策	高效 实现网上自动化支付清算,有效提高运营率; 多种功能强大的跨境电商工具

续表

客　户	电　商
简单 集多种支付途径为一体； 无须任何服务费； 需要一个邮箱，两分钟完成就账户注册； 具备友好简洁的多国语言操作界面	**保障** PayPal 成熟的风险控制体系及全球 2000 多位网络安全专家 24 小时在线监控； 跨境电商因欺诈所遭受的平均损失不到其收入的 0.27%，仅为其他信用卡支付方式的 1/6； 内置的防欺诈模式，个人财务资料不会被披露
快捷 在线付款，简单方便，支持包括国际信用卡在内的多种付款方式； 绝大多数网站支持 PayPal，一个账户买遍全球； 如交易出现问题，会及时解答客户的投诉	**节省** 只有产生交易才需付费，没有任何开户费及年费； 轻松实现交易管理，节省时间，提高交易效率； 集成支持主要的国际支付网关

二、PayPal 账户注册

作为在线付款服务商，PayPal 注册完全免费，PayPal 账户通常分为以下几个步骤。

（一）打开 PayPal 页面

打开 http：//www.paypal.com/c2/home，单击"注册"按钮，如图 9-4 所示。

图 9-4　PayPal 中文页面

（二）选择用户类型

PayPal 的用户类型分为个人账户和商家账户两类，如图 9-5 所示。

图 9-5　选择用户类型页面

（三）创建账户

以创建个人账号为例，用手机号码注册时，PayPal 会将 6 位数的验证码发到你的手机。验证码十分内有效。创建时要填写所在国、本人姓名、邮箱地址、创建密码。常用的邮箱有 Hotmail、Gmail、126 等邮箱，如图 9-6 所示。

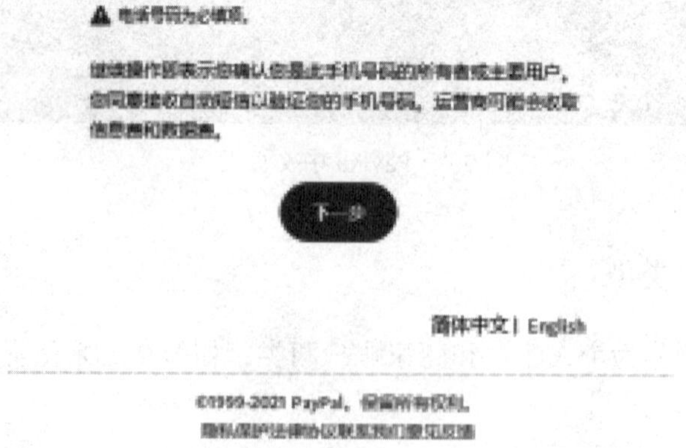

图 9-6　创建账户页面

（四）账户注册成功

输入银行卡号、使用期限、CVA（Credit Valuation Adjustment）码。中国工商银行、招商银行、中国建设银行等国内银行，或者是带有 VISA/MASTERCARD/AMERICA EXPRESS 标志的卡片，只需一张卡片用来认证账户。如果绑定的是银联卡认证，不需要开通网银也可以认证成功。输入手机号获取验证码。这样，就可以绑定银行卡，再通过邮箱激活账号，PayPal 个人账户就注册成功了。

三、PayPal 支付流程

（一）客户开设账户

客户要登录开设 PayPal 账户，PayPal 会将电子邮件发到客户提供的邮箱中，通过验证后成为其用户。客户要提供信用卡或者相关银行资料，账户相关款项要从其开户时登记的银行账户转移至 PayPal 账户下。

（二）客户准备付款

当客户准备向跨境电商付款时，要先进入 PayPal 账户，确定汇款金额，并将跨境电商的电子邮件账号提供给 PayPal。

（三）通知商家收款

PayPal 向跨境电商发出电子邮件，通知其有等待领取或转账的款项。

（四）电商接受货款

如跨境电商也是 PayPal 用户，其决定接受后，客户所指定之款项即移转予收款人。若跨境电商或者收款人没有 PayPal 账户，收款人得依 PayPal 电子邮件内容指示连线站进入网页注册取得一个 PayPal 账户，收款人可以选择将取得的款项转换成支票寄到指定的处所、转入其个人的信用卡账户或者转入另一个银行账户。

四、PayPal 提现方式

一般在有较多余额时，一次性大额提取，可降低提现成本。可以提取的最低金额为 150 美元，每笔提现收取 35 美元的手续费，3～7 个工作日到账。资金通过电汇发送到中国跨境电商在银行开设的账户。支持电汇的银行有中国工商银行、招商银行、中国建设银行、中国银行、中国农业银行等。

出现以下几种情况，账号可能会被冻结：如账户收了 1300 美元，收款后马上提现 1200 美元，货还没发就提现，难免引起怀疑导致被冻结。再者，如收款 1500 美元，发货后全部提现。一般在 PayPal 账户要保留 20% 的货款，主要是为了应付客户退单。因此，一般提现金额在 80% 是比较安全的。卖家要防止被买家投诉过多或退单过多。一般投诉率超过 3%，退单率超过 1% 的话，PayPal 公司就会终止与卖家的合作。另外，所售产品有知识产权问题，如仿牌或者假货，PayPal 是禁止交易的。目前，国内外对知识产权的保护都非常重视。一旦卖家遭到品牌商投诉，并经 PayPal 调查属实后，其后果是非常严重的。

五、PayPal 与 PayPal 贝宝的区别

（一）两个独立运作的网站

PayPal 国际网站（www.paypal.com）和 PayPal 贝宝（www.paypal.com.cn）是两个独立运作的网站。

（二）PayPal 支持全球主要货币

PayPal 支持全球主要货币，其账户被允许在 190 多个国家和地区的用户间进行交易。跨境电商可以用该账户接收包括美元、加元、欧元、英镑、澳元和日元等 24 种货币的付款。在使用中，付款方无须承担手续费，收款方需要支付一定数额的手续费。跨境电商可向跨境电商的账户添加信用卡并用信用卡为付款提供资金。同时通过简单的添加国际信用卡，跨境电商也可以使用该账户在支持 PayPal 的网站上消费。

（三）PayPal 贝宝仅受理人民币业务

PayPal 贝宝只能向中国用户发送和接收付款，PayPal 贝宝仅在中国境内受理人民币业务。客户或卖家目前可以免费使用贝宝账户。可添加中国的银行账户到 PayPal 贝宝账户，实现在银行账户之间进行资金转账。

扩展阅读 9.2
PayPal 谷类账户简介

第三节　WorldFirst

一、WorldFirst 简介

WorldFirst（万里汇）成立于 2004 年，总部位于英国伦敦，主营业务分三块：国际汇、

外汇期权交易、国际电商平台收款及结汇。2010年WorldFirst进入中国,提供国际电商平台收款及结汇服务,为电商卖家提供美元、欧元、英镑、日元、加元和澳元等收款服务。

WorldFirst,不但助力电商卖家从销售平台收取销售款项,更推出了全新离岸收付款账户World Account,以帮助制造商、外贸商、出口商、初创企业等不同类型的企业,以省时省钱的方法处理离岸收付款业务。外贸商或出口商可在国内开设当地离岸账户World Account,便于付货款给供应商。WorldFirst与中国境内持牌机构合作,使企业可以以更快速、更经济的方式从亚马逊等电商平台收取海外销售款项,并快捷地将资金汇回国内。

二、WorldFirst账户申请

(一)选择账号类型

访问官方注册链接https://registration.worldfirst.com.cn,如图9-7所示。

图9-7 选择账号类型页面

(二)填报个人信息

填报个人的信息,如图9-8所示。

图 9-8　填报个人信息页面

(三)填报居住地

填报居住地,如图 9-9 所示。

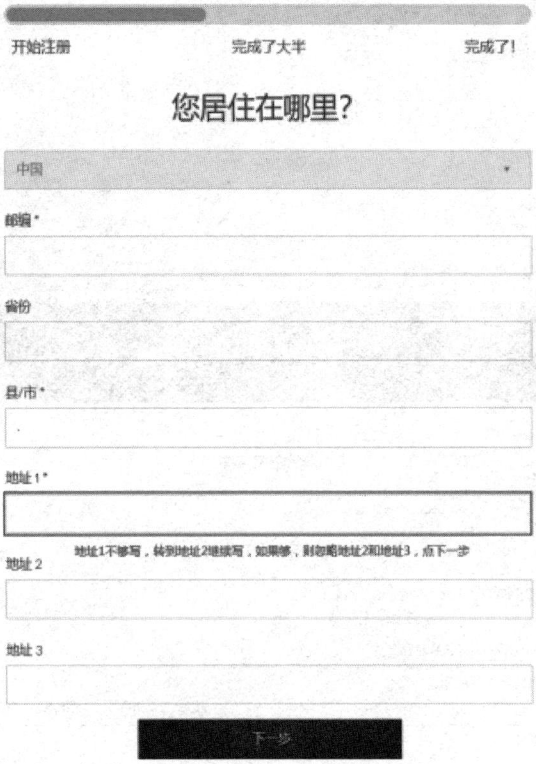

图 9-9　跨境电商居住信息页面

(四)选择账户类型

账户类型页面,如图 9-10 所示。

图 9-10　账户类型页面

(五)身份和地址证明

身份与地址证明页面,如图 9-11 所示。

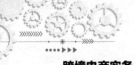

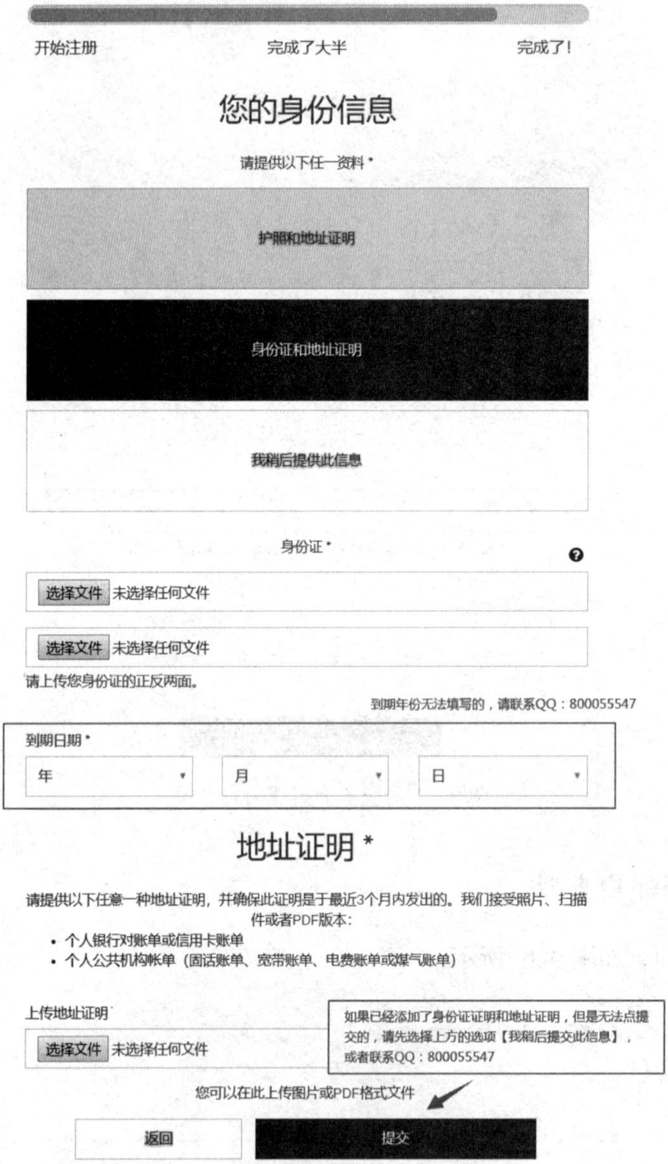

图 9-11 身份证明页面

(六)注册完成

开户经理会在 1 个工作日内,电话联系开户人。电话是从中国香港打来的,要保持电话畅通,如图 9-12 所示。

第九章 跨境电商支付与结算

图9-12 注册完成页面

二、WorldFirst 收款流程

以亚马逊为例，WorldFirst 收款流程如下。

（一）登录 WorldFirst 页面

登录 WorldFirst 页面：https：//www.worldfirst.com.cn/cn/，如图 9-13 所示。

图9-13 万里汇中文页面

（二）注册收款账户

先到 WorldFirst 官网注册一个收款账户，然后进入你的万里汇账户获取你的货币账户信息，如图 9-14 所示。

图 9-14 万里汇收款账户注册页面

（三）登录亚马逊后台

登录亚马逊卖家后台，点击设置 Settings，找到账户信息 Account Info，如图 9-15 所示。

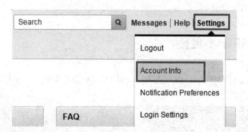

图 9-15 登录亚马逊后台

（四）选择收款方法

点击"支付信息"（Payment Information），找到"收款方法"（Deposit Methods），如图 9-16 所示。

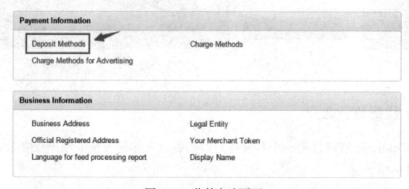

图 9-16 收款方法页面

（五）绑定亚马逊站点

选择你要绑定的亚马逊站点，然后点击"Add"添加收款方式，如图 9-17 所示。

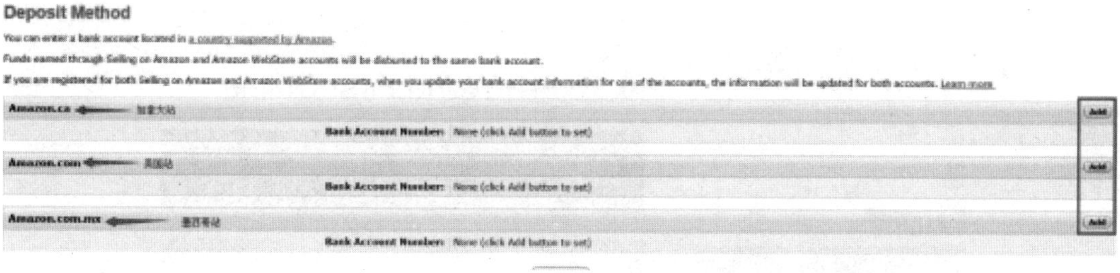

图 9-17　绑定亚马逊站点页面

（六）填写银行资料

将自己的 WorldFirst 账户的路由编码、银行账户等资料填入表单中，如图 9-18 所示。

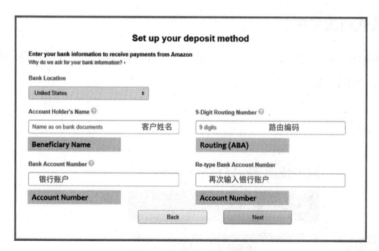

图 9-18　银行账户页面

（七）填写完之后点击"Next"提交，你的亚马逊账户即绑定 WorldFirst 账户完成。

三、WorldFirst 提现流程

（一）WorldFirst 收款页面

WorldFirst 可以绑定国内银行卡账户提现。如果还没绑定国内银行卡账户的话，需要

到 WorldFirst 后台，点击"收款人"下拉菜单后，"创建新收款人"进行绑定，平台会在 1～2 个工作日进行审核，如图 9-19 所示。

图 9-19　万里汇收款页面

（二）转账所选余额

进入 WorldFirst 账户后台，在"目前余额"版块选择要提现的货币币种，然后点击"转账所选余额"，如图 9-20 所示。

图 9-20　账户页面

（三）填写收款信息

根据页面提示填写收款人信息及提现金额，如图 9-21 所示。

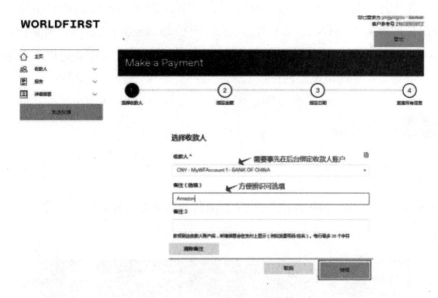

图 9-21　填写收款人信息页面

（四）指定日期预约转账，确认所有信息无误后，即可进行提现

亚马逊账户成功绑定 WorldFirst 之后，平台是每 14 天进行一次结算，将货款打款至卖家的银行账户。若是在工作日的中午 12 点钱提现到国内银行卡账户，基本当天就能收到货款，其他到账时间需要 3～5 个工作日，到账后在 WorldFirst 后台会有显示。WorldFirst 的提现手续费是 1%，但如果是将美元等外币提现到国内的银行账户的话，是需要先找 WorldFirst 的客户经理开通币种转换功能。如果是进行 WorldFirst 的同种货币转换，费率需要 1%～2.5%，如果是美元转人民币的话，只会产生 1% 的汇损。

扩展阅读 9.3
PayPal 怎样提现到 WorldFirst？

第四节　P 卡 Payoneer

一、P 卡 Payoneer 简介

Payoneer，简称 P 卡，是一家成立 2005 年，总部位于纽约的在线支付公司。Payoneer 主要业务是帮助其合作伙伴将资金下发到全球，其同时也为全球客户提供美国银行、欧洲银行收款账户并用于接收欧美电商平台和企业的贸易款项。

P卡收费便宜，电汇设置单笔封顶价，人民币结汇最多不超过2%。P卡注册便捷，使用中国身份证即可完成Payoneer账户在线注册，并自动绑定美国银行账户和欧洲银行账户，并通过Payoneer和中国支付公司的合作完成线上的外汇申报和结汇。适用于单笔资金额度小但是客户群分布广的跨境电商网站或卖家。

二、P卡账户申请

（一）登录P卡网站

复制http：//www.payoneer.com.cn粘贴到浏览器地址栏打开官网，然后点击注册按钮，如图9-22所示。

图9-22　P网中文页面

（二）填报个人信息

点击"注册"按钮后，进入申请页面，如图9-23所示，根据提示填写各项信息，只能用拼音或者英文填写。姓名、邮箱及生日填写完毕后，再次检查一下，这几项都是关键信息，不能有误；确认正确无误后，点击"NEXT"进入下一步。

图9-23　填报个人信息页面

（三）填写所在国家

在这一步里选择国家，然后填写街道地址，选择城市，填写邮编及手机号码，这是默认的收卡地址，最后一步可以更改，确保信息无误后，点击"NEXT"进入下一步，如图 9-24 所示。

图 9-24　填写所在国家页面

（四）设置账号密码

在这一步中，需要填写账号密码，选择相应的安全问题，并填写答案，确认各项信息无误后点击"NEXT"进入最后一步，如图 9-25 所示。

图 9-25　设置账号密码页面

（五）注册完成页面

在这一步中，首先选择证件即身份证，颁发国家，然后用中文填写名字信息及地址，然后最下面的三项使用条款全部同意，确认无误后，点击"完成"即可，如图 9-26 所示。

图 9-26　注册完成页面

（六）申请提交成功

点击"完成"后，这时会看到一个祝贺申请成功提交的页面，同时你的电子邮箱会收到一封提示邮件，现在处于审核阶段，审核成功后 10 天左右即可收到 Payoneer 公司寄来的卡片，如图 9-27 所示。

图 9-27　申请提交成功页面

（七）注重审核进度

等待期间注意查收电子邮箱的审核进度提醒。Payoneer 公司一般会通过邮政 EMS 寄出实体 P 卡，也请注意电话保持畅通，以免错过邮件。

三、P 卡收款设置

如果卖家在注册亚马逊店铺，注册过程中需要跨境电商添加美元收款账号用于收款。如使用 Payoneer 收款设置，红色部分标出的是需要填写的。只有开启 Payoneer 收款设置的亚马逊卖家才可以使用 Payoneer 收款。

下面以亚马逊美国站设置 Payoneer 美元账户收款为例。如果跨境电商已经是亚马逊的卖家，那么只需几个简单步骤就可以将跨境电商的店铺与 Payoneer 绑定，以接收亚马逊的打款。具体操作流程如下。

（一）登录卖家平台

用跨境电商的电子邮件地址和密码登录亚马逊卖家平台。

（二）进入设置页面

进入"设置（Settings）"—"账户信息"（Account Info）—"存款方法"（Deposit Method）。

（三）存款方式设置

在"存款方式"（Deposit Method）页面上，选择"添加新的存款方式"（Use a new bank account），并点击提交（Submit）。

（四）填写账户信息

如果跨境电商已经拥有 Payoneer 账户，就可填写跨境电商的收款账号信息。登录 Payoneer 账户，填写跨境电商全球收款服务（Global Payment Service）的收款账号信息，在"银行所在国家/地区（Bank Location）"下拉菜单中，请选择"美国"（United States），然后点击"提交（Submit）"。至此，现有 Payoneer 用户设置完毕，接下来，便可接收亚马逊打款了。

扩展阅读 9.4
Payoneer 注册相关问题

第五节　PingPong

一、PingPong 简介

PingPong 成立于 2014 年 8 月，隶属于杭州呯嘭智能技术有限公司，是一家专门为中国跨境电商卖家提供全球收款的中国本土品牌，是中国（杭州）跨境电商综试区管委会官方合作伙伴以及上海自贸区跨境电子商务服务平台的战略合作伙伴。PingPong 与国内跨境出口企业建立了紧密合作关系，帮助中国企业获得公平的海外贸易保护，是全球首家专门为中国跨境电商卖家提供全球收款的企业。致力于为中国跨境电商卖家提供低成本的海外收款服务。

二、PingPong 账户注册

（一）注册链接 https：//pingpongx.com，如图 9-28 所示。

图 9-28　PingPong 页面

（二）选择账号类型

创建账户页面，如图 9-29 所示。

图 9-29　创建账号页面

（三）完善账号

设置邮箱与安全问题，属于必填项目，如图 9-30 所示。

图 9-30　完善账号页面

（四）激活账号

激活账号的电子邮箱页面，如图 9-31 所示。

图 9-31　激活账号的邮箱页面

（五）实名认证审核

通过实名认证审核后，可以正常使用 PingPong 账号。

（六）登录 PingPong

注册手机号或邮箱都可以登录，如图 9-32 所示。

图 9-32　登录 PingPong 页面

三、PingPong 费用与时效

PingPong 的最高费率仅为 1%，无任何附加费用。PingPong 为跨境卖家量身定制的新产品"光年"，具有极速支付方式的功能。光年推出的出账提现，确保平台一旦出账即可提现，大大提高了跨境电商的资金周转率。

出账提现是 PingPong 独有的核心产品，也是收款行业中的革命性创新。如中国跨境电商通过亚马逊将产品卖给境外客户，客户付款给亚马逊，但亚马逊是不能直接把钱打给中国公司账户的，而是 14 天为一个周期打一次款。而出账后也不能即时提现，会间隔 3～5 天。而 PingPong 的"光年"保证了平台一出账即可提现，卖家无须等待 3～7 天。

除出账提现外，光年还具备即时收款功能，订单无须确认就可收款，跨境卖家将实现全天候收款。"光年"的出账提现解决了成功订单的提前收款，那么"光年"的即时收款则加速了未确认订单的提前收款。

第六节 国际支付宝（Escrow）

一、国际支付宝（Escrow）账号申请

对于中国卖家，为了方便交易，首先都会注册国内支付宝账号。如果已成功注册国内支付宝账号，就无须再另外申请国际支付宝（Escrow）账号，通过绑定国内的支付宝账户管理跨境电商的国际支付宝收款账户。如果还没有国内支付宝账号，可以先登录支付宝网站申请国内的支付宝账号，再绑定即可。

个人支付宝账户可以用手机或邮箱注册支付宝账户，企业支付宝账户只能用邮箱注册。由于个人支付宝账户注册和企业支付宝账户注册除上传的资料有所不同外，整个注册流程是相似的。个人手机注册和电子邮箱注册主要是验证码的接收对象分别为手机和电子邮箱，其他流程是一致的，故下面仅介绍用手机注册个人支付宝账的户流程。

手机注册

1. 登录支付宝官网

登录入支付宝官网 https：//www.alipay.com，点击免费注册，如图 9-33 所示。

图 9-33　支付宝官网页面

2. 选择账户类型

账户注册类型有个人和企业两类，以下以个人注册为例。点击"个人账户"，默认选择中国大陆，输入手机号码和验证码，点击下一步，如图 9-34 所示。

图 9-34　账户类型页面

3. 填入手机上收到的校验码

填入手机上收到的校验码，点击"下一步"。填入的手机号如已注册过会提示"此手机号码已经被注册，请更换号码注册或登录"，如图 9-35 所示。

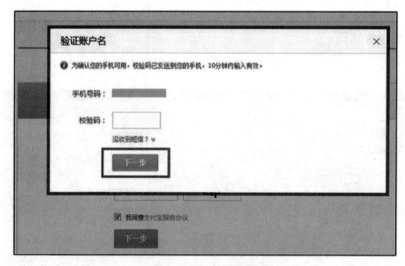

图 9-35　填定校验码页面

4. 填写账户基本信息

账户注册成功则默认支付宝账户绑定手机，真实姓名必填，注册完成后不可修改，如图 9-36 所示。

图 9-36　填写账户基本信息

5. 点击确认成功。

注册账户成功页面，如图 9-37 所示。

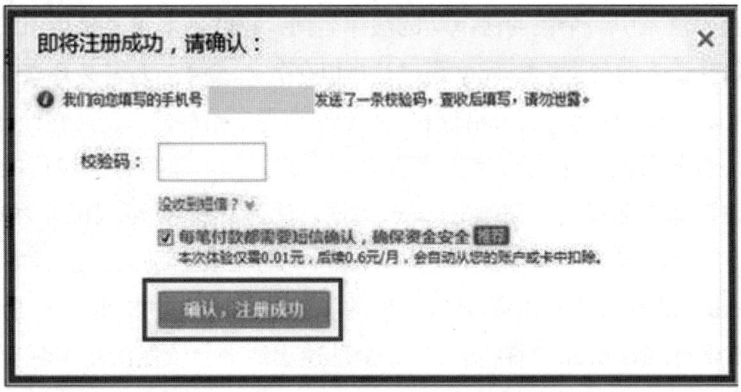

图 9-37　注册成功确认页面

6. 完善账户信息

开通支付宝服务成功，点击"完善账户信息"，补全用户职业及身份证有效期信息，如图 9-38、图 9-39 所示。

图 9-38　完善账户信息页面

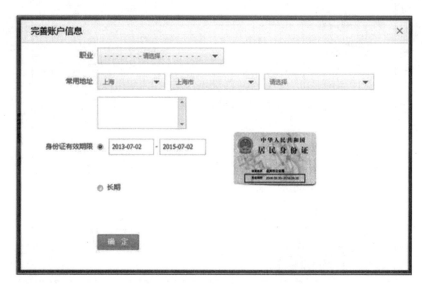

图 9-39　居民身份证上传页面

二、国际支付宝（Escrow）与国内支付宝（Alipay）的区别

　　Escrow 是英美法系中一个民商法范畴的法律名词，它的基本含义是指由第三人保存、条件成就后交付受让人的契据。Escrow 账户是指以存款人或第三人名义开立的银行账户，该账户中的存款可以在条件成熟时交付给权利人，也可以返还给存款人，是在经济活动中最为常见的应用方式。在经贸活动中具有增进当事人之间的信任、保障合同履行的功能，因而被广泛采用。客户群体更加喜欢和信赖 Escrow 一词，认为 Escrow 可以保证客户的交易安全。

　　国内支付宝（Alipay）和国际支付宝（Escrow）的主要区别是，前者面向国内，后者面向国外。Escrow 是专门针对国际贸易推出的一种第三方支付担保交易服务，英文全称 Alibaba.com's Escrow Service。而在卖家端，全球速卖通平台依然沿用国际支付宝一词，只是国际支付宝相应的英文变成了国外客户喜欢的 Escrow。国际支付宝（Escrow）的第三方担保服务是由国内支付宝（Alipay）提供的。国际支付宝（Escrow）的服务模式与国内支付宝类似：交易过程中先由客户将货款打到第三方担保平台的国际支付宝（Escrow）账户中，然后第三方担保平台通知卖家发货，客户收到产品后确认，货款放于卖家，至此完成一笔网络交易。

三、支付宝国际账户使用

目前，全球速卖通的会员可以使用支付宝国际账户。中国供应商登录"My Alibaba"、普通会员登录"我的速卖通"后台，不用再另外开设Escrow账户，只需绑定国内的支付宝账户。具体设置为找到"交易"模块下的"Escrow服务"，点击"服务设置"进入服务设置页面，点击"激活"开通"Escrow服务"即可。绑定国内的支付宝账后，卖家可以通过支付宝账户收取人民币。如需将货款打到国内银行卡则要绑定国内银行卡，并输入当地开卡银行识别码（swift code）。国际支付宝也会按照客户设置的类型，按支付当天的汇率将美元转换成人民币支付到卖家的国内支付宝或银行账户中，卖家也可以通过设置美元收款账户的方式来直接收取美元。

本章首先对跨境第三方支付兴起的原因进行了分析，认为跨境第三方支付是跨境电商、境外客户、银行之间的一座桥梁。跨境有第三方支付具有结算效率高、安全保障作用强、促进跨境电商发展的优点，但也有倾向保护资金流出方，卖家承受汇损的风险的问题。

通过本章的学习，希望大家能够对跨境第三方支付运行模式和结算方式有一定的了解，对国际主流的跨境第三方支付公司，如PayPal、国际支付宝Escrow、World First、P卡、PingPong的特点有一个基本的认识，从而使今后能更好地从事相关的工作。

跨境第三方支付　　结算方式　　运行模式　　Escrow　　账号申请　　收款及提现

1. Escrow 的内涵是什么？
2. AliExpress 跨境电商如何防范收货款的风险？

1. PayPal 成为全球广泛使用第三方支付平台的主要原因是什么？
2. PingPong 的"光年"支付产品对中国跨境电商有什么作用？

[1] 跨境支付.https：//www.maigoo.com/news/524103.html.

[2] 江瑞莹.出口型跨境电商支付模式创新研究——以 SF 公司为例 [D].杭州：浙江大学，2019.

[3] 陈岩，李飞.跨境电子商务 [M].北京：清华大学出版社，2020.

[4] 王淑翠.跨境电商出口零售实务 [M].北京：人民邮电出版社，2018.

[5] 叶晗堃.跨境电子商务运营与管理 [M].南京：南京大学出版社，2016.

10 第十章
客户服务技巧与纠纷处理

1. 了解客服的重要性和必要性。
2. 理解客服的主要职能和技巧。
3. 了解跨境电商的询盘类型。
4. 理解跨境电商的纠纷处理方法。

引导案例

"商标权利用尽原则"得到法院判例支持，海外采买模式有了法律基础

跨境电商的海外采买模式就是"平行进口"，即未经境内知识产权权利人许可而进口合法取得的"含有知识产权"货品的行为。因全球定价的差异，有的品类必然会和传统的境内商标权利人（被许可人）或总代理商发生利益冲突。境内权利人会利用商标权等知识产权权利来阻止未经商标授权的进口。

案例：上诉人大王制纸株式会社、上诉人大王（南通）生活用品有限公司因与被上诉人天津淼淼进出口股份有限公司侵害商标权纠纷一案，不服天津市滨海新区人民法院（2015）滨民初字第1154号民事判决，向天津市中级人民法院提起上诉案。

大王会社、大王南通公司在本案中主张，淼淼公司未经授权进口带有"GOO.N"商标的纸尿裤侵害了其依法享有的注册商标专用权。在本案中大王会社、大王南通公司确认淼淼公司进口销售的纸尿裤是大王会社在日本生产的，即其进口销售的是"真品"。背景：2015年1月6日，大王会社与大王南通公司签订《商标使用许可合同》，大王会社许可大王南通公司排他性在中国内地使用第9855005号"GOO.N"商标授权大王南通公司中国大陆地区的唯一进口商、唯一总代理商。

大王会社、大王南通公司认为：中国法律虽无直接认可商标权可保留的规定，但也并未禁止商标权的保留，也未规定域外商标权人在域外商标权保留行为在中国禁止或无效。本案涉及商标权在日本国内用尽，"限定日本国内销售"的产品标注使得在日本域外商标权没有用尽，这是上诉人大王会社合理的商标权保留，应得到应有的尊重。

淼淼公司利用"商标权利用尽"进行抗辩。商标权利用尽又称商标权利穷竭，通常认为其含义指商标权产品如经包括商标权所有人和被许可人在内的商标权主体以合法的方式销售或转让，主体对该特定产品上的商标权即告穷竭，无权禁止他人在市场上再行销售该产品或直接使用。

天津中院明确指出：本案中大王会社在日本投入市场的产品的商标权在其产品第一次投入市场后即权利用尽，大王会社自己在其产品外包装印刷标识"日本国内限定贩卖品"不能代替一国法律及司法对商标权权利用尽的态度。即使大王会社与其国内经销商具有有关产品限定销售区域的约定，但这种约定仅能约束合同双方的行为，如果合同相对方违约，大王会社可以追究其违约责任，但不妨碍平行进口商合法进口该产品的行为，更不能产生保留商标权权利用尽的法律效果。

资料来源：http://www.fl160.com/news_browse.php?id=1630。

引导问题：

1. 案例中海外采买模式有的法律基础是什么？
2. 平行进口（Parallel Imports）的定义是什么？

第一节 跨境电商客服的职能及所需技能

一、客户服务的职能

（一）客户需求的层级

顾名思义，电子商务客户服务（简称电商客服）就是网店卖家为买家提供服务，这是买卖双方沟通的一个窗口。跨境电商客服指在广泛和深入地了解境外客户对产品实际需求的基础上，帮助客户做出正确的购买决策。不管是国际总体经济低迷还是高涨，跨境电商的生存和发展一定是以客户需求为导向。因此，跨境电商必须了解客户需求的层级，才能更有效地做好客服工作，从而赢取更多客户的青睐，提高客户满意度。

1984年，东京理工大学教授狩野纪昭（Noriaki Kano）根据美国心理学家赫兹伯格的双因素理论提出了KANO模型。狩野纪昭以分析用户需求对用户满意的影响为基础，建立了产品性能和用户满意之间的非线性关系的KANO模型。该模型主要内容是要通过客户主观感知与产品客观表现两个方面进行服务质量评价。

在图10-1中，横坐标表示产品质量要素的充足程度，越往右表示要素充足程度越高；纵坐标表示客户满意度；上半轴表示客户满意；下半轴表示客户不满意。

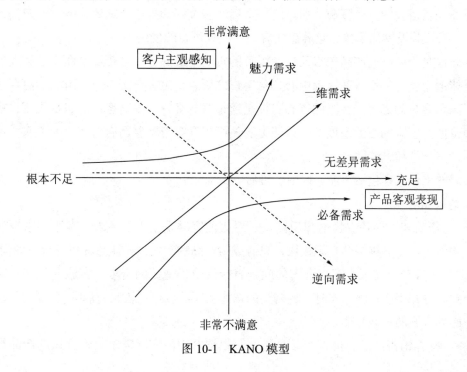

图 10-1　KANO 模型

KANO 模型将客户需求分成相应的 5 种需求，如表 10-1 所示。该模型一般通过设计调查问卷，设置正反两方面问题来测量服务质量。通过该模型可以了解不同类型的客户需求，识别出提升客户满意度的最有利的质量需求。

表 10-1 KANO 模型的五种客户需求

客户需求	含 义
必备需求	顾客认为企业必须提供的需求，当产品满足此类需求时顾客不会感到很满意，反之，顾客一定会不满意
一维需求	顾客期望的产品质量需求，当产品满足此类需求时顾客就会满意，顾客的满意程度与此类需求的满足程度呈线性关系
魅力需求	能够让顾客感到惊喜的产品质量需求，当产品满足此类需求时会提高客户满意度，当没有满足时顾客不会感觉不满意
无差异需求	不会引起顾客关注的产品质量需求，无论此类需求是否满意，都不会影响客户满意度
逆向需求	容易引起顾客不满的需求，当满足此类需求时可能会感到不满意

（二）客户服务的职能

跨境电商客服致力于使境外客户满意并继续购买产品或服务的一切活动，对促进店铺成交量有着不可替代的作用。跨境电商应当配备一支战斗力强悍的客服团队。

客服通常需要处理客户对产品的咨询或反馈，提供及时、专业、有价值、高质量的服务。客户均期待获得真诚且高效的服务，这也是客户是否再次与跨境电商合作的关键。客户是跨境电商经营活动的重要资源。通过跨境电商客服友好、耐心、细致地解决客户提出的各种问题，进而提升网店形象，培养忠实客户，实现可持续发展。

客服也是跨境电商产品销售及售后服务的重要组成部分，是跨境电商立足和发展的根本。具体地说就是一切以客服为中心，急客户之所急，想客户之未想。跨境电商存在的价值在于满足客户的需求。客服的核心目标是通过服务客户，提高客户的满足程度，进而创造更多价值。客服的服务态度、销售能力、熟练程度等考验着网店与客户的关系，也直接影响客户满意度和忠诚度。

客服的工作流程包括售前、售中、售后三个部分。

1. 售前服务

（1）售前知识储备。售前知识储备是对售前客服是基本的要求。客服要掌握产品的型号、功能、用途、维持等知识板块，只有成为产品的专家，才能与客户进行有效沟通。

（2）了解客户需求。客户咨询的问题直接反映了他们的需求。客服在与客户交谈过程中，要问好并用您称呼。同时，将购买的选择权留给客户，从源头消除客户的抵抗心理，让客户感到客服的真诚和热心。

（3）推荐销售产品。推荐产品是指客服根据客户的实际需求，将合适的产品推送给客户的过程，这是客服的重点工作。客服应挖掘客户需求，排除客户疑虑，推荐合适产品并成交。

（4）催付。催付就是主动提示已下单却未付款客户付款，这是提高询单转化率最直接的方式。催付时要把握好频率，切忌过度营销，一般隔天提示是催付的最佳时间。

（5）确认订单，礼貌告别。在收到客户的拍单付款信息之后，客服要及时与客户取得联系，确认发货信息，并尊重客户习俗，礼貌告别。

2. 售中服务

（1）产品发货。客服要负责店铺后台已付款订单的及时审核，并按要求及时备注发货，保障客户正常收货。

（2）订单跟踪。客服负责处理客户催件、查件，要适时跟踪物流公司已寄出的货物，提示客户注意签收，确认安全到达客户手中。

3. 售后服务

（1）主动联系客户，查明产品售后问题。及时汇总客户反映的问题，及时有效跟进。

（2）退换货物处理。客服要负责处理客户收货之后反馈的部分疑难售后问题，如发错货、发少货及产品破损等问题。负责处理后台退款、退换货等订单问题，与客户及物流公司沟通处理方案解决问题。

（3）差评、投诉、维权处理。负责解决客户的疑义与投诉维权，中差评跟进，售后跟踪回访等工作以维护店铺信誉。

（4）客户关系的维护与加深。在确认客户收货后，要通过电子邮件、即时通信软件等方式对客户表示感谢，并希望如客户满意请给予好评。

（5）上报反馈意见。负责收集整理在售后工作中存在的问题，并提出合理化意见和解决方案。

二、客户服务的技能

（一）专业技能精

跨境电商的客服必须熟悉外贸规则。对于跨境电商的整套流程要了然于心。如支付、物流、关税、退税等。对网店产品的核心参数、质量认证、功能和用途等更要一清二楚。

（二）工作效率高

美国管理大师彼得·德鲁克《有效的主管》一书中指出：效率是以正确的方式做事，而效能则是做正确的事。效率取决于个人的工作能力和工作态度，工作能力是基础，工作态度是关键。不管出现什么情况，客服都要根据事情的轻重缓急，切忌心浮气躁，要沉下心来处理好各种问题。同时，把复杂和艰巨的工作，作为优先解决目标。当处理问题每一步骤及完成时间都确定下来后，不论在情况多么复杂，都要按时完成。

（三）语言能力好

以速卖通为例。因为速卖通涉及了海量的跨语言问题，从成本、效率和实时性来讲，海量的信息如果单纯依赖人工翻译完全无法满足需求，在这样的背景下，机器翻译显得尤为重要。

（四）懂换位思考

换位思考是人与人之间沟通的一个十分重要的技能。换位思考是设身处地地为他人着想，即想人所想，这是人与人之间交往和沟通的基础。也就是我们将自己的内心感受，如情感体验、思维方式等与对方联系起来，要站在对方的立场上体验和思考问题，从而使双方在认知上产生共鸣，在情感上得到沟通。

（五）能做倾听者

客户在反映咨询或反映所购产品问题时，都期待对方认真倾听，没有一个人会期待自己的诉求会被忽视。做一个倾听者，要学会耐心地听别人把话讲完，不中途打断也不干扰，这是一种技能，更是一种做人的格局。

（六）应变能力强

应变能力，属于自我管理技能。应变能力就是在外界压力下，能够冷静、耐心、灵活处置事务的能力。由于文化和性格差异，在客服过程中肯定会遇到难缠的客户。在客服工作中，就是要做到对产品介绍百问不厌，不计较客户言语轻重和态度好坏。

扩展阅读 10.1
跨境电商客服的10条经验

第二节　做好客服的技巧

一、注重主动沟通

（一）主动联系客户

买家在付款后，还有发货、物流、收货、评价等诸多环节。客服应将发货及物流信息及时告诉客户，提醒客户及时收货和评价。客户会觉得购物很省心，从而提高购物的满意度。

（二）注意沟通方式

一般情况下，跨境电商客服的沟通主要以电子邮件和即时通信软件为主。客服在保持在线，及时回复境外客户，并保存通信纪录。用书面形式沟通，不仅内容准确、清晰，给客户留下好印象，也为售后如产生纠纷留下相关凭证。

（三）选好沟通时间

国内客服的工作时间（8：00～17：00），这时由于时差的原因，境外客户很可能不在线上。跨境客服往往要在国内夜晚联系境外客户。只有境外客户在线上时，双方的沟通效果才会比较好。

二、提高客户满意度

（一）质量满意度

1. 质量为基

质量是跨境电商生存的基础。"巧妇难为无米之炊"，比喻再有能力的人，做事时如缺少必要的条件，也很难成功。产品质量就是卖家手上的"米"。跨境电商把控选品的质量是重中之重，但成本与质量往往有着不可调和的矛盾。如何控制两者之间的辩证关系，考验着跨境电商的智慧。市场是产品、营销、管理等多维度的综合体。所以，产品不但要质量过硬，同时需要好的外观、功能、市场手段来支撑。

2. 包装吸睛

产品的包装是最直接的广告。一个产品的包装直接影响客户购买心理。客户在收到好的包装时，无形中也提升了对产品的满意感。好的包装设计是跨境电商创造利润的重要手段之一。策略定位准确、符合客户心理的产品包装设计，能帮助跨境电商在众多竞争品牌中脱颖而出。

3. 意外之喜

卖家可随货送些小礼品。小礼品如赠送得当会给客户留下好的印象，提升其购物体验。

（二）态度满意度

1. 服务态度好

客服态度理应做得最好。通过制定服务接待流程、标准、话术培训等，提高客服的整体水平。通过制定正向反向激励政策，提高客服人员的待遇和责任感。在客服结束时，可加上一句暖心的话：感谢您对本公司的关心和支持，如果对本次客服满意的话，请给个好评哦。

2. 物流公司好

好的物流公司，其从业者的管理水平及素质普通较高，物流设备及物流节点效率高。客户不仅关心所购产品，而且关心什么时间收到产品。好的物流公司，其送货安全、文明程度高，物流反应速度快。

3. 回访客户好

在回访客户前，应当充分了解客服项目的特点，打好基础、做好基本功。如果不能专业地介绍客服项目，介绍自己服务的特色，那么很难在客户那里建立良好的印象。客服沟通时一定要彬彬有礼、热情大方、不卑不亢，说话语气一定要把握好分寸，既正式又有一定的柔和性。同时，客户也可通过可电邮、即时通信软件等回访。

（三）物流满意度

1. 缩短出库时间

在客户下单后，客服要在第一时间处理订单，并回传物流号。缩短出库时间，从而提高物流速度满意度。

2. 提高发货速度

发货速度慢会直接影响到销售，势必会失去客户信任，还会导致客源的流失。

（四）退换货处理满意度

1. 第一时间处理售后申请

当出现售后申请时，客服要在第一时间处理和审核。

2. 第一时间处理交易纠纷

当出现交易纠纷时，客服在不超过其权限范围情况下，可以第一时间自行决定处理。

3. 第一时间处理退换货物

当客户在咨询，或者申请退换货时，客服一定要联系客户，如果通过和客户沟通，并及时向客服主管反映情况。要尽量达成双方最满意的结果，要尽量降低客户退换货申请率。

三、做好二次营销

（一）了解客户的消费心理

每一个店铺有自己的定位，每一个有自己定位的店铺都有自己相对应的客户群体。客服要充分了解自己的客户群体，尤其要重视客户的背景。客户群体跟其所处的地域文化、风俗习惯、受教育程度、消费特点都有着密切的联系。

（二）认真细致地数据分析

数据分析是指用恰当的统计分析方法对收集来的数据进行分析，并提取有用信息和形成结论的过程。数据分析可帮助人们做出判断，以便采取适当行动。数据是跨境电商规划、促销、营运等决策最基本不可或缺的一个因素；此外，一定要重视月度销售金额、平均每笔订单金额等基本数据报表。

（三）提升客户的购物体验

客户消费需求日趋差异化、个性化、多样化。客户已经不仅仅关注产品本身所带来的价值，更重视在产品消费的过程中获得的体验感觉。客户网购产品，不仅仅希望产品的质量好，还希望物流快、服务好。客户高兴了，不仅会给好评，也很可能成为回头客。因此，跨境电商要选好产品、选好物流、优化服务。

扩展阅读 10.2
跨境电商客服常用词汇整理

第三节　询盘沟通技巧

一、询盘沟通的原则

询盘又称询价，是指买方或卖方为了购买或销售某项产品，向对方询问有关交易条件方式。在跨境电商业务中，一般多由买方主动向卖方发出询盘。询盘可以询问价格，也可询问其他一项或几项交易条件以引起对方发盘。

询盘的内容可涉及价格、规格、质量、数量、包装、装运及索取样品等。询盘不是每笔交易必经的程序，如交易双方彼此都了解情况，不需要向对方探询成交条件或交易的可能性，则不必使用询盘，可直接向对方发盘。询盘可采用电子邮件、电话、书面材料等形式。

在实际业务中，询盘只是探寻买或卖的可能性，不具备法律上的约束力，可作为与对方的试探性接触。询盘人可以同时向若干个交易对象发出询盘。一旦订立合同，询盘的内容成为磋商文件中不可分割的部分，若发生争议，也可作为处理争议的依据。

询盘沟通的原则是解决客户需求的所有问题。因此，对询盘客户的目的、身份、询盘内容及沟通策略都应做好功课。

(一)分析询盘目的

1. 目的明确型

这类客户可能看到跨境电商发布在外贸网站的一些产品基本参数后,来咨询产品的细节问题,比如产品可定制颜色、款式、包装、交货期及需求量等。这类客户质量较高,应当立即跟进。

2. 潜在需求型

(1)换供应商。一般情况下,每一个客户都有几个不同的供应商来避免一些质量或产能不足的问题,他们一般都会在一段时间内调整或淘汰某些供应商。这些客户必须持续关注。

(2)货比三家。货比三家更实惠、价比三家不吃亏。有些客户本来在别的渠道进口产品,但是当看到客服推荐产品的性价比较高后,也会考虑从客服这里进货。当然,客户看中的不单单是价格因素,同时也会考虑客服是否专业。

(3)其他类型。有些经销商经销的产品很杂,因此会发询盘收集一些准备经销的产品。有些客户暂时手头没订单,但会事先了解市场行情。

3. 暂无目的型

有些国外刚开始从事进出口业务的公司,对于所需产品还是处在一个很笼统的概念,他们在实际开展进出口业务前肯定也会做一些产品调查、核算成本等,这个时候可能就会发送询盘咨询,对于这种客户,客服要耐心等待时机。

4. 垃圾询盘型

客服要学会分辨是什么是垃圾询盘,如骗样品的、骗办理邀请函等询盘。

(二)分析客户身份

刚收到询盘时,要分析客户及客户所在行业、国家的市场。在数据库里查找,是否是老客户、同事的客户。找到客户的网站、邮箱,分析客户的需求量及意向价格。LinkedIn、脸书、Skype、WhatsApp、Instagram、推特、Pinterest等搜索客户和客户工资资料,了解该客户的活跃度,从而估摸该客户对我们产品的需求量及其商业范围。

客户主要有以下几类。

1. 零售商(Retailer)

此类客户的订单一般数量较少,但下单快。他们主要关注价格、交货期,不太会关心卖家的实力是否很强;如果觉得客服沟通顺畅,一般会很快下单。目前在网上大多数是这类客户。

2. 贸易商(Trader)

此类客户主要对产品的价格敏感,他们在中国设有办事处,对中国市场相当熟悉,且一般手上都有订单。因此,他们会找很多供应商,并从中挑选有竞争力的卖家。此类客户可能会把客服公司列入潜在供应商,并与卖家的沟通时间较长。

3. 贴牌 OEM 进口商

此类客户对产品的质量要求比较高,订单较稳定且量大。由跨境电商帮他们组织货源,并贴他们的品牌在当地销售。客户主要关心产品生产企业的研究与开发(Research & Development)能力、企业规模、质量标准、产品认证、售后服务等。

4. 连锁超市(Supermarket)

连锁超市不会在网上给客服跨境电商下单。网上联系只是第一环节,还要经历筛选、面谈及考察等环节,最后才有可能下单。

(三)分析询盘内容

1. 询盘的初步判断

收到一封询盘时电子邮件时,客服要初步判断客户有没有实单、订单大小、需求缓急。

2. 客户的联系方式

(1)公司名称。如果想进一步确定某公司,可以在网上查是否有此公司;如果网上查不到,说明该公司可能刚创办,或不太注重电子商务。

(2)联系电话。如果电话、传真都是一个号,公司偏小;一般规模较大的公司,其传真与电话的号码是会不一样的。

(3)办公地址。公司地址写得清清楚楚,包括几栋几号,可看出这一家正规公司试着通过在线地图查一下,可看出公司大小。

(4)网站信息。一般来说,正规公司会用跨境电商邮箱。客服可以通过跨境电商邮箱或网址去了解客户,并可初步判断出公司实力、产品范围、销售渠道等。

客户在电邮里面是如果有网址,详细电话传真地址等,一般比较可信。对于资料不全的,可以询问他的联系资料。客服打电话给客户,会让客户觉得比较重视他的询盘。

3. 询盘的 IP 地址

一般情况下,客户发送询盘时候不会留所在国信息。客服可使用腾讯跨境电商邮箱接收询盘,可看到每一个询盘的 IP 地址,并把这个 IP 地址直接放到百度搜索来初步判断这个客户的所在国(有些客户可能是用代理 IP)。如果客服公司的网站有计数器,可以查阅下计数器里面的 IP 记录。

(四)询分类处理盘

1. 垃圾询盘的处理

对于跨境电商新手,可以借此练练英文写作水平,但不要抱太大希望。

2. 暂无目标的询盘

可以建立一个回复的模板，发送时稍稍改动一下称呼，就可以发出去了，根本不占用客服的时间。因为还不能完全清楚他们的意图，对此类客户不能完全放弃。因为有些客户可能刚刚起步，不太懂得如何去写电子邮件和交流。

3. 潜在需求的询盘

可以向他们要 WhatsApp、MSN、Skype 的号码等，了解客户的一些基本信息。在沟通过程中，要体现专业与耐心，做好打"持久战"的准备。建立一个跟踪档案，把那些还没有成交的客户信息收集一下，每隔一段时间给他们发一些促销电子邮件，告诉他们现在的产品的价格，有没有特价。在客户所在国节假日时，发送祝福贺卡。

4. 目标明确的询盘

（1）对于客户的询盘电子邮件，可根据国内与客户所在国的时差做不同处理，但必须在 24 小时内回复客户。如早上打开邮箱，收到来自欧洲的询盘，客服可以在 14：00 回复客户。

（2）针对客户提出的问题，应做出如实准确的回答，让客户感觉到客服的专业与效率。

（3）客服第一封回复客户的电邮非常关键。很多客户就是根据客服的第一次回复电邮来筛选回复的对象。在回复时，要体现出客服公司的实力与诚意，尽力使客户对客服公司产生信任和可靠。

（五）询盘沟通原则

1. 第一时间回复

新客户询盘时，客服如果能在第一时间给予回复且持续跟进，满足新客户的采购需求，成功的概率则较大；反之，很有可能被淘汰。

2. 回复专业度高

客服在回复电子邮件时，对客户提出的有关产品参数、功能、认证情况等，要有一个条理清晰、内容准确专业的答复。

3. 突出产品亮点

（1）公司介绍。在介绍公司时，客服可以言简意赅地介绍公司规模、参展情况、知名客户、研发能力、认证情况。

（2）专业报价。不同国家、不同身份客户对价格敏感度不同，因此报价时要根据具体情况具体对待，根据订单量、交货时间、季节不同、贸易术语给出个性化的报价，当然也要留有余地。

（3）图片清晰。如果客户要图片，一定要提供清晰的、多方位的图片。好的图片就是无声的销售员。图片大小要方便客户浏览与接收。要设置签名档，把客服公司的地址、电话、MSN、网站、邮箱、公司 logo 做一个签名档。

（4）礼貌用语。在称呼使用上要注意，尤其要了解目标客户国家的习俗。对于有些满足不了客户需求的，应该婉约表达客服的意思，或给客户一个为什么不能满足的合理解释。

（5）格式规范。一封电子邮件中的字体大小、格式排列等要符合电子邮件书写规范，要考虑浏览者的感受。

（6）主题明确。公司名＋For 产品、名称等。如：2020年11月14日，LH from China（写出具体的产品名称前提是客服要知道对方的行业以及需要什么产品）、For/To ××（写出对方的名字或者公司名）。

（7）4C 的原则。4C 是指 Customer（客户）、Cost（成本）、Convenience（便利）和 Communication（沟通）。跨境电商必须首先了解和研究客户，根据客户的需求来提供产品。跨境电商提供的不仅仅是产品和服务，更重要的是由此产生的客户价值（Customer Value）。成本不单单是跨境电商的产品成本，它还包括客户的购买成本。客服通过好的售前、售中和售后服务，让客户在购物的同时，也享受好的购物体验。通过与客户积极有效的沟通，为建立基于共同利益的卖家与买家之间的和谐关系打下基础。

4. 提前做好功课

（1）少让客户做功课。多为客户着想，为急客户所急，想客户所想，客户才会信任客服，并和客服持久合作。如果客服帮他解决了很多麻烦，他会觉得客服很靠谱。

（2）分析客户的电子邮件。要学会从客户电子邮件中来判断客户是新手还是行家，了解其爱好及性格特征等，应当区别对待，要让客户觉得客服跟他是"一伙的"，培养双方的亲近感。

（3）掌握沟通的技巧。当客服了解到客户相关想法后，一定要站在客户的角度来看待和分析问题，这样与客户沟通起来才会顺利。

二、询盘沟通模板

（一）主动推广产品

在没有收到询盘时，可以主动发信推广自己的产品。要告知对方客服的信息源，进行自我介绍，表达合作的意愿。

Dear Sirs,

We learned from your store on Amazon.cn that you are in the market for arts and crafts.

We are Z company, specialized in the export of arts and crafts. We attach a list of products we are regularly exporting, you can also visit our store on Amazon.cn.

Should you be interested in any of our products. please let us know and we shall be glad to give you our best quotation.

We look forward to receiving your inquiry soon.

Yours sincerely,

(Your name)

（二）推广促销活动

Dear L,

Right now Christmas is coming, and there is a heavy demand for Christmas gifts. Here is our Christmas gifts link, please click to check them. All the products are now available from stock. Thank you for your consideration.

Regards,

(Your name)

（三）回复一般询盘

Dear L,

Thank you for your inquiry of May 5.

We have these items in stock, our products are both excellent in quality and reasonable in price. Right now, we offer a 5% discount for bulk purchase.

Thank you again for your interest in our products. If you would like to have more information please let us know. We look forward to your early reply.

Best regards,

(Your name)

（四）回复具体询盘

Dear L,

Thank you for your inquiry of May 5 and we are pleased to send you our quotation for the goods you required as follows:

Commodity: Men's T-Shirt in assorted colors. Item No. AC-101.

Quantity: 100 dozens.

Size: Large (L), Medium (M), Small (S).

Price: at USD60 per dozen CIF Kobe.

Shipment: in June, 2016.

Payment: by irrevocable L/C at sight .

This offer is subject to our final confirmation. If you find it acceptable. please let us have your reply as soon as possible.

Yours faithfully.

(Your name)

（五）报价

回复询盘和报价，可以适当谈及市场和供应条件，催促对方下单。

Dear L,

Thank you for your inquiry of May 5, at your request, we are making you, subject to your acceptance reaching us not late than May 10, the following offer: 1000 sets of Color YV Sets, at USD500 per set CIF Hamburg.

Other terms and conditions are same as usual.

As we have been receiving a rush of orders now, we would advise you to place your order as soon as possible.

Yours sincerely.

(Your name)

报价分为实盘（Firm Offer）和虚盘（Non-firm Offer）：实盘对报盘人有约束力，在实盘规定的有限期限内，实盘一经接受，就可以达成交易，报盘人不得随意撤回或修改实盘的内容。

实盘常用的表达方法如下。

The offer is subject to your acceptance reaching us not later than May 10.

The offer remains firm (valid) until May 10.

Our offer will remain valid for ten days...

虚盘是报盘人有保留的愿意按一定条件达成交易的表示，虚盘对报盘人没有约束力，报盘人可以随时撤回或者修改虚盘的内容。

虚盘常用的表示方法如下。

The offer is subject to our final confirmation：

The offer is subject to change without confirm：

We offer, subject to goods being unsold.

（六）回应客户砍价

Dear L,

Thank you for your letter of May 17. As regards your counter-offer.we regret we can't accept it because we feel mat the price listed is reasonabIe and leaves us limited profit already.

However, in order to meet you on this occasion, we are prepared to grant you a special discount of 5% on condition that your order is not less than 1000 pieces.

We hope to receive your order at an early date.

Best regards.

（七）提供形式发票

Dear Sirs,

for your letter of May 25, we are sending you herewith the required Proforma Invoice in triplicate.

Please note that our offer remains valid until November 15. Please place your order as soon as possible, because we running out of our stock.

Yours incerely.

(Your name)

扩展阅读 10.3
询盘沟通模板补充

第四节　做好信用评价

一、评价系统的应用

跨境电商信用评价系统，是指在产品交易中，为规范跨境电商的信用状况，由政府、机构、客户等共同建立信用评价平台。信用评价系统用于信用相关数据的采集、处理、评定等，能够有效降低双方交易风险并提高贸易效率，净化跨境电商的信用交易环境，促进跨境电商的健康有序发展。

信用评价系统由评价制度、评价条目体系、评价方法和评价标准等与风险评价相关的要素组成，主要包含评价要素、评价指标、评价等级、评价标准、评价方法和评价权重六个方面。在跨境电商交易中，在完成交易后在一定时间内收集该跨境电商相关的信用信息，在将信息输送给处理中心模块进行处理，最终生成具体的评价条目，即跨境电商的信用评分。该评分可以直接反映跨境电商的信用等级，为之后的交易对象的选择提供依据。

信用评价系统主要遵循的原则。

1. 系统性原则

各指标之间要有一定的逻辑关系。

2. 典型性原则

务必确保评价指标具有一定的典型代表性。

3. 动态性原则

要通过一定时间尺度的指标才能反映出来。

4. 科学性原则

各指标体系的设计及评价指标能客观全面反映出各指标之间的真实关系。

5. 可操作原则

指标的计算量度和方法必须一致，各指标应简单明了、便于收集和处理。

6. 综合性原则

在相应的评价层次上，应全面考虑相关因素。

正如图 10-2 所示，该体系主要由信息处理中心、信用评价数据库、管理平台三部分组成。信用评价数据库在其中发挥着基础性作用，主要用于收集各评价信息及跨境电商的其他相关信息。信息传递给信息处理中心后，经处理、计算后便能得出跨境电商的信用评分，同时将该信用评分结果反馈给数据库。管理平台则起到监督管理作用。

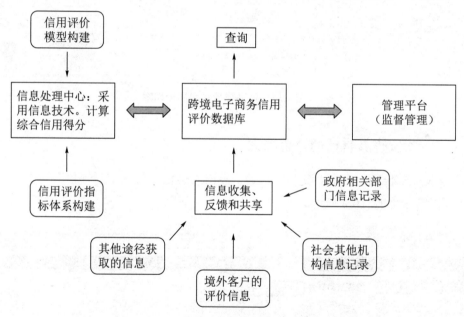

图 10-2　跨境电子商务信用评价体系图

二、查看评价档案

以速卖通卖家和买家为例。

（一）访客查看卖家的评价档案

从速卖通详情页的 Supplier Details 区域，点击好评率或评价数量，详情页访客即可打开该卖家的评价档案页面，如图10-3所示。

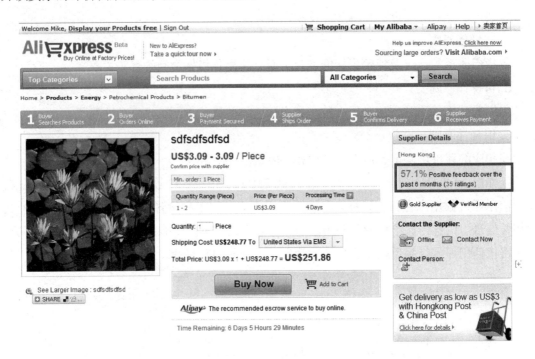

图 10-3　产品详情页面评价档案

（二）卖家查看自己的评价档案

登录 My Alibaba，点击"交易"标签，点击左边栏"管理交易评价"，点击"查看我的评价档案"，如图10-4所示。

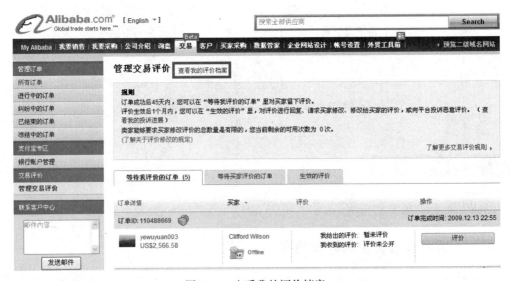

图 10-4　查看我的评价档案

（三）查看完成交易的客户的评价档案

登录 My Alibaba，点击"交易"标签，点击左边栏"管理交易评价"，找到相关订单，点击客户名称后面的信用度数值，打开该客户的评价档案，如图 10-5 所示。

图 10-5　查看客户的评价档案

（四）产品的评价记录

在每个产品的详情页面，有"评价记录"标签页。在该标签页内，集中显示该产品在过去 6 个月的交易评价记录信息，包括：产品的平均星级、产品的评价星级分布图和产品的评价记录。

三、获得客户好评的技巧

（一）产品好的性价比是根本

产品要有很好的性价比，质优价廉的产品才会有受到好评。

（二）与客户良好沟通是关键

交流的过程中多用些幽默的语言，适当地用些表情图标。表情图标能将客服不好言表的话语恰当地表达出来。对客户而言，一个很轻松愉快的购物过程同样很重要。客人对客服的印象好了，对产品的挑剔程度自然会降低，回头率也会提高。

（三）客户下单后物流反应快

要在客户付款后第一时间发货。

（四）随货给客户写封感谢信

要感谢客户对客服和客服的产品的支持和信任，祝客户工作顺利生活愉快。总之，要让客户感觉到客服的真诚、用心、细心。客户才会给好评，这也是跨境电商的重要资产。

扩展阅读10.4
如何促使客户留下五星好评？以Amazon为例

第五节　售后服务之纠纷处理

卖家产品出售前，要注意各种细节。客服要能够专业地处理不同国家和地区客户提出的问题。这样，可以从源头上避免纠纷，同时也提高了客户的购物满意度。同时，在交易过程中，客服应及时充分地取证，一旦买卖双方出现纠纷，卖家可以从容地将相关信息提供给买家进行协商，或者提供给平台进行裁决。如果在普通纠纷阶段无法达到和解，订单会上升到平台层面。下面以速卖通为例，分析售后纠纷处理方法。

一、纠纷提交和协商的步骤

（一）纠纷提交

1. 产品不对版

售后宝订单产生的"货不对版"类纠纷，平台会介入核实处理。若平台判断该笔纠纷中涉及的问题不属于售后宝处理范围，那么仍需跨境电商客服和客户协商解决，并关注纠纷电邮通知。

2. 未收到产品

若客户提起"未收到产品"类纠纷，仍然需要卖家自行处理。当客户提起退款后，请卖家在客户提起纠纷的5天内接受或拒绝客户提出的纠纷，若逾期未响应，系统会自动根据客户提出的退款金额执行。

3. 无理由退货

客户一般在下错单、不想再购买产品或购买了更低价优质的产品的情况下，会提出无理由退货。这时，客户发起的申请会直接进入速卖通退货流程。

（二）协商的步骤

订单纠纷如果在普通纠纷阶段无法达成和解，订单会上升到平台阶段，平台给买卖双方 5 天的时间提供证据，客服需要做的是尽快协商，并向速卖通平台提供证据。

以下是常见的纠纷及协商解决方案。

1. 产品与实际不符类

如客户投诉外观不符、质量不符，客服需要将客户反馈的问题、实际收到的产品图片与客服的产品描述进行比对，查看是否有误差或者没有明确的地方。客服可以根据该款产品以往集中的投诉点，积极反馈一些有效的解决方案。如手机、电脑产品类如何使用类的投诉，客服可以提供适用于此类投诉的操作指南图片或视频或网页地址链接等。

若客户投诉收到的产品少了或者缺少配件，客服需要清点发货数量和对比发货单据等信息，以核实是否误操作或判断其他可能原因。

通常遇到这类纠纷的时候，客服一定要耐心地和客户保持沟通，积极地去调和矛盾，适当地安抚客户情绪。如果是自己存在的失误，那么务必第一时间向客户道歉并且采取补救措施。通常情况下，大部分客户都会表示理解。剩下少部分的不理解的客户，则可以通过退换一部分货款或者赠送一些精美小礼品之类的措施来进一步弥补错误。

同时，客服将发货前有拍下产品状态图片或有该产品的库存，在规定时间内上传，并提供相应的底单等信息给调解中心，方便纠纷专员参考并做出裁决。同时，客服要关注调解中心的留言，及时说明订单详情，便于订单顺利地解决。

2. 客户未收到货类

速卖通物流信息，如图 10-6 所示。

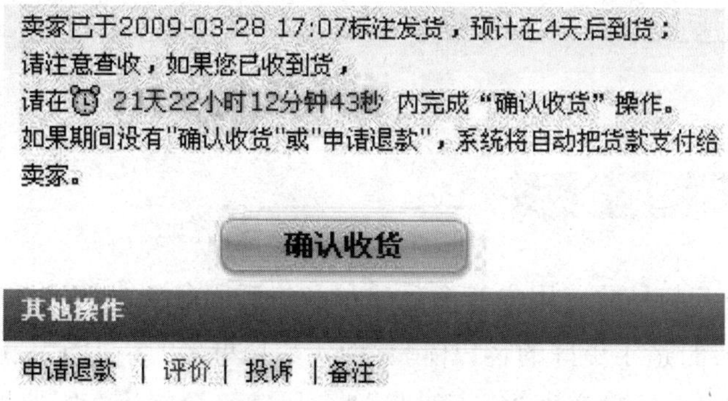

图 10-6　速卖通物流信息

若客户投诉虚假单号，客服需要查询并核实货运单号是否真实有效，并在纠纷升级后尽快提供发货单号、发货证明、查询网址给调解中心。若经纠纷专员判定单号为虚假单号，客服会受到处罚。

若客户对未收到货进行投诉，经客服核实后是产品在途，客服需要联系货代公司了解产品的现状，并将详细信息和有效的物流官网信息反馈给纠纷专员。

若客户投诉海关扣关，需要客服跟货运公司联系，查询扣关原因，并提供帮助客户清关的文件或者授权。

若涉及货运风险方面的问题，如客服和客户有进行前期的沟通，可以提供沟通截屏，便于纠纷专员判定责任。

在纠纷升级后的 5 天之内，客服一定要按照速卖通物流信息提示递交相关证据。

3. 无理由退货类

由于跨境电商的特殊性，客户首先需要自己付运费去寄送产品到中国或者本地仓。跨境电商的退货便利程度成了影响客户选择跨境电商的最大因素。

2019 年 8 月，速卖通在几个试点国家的主要区域推出免费退货政策。符合区域条件的国家的客户在收到产品 15 天内，将可以无条件无理由免费退货至速卖通在各国的合作仓库，并免付运费。速卖通上的商家可以自主选择加入此项服务，选择加入之后，产品标志上将会出现"Free Return"的标志，成为国外客户选购的重要选择依据之一。

现在，客户在速卖通平台提交退货退款申请后，即可拿到预付面单，凭面单可免运费在邮局寄送，快捷完成退货服务。

4. 给个中差评类

客服要诚恳地告诉客户，为了更好地改进产品或者服务等，希望其能具体指出产品不足的原因，并拍照片过来。收到客户的回复后，应根据实际情况尽快给客户一个满意的答复。如果碰到恶意差评，也要保留好一切证据，可以到平台申诉，并保留通过法律途径解决问题的权利。

二、查看纠纷处理的状态

随着国际客户尤其是欧美用户对商品质量和售后服务要求的不断提升，售后宝平台代处理了许多纠纷，打造了更好的客户体验，使卖家把更多的精力放在选品及质量把控上。如速卖通类目下的订单一旦产生"货不对版"类纠纷，平台将代客服处理该货不对版纠纷。

可以登录"交易—退款纠纷"点击"售后宝平台代处理"的按钮（如图 10-7 所示）即可查看到客服售后宝平台代处理的订单。

图 10-7　速卖通售后宝平台

三、避免产生纠纷的技巧

（一）备好客户产品

备货时间一般为 3～7 天，这样能保证在承诺的处理时间内及时发货，可借助于以马帮 ERP 为代表的各种 ERP 管理软件的协助。如马帮 ERP（Enterprise Resource Planning）提供订单管理、物流管理、产品管理、客服管理、采购管理、仓库管理、销售管理等全流程的管理服务，各种特色工具满足卖家不同的需求。

（二）选好的供货商

因为有的境外客户会"货比三十家"。如果客服有几个好供货商，且可提供质量可靠，价格合理的独特品牌产品；那么，跨境电商在贸易中会更有底气。

（三）用好消息模板

以速卖通店铺为例，根据产品的不同物流渠道方式、寄送的不同的国家、可以采用不同的消息模板。如产品寄出一天后再发通知电子邮件。

（四）写好索评电子邮件

对于卖家来说，获取客户评价一直以来都是热点中的热点。更多的好评，意味着未来会更高的收获。总体而言，客户自然留评是很少的，要引起他们的认同感，愿意回头来写个好评，客服应主动出击。

（五）善意对待客户

善意是全人类共同的价值观，也是人与人友好相处的根本。苏格拉底认为：对于任何人有益的东西对他来说就是善。他甚至将善意的知识称为"一种关于人的利益的学问"，而"一切可以达到幸福而没有痛苦的行为都是好的行为，就是善和有益"。跨境电商，就是要跟国际各个地区的客户交朋友，只有将心比心，智慧善意共存，才能赢得客户的好评，找到长久的生意伙伴。

四、解决纠纷需要注意的问题

（一）诚心接受客户的投诉

客户只有认为自身利益受到损害时才会投诉。作为客服不仅要专心聆听，而且表示出理解的同理心，要真正让客户感觉到客服处理投诉的诚意；同时，要做好投诉纪要。等客户讲完投诉内容后，客服要复述其主要内容并征询客户意见。对于较小的投诉，客服如果自己能解决的，应马上给客户一个满意的答复。对于无法马上解决的，要尽力说服客户，并给出解决问题的时间。

在欧美文化中，感恩一种美德。即使客户是来投诉的，客服人员在沟通电子邮件（站内信）等开始时要写"Thanks for shopping us"（谢谢您购买我们的产品），在末尾时要写"We sincerely apologize for the trouble to you and thanks for you kindness and tolerance for this problem"（我们真诚地对给您造成的困扰表示歉意，并感谢您在这一问题上的理解和宽容）。

（二）设身处地为客户着想

当接到客户投诉时，客服要从专业角度分析和解决问题，但对客户解释时尽量简化物流或报关查验过程的专业术语，采用通俗易懂的解释方法。要准备几套切实有效的解决方案，将自己认为最佳的一套方案提供给客户。如果客户仍提出异议，可以再换另一套方案，直至客户满意。当问题解决后，还要征求客户对该问题的处理意见，以此加深客户的印象。

（三）始终微笑地面对客户

当客户觉得自身利益受到损失时，心里着急是不可避免的，甚至有的人可能会提出一些过分的要求。作为客服人员应能承受压力，不意气用事；同时，面对客户始终面带微笑，并用专业、睿智、积极的态度解决问题。

（四）处理结果超客户预期

纠纷产生后，应当淡化问题的严重性，用积极的态度去处理。在客户联系客服之前先与客户沟通,让他了解处理的进程,争取圆满解决并使最终结果超出客户的预期,让客户满意,从而解决投诉的问题。

(五)力争双赢和长期合作

客服的职责是解决客户最想解决的问题,努力提升在客户心目中的地位及信任度,最终达到客户与公司都满意的效果。无论采用电子邮件、站内信还是即时通信软件,一定要及时回复客户,且最后一次回复必须是客服操作。

拓展阅读 10.5
跨境电商常见案例分析及与客户沟通参考模版

本章首先对跨境电子商务客服技巧与纠纷处理进行了详细的讲解,包括其概念、处理技巧、注意方面等;以国际速卖通平台为例,介绍了在处理纠纷等方面的应用,通过这些分析,大家可以了解跨境电商纠纷处理的一些方法;最后讲述了跨境电子商务纠纷处理应遵循的注意点。

通过本章的学习,希望大家对跨境电商的客服技巧与纠纷处理有一个基本的认识,也为今后课程的学习打下一定的基础,并在实际运用中正确的认识跨境电商客服技巧与纠纷处理的作用。

客服　　纠纷类型　　处理方法　　换位思考

1. 跨境电商纠纷的主要类型及其特征是什么？
2. 在处理纠纷处理方面如何实现双赢？

1. 举例说明跨境电子商务平台在纠纷处理方面的作用。
2. 假设客服在跨境电子商务平台购物后产生纠纷，客服会如何处理？

参考文献

[1] 鲁晓维. 我国跨境电商平台型跨境电商商业模式创新路径研究 [D]. 长沙：湖南大学，2018.

[2] 王大峭. 浅谈客服中心的成本控制 [J]. 客户国际，2018.

[3] 高俊飞. 公司技术支持中心客服管理案例研究 [D]. 大连：大连理工大学，2019.

[4] 肖炀. 海关业务中跨境电商信用评价模型研究与应用 [D]. 长沙：湖南大学，2018.

[5] 郭明莉. 基于 SERVQUAL 模型的 B2C 出口跨境电商跨境电商服务质量评价研究 [D]. 杭州：杭州师范大学，2020.

[6] 吴元轼. 淘宝网店金牌客服实战 [M]. 北京：人民邮电出版社，2015.

[7] 易静，王兴，陈燕清. 跨境电子商务实务 [M]. 北京：清华大学出版社，2020.

第十一章
与跨境相关的外贸知识

学习目标

1. 了解出口货运办理流程。
2. 了解进出口报关与报检。
3. 了解出口退税流程。
4. 了解长三角地区外贸优惠政策。

◎ 引导案例

分期装运货未能按期交货

澳洲某进口公司向我国某外贸进出口公司购买铸铁马葫芦盖1800公吨，合同规定分三批装运。我外贸进出口公司对最后装运的600公吨，未能在合同期限内装运我外贸进出口公司是在期限过后三天才发传真通知买方并要求延长信用证有效期限，以便继续交货。由于国际市场行情发生了变化，买方不同意延期并向中国对外经济贸易委员会申请仲裁，问：应如何判决？

此案涉及分批装运和信用证业务问题根据《跟单信用证统一惯例》（UCP 600）的规定，在国际贸易中，如合同中明确规定了分批数量则卖方应严格履行约定的分批装运条款，只要其中任何一批没有按时按量装运，就可以作为违反合同论处，本批和以后各批均告失败。本案例中，由于我外贸进出口公司违反最后一批货物没有按时装运，已经构成违约，而且违约后没有及时通知对方，因此根据国际商会第600号出版物的规定，应判对方胜诉。

资料来源：http://fashion.shaoqun.com/a/270555.html.

引导问题：

如果你是买方，会怎么做？

第一节　出口货运办理流程

一、发货流程

（1）安排船公司定舱，并将定舱委托书给船公司。
（2）安排报关行报关，并制作提供保管发票，箱单，核销单给他们。
（3）将货物运送场地。
（4）报关结束后，会反回报关单，用于核销。
（5）船公司收到报关单后，将货物放到集装箱上，等待开船。
（6）开船后，船公司给正本提单。
（7）报关行将核销单返给公司。
（8）将正本提单、发票、箱单，提供给客户提货。

二、发货的具体工作

货物出口流程主要包括：报价、订货、付款方式、备货、包装、通关手续、装船、运输保险、提单、结汇。

（一）报价

在国际贸易中一般是由产品的询价、报价作为贸易的开始。其中，对于出口产品的报价主要包括：产品的质量等级、产品的规格型号、产品是否有特殊包装要求、所购产品量的多少、交货期的要求、产品的运输方式、产品的材质等内容。

比较常用的报价有：FOB（船上交货）、CNF（成本＋运费）、CIF（成本、保险费＋运费）等形式。

（二）订货（签约）

贸易双方就报价达成意向后，买方企业正式订货并就一些相关事项与卖方企业进行协商，双方协商认可后，需要签订《购货合同》。在签订《购货合同》过程中，主要对商品名称、规格型号、数量、价格、包装、产地、装运期、付款条件、结算方式、索赔、仲裁等内容进行商谈，并将商谈后达成的协议写入《购货合同》。这标志着出口业务的正式开始。通常情况下，签订购货合同一式两份，由双方盖本公司公章生效，双方各保存一份。

（三）付款方式

比较常用的国际付款方式有三种，即信用证付款方式、TT付款方式和直接付款方式。

1. 信用证付款方式

信用证分为光票信用证和跟单信用证两类。跟单信用证是指附有指定单据的信用证，不附任何单据的信用证称光票信用证。简单地说，信用证是保证出口商收回货款的保证文件。请注意，出口货物的装运期限应在信用证的有效期限内进行，信用证交单期限必须不迟于信用证的有效日期内提交。

国际贸易中以信用证为付款方式的居多，信用证的开证日期应当明确、清楚、完整。中国的几家国有商业银行，如中国银行、中国建设银行、中国农业银行、中国工商银行等，都能够对外开立信用证（这几家主要银行的开证手续费都是开证金额的1.5‰）。

2. TT付款方式

TT付款方式是以外汇现金方式结算，由您的客户将款项汇至贵公司指定的外汇银行账号内，可以要求货到后一定期限内汇款。

3. 直接付款方式

直接付款方式是指买卖双方直接交货付款。

（四）备货

备货在整个货物出口流程中，起到举足轻重的重要地位，须按照合同逐一落实。备货的主要核对内容如下。

（1）货物品质、规格：应按合同的要求核实。

（2）货物数量：保证满足合同或信用证对数量的要求。

（3）备货时间：应根据信用证规定，结合船期安排，以利于船货衔接。

（五）包装

可以根据货物的不同来选择包装形式（如纸箱、木箱、编织袋等）。不同的包装形式其包装要求也有所不同。

（1）一般出口货物包装标准：根据贸易出口通用的标准进行包装。

（2）特殊出口货物包装标准：根据客户的特殊要求进行出口货物包装。

货物的包装和唛头（运输标志）应进行认真检查核实，使之符合信用证的规定。

（六）通关手续

通关手续极为烦琐又极其重要，如不能顺利通关，则无法完成交易。

1. 属法定检验的出口商品须办出口商品检验证书

目前,我国进出口商品检验工作主要有三个环节。

抽样:商检机构接受报验之后,及时派员赴货物堆存地点进行现场检验、鉴定。

检验:商检机构接受报验之后,认真研究申报的检验项目,确定检验内容。并仔细审核合同(信用证)对品质、规格、包装的规定,弄清检验的依据,确定检验标准、方法。(检验方法有抽样检验、仪器分析检验、物理检验、感官检验、微生物检验等)

签发证书:在出口方面,凡列入《种类表》内的出口商品,经商检机构检验合格后,签发放行单(或在"出口货物报关单"上加盖放行章,以代替放行单)。

2. 须由专业持有报关证人员,持箱单、发票、报关委托书、出口结汇核销单、出口货物合同副本、出口商品检验证书等文本去海关办理通关手续

箱单是由出口商提供的出口产品装箱明细。

发票是由出口商提供的出口产品证明。

报关委托书是没有报关能力的单位或个人委托报关代理行来报关的证明书。

出口核销单由出口单位到外汇局申领,指有出口能力的单位取得出口退税的一种单据。

商检证书是由我国商品检验机构出具的商品检验证明书,是各种进出口商品检验证书、鉴定证书和其他证明书的统称,是对外贸易有关各方履行契约义务、处理索赔、争议和仲裁、诉讼举证,具有法律依据的有效证件,同时也是海关验放、征收关税和优惠减免关税的必要证明。

(七)装船

在出口货物装船过程中,可以根据货物的多少来决定装船方式,并根据《购货合同》所定的险种来进行投保。可选择以下几种方式。

1. 整装集装箱

集装箱(又称货柜)的种类。

(1)按规格尺寸分:目前,国际上通常使用的干货柜(DRY CONTAINER)有:外尺寸为20英尺[①]×8英尺×8英尺6吋,简称20尺货柜;40英尺×8英尺×8英尺6吋,简称40尺货柜;近年较多使用的40英尺×8英尺×9英尺6吋,简称40尺高柜。20尺柜:内容积为5.69米×2.13米×2.18米,配货毛重一般为17.5吨,体积为24~6立方米。40尺柜:内容积为11.8米×2.13米×2.18米,配货毛重一般为22吨,体积为54立方米。40尺高柜:内容积为11.8米×2.13米×2.72米,配货毛重一般为22吨,体积为68立方米。45尺高柜:内容积为:13.58米×2.34米×2.71米,配货毛重一般为29吨,体积为86立方米。20尺开顶柜:内容积为5.89米×2.32米×2.31米,配货毛重20吨,体积31.5立方米。

---

① 英尺,国际单位,1英尺=0.3048米。本书采用英尺,是为了对标国际。

40尺开顶柜：内容积为12.01米×2.33米×2.15米，配货毛重30.4吨，体积65立方米。20尺平底货柜：内容积5.85米×2.23米×2.15米，配货毛重23吨，体积28立方米。40尺平底货柜：内容积12.05米×2.12米×1.96米，配货毛重36吨，体积50立方米。

（2）按制箱材料分：有铝合金集装箱，钢板集装箱，纤维板集装箱，玻璃钢集装箱。

（3）按用途分：有干集装箱；冷冻集装箱（REEFER CONTAINER）；挂衣集装箱（DRESS HANGER CONTAINER）；开顶集装箱（OPENTOP CONTAINER）；框架集装箱（FLAT RACK CONTAINER）；罐式集装箱（TANK CONTAINER）。

2. 拼装集装箱

拼装集装箱，一般按出口货物的体积货重量计算运费。

（八）运输保险

通常双方在签订《购货合同》中已事先约定运输保险的相关事项。常见的保险有海洋货物运输保险、陆空邮货运输保险等。其中，海洋运输货物保险条款所承保的险别，分为基本险别和附加险别两类。

1. 基本险别

基本险别有平安险（Free from Paricular Average，F. P. A）、水渍险（With Average or With Particular Average，W. A/W. P. A）和一切险（All Risk，A. R.）三种。平安险的责任范围包括：由于海上自然灾害引起的货物全损；货物在装卸和转船过程中的整体灭失；由于共同海损引起的牺牲、分担和救助费用；由于运输船只触礁、搁浅、沉没、碰撞、水灾、爆炸引起的货物全损和部分损失。水渍险是海洋运输保险的基本险之一。按中国人民财产保险股份公司的保险条款，其责任范围除了承担平安险所列各项风险外，还承担恶劣天气、雷电、海啸、洪水等自然灾害的风险。一切险的承保责任范围相当于水渍险和一般附加险的总和。

2. 附加险别

附加险别有一般附加险和特别附加险两种类型。一般附加险有偷窃提货不着险、淡水雨淋险、抽窃短量险、渗漏险、破损破碎险、钩损险、混杂沾污险、包装破裂险、霉变险、受潮受热险、串味险等。特别附加险有战争险、罢工险等。

（九）提单

提单是出口商办理完出口通关手续、海关放行后，由外运公司签出、供进口商提货、结汇所用单据。

所签提单根据信用证所提要求份数签发，一般是三份。出口商留两份，办理退税等业务；一份寄给进口商用来办理提货等手续。

进行海运货物时，进口商必须持正本提单、箱单、发票来提取货物。（须由出口商将

正本提单、箱单、发票寄给进口商）

若是空运货物，则可直接用提单、箱单、发票的传真件来提取货物。

（十）结汇

出口货物装出之后，进出口公司即应按照信用证的规定，正确缮制（箱单、发票、提单、出口产地证明、出口结汇）等单据。在信用证规定的交单有效期内，递交银行办理议付结汇手续。

除采用信用证结汇外，其它付款的汇款方式一般有电汇（TELEGRAPHIC TRANSFER（T/T））、票汇（DEMAND DRAFT（D/D））、信汇（MAIL TRANDFER（M/T））等方式，由于电子化的高速发展，现在汇款主要使用电汇方式。

拓展阅读11.1

跨境电子商务进出口货物超过24亿票，2020年增长63%

第二节 进出口报关与报检

（一）进出口货物的申报

进出口货物的收、发货人或者他们的代理人，在货物进出口时，应在海关规定的期限内，按海关规定的格式填写进出口货物报关单，随附有关的货运、商业单据，同时提供批准货物进出口的证件，向海关申报。报关的主要单证有以下几种。

1. 进口货物报关单

一般填写一式二份，报关单填报项目要准确、齐全、字迹清楚，不能用铅笔；报关单内各栏目，凡海关规定有统计代号的，以及"税则号列及税率"一项，由报关员用红笔填写；每份报关单限填报四项货物；如发现情况有无或其他情况需变更填报内容的，应主动、及时向海关递交更改单。

2. 出口货物报关单

一般填写一式两份，填单要求与进口货物报关单基本相同。如因填报有误或需变更填报内容而未主动、及时更改的，出口报关后发生退关情况，报关单位应在三天内向海关办理更正手续。

随报关单交验的货运、商业单据：任何进出口货物通过海关，都必须在向海关递交以填好的报关单的同时，交验有关的货运和商业单据，接受海关审核诸种单证是否一致，并由海关审核后加盖印章，作为提取或发运货物的凭证。随报关单同时交验的货运和商业单据有：海运进口提货单；海运出口装货单（需报关单位盖章）；陆、空运运单；货物的发票（其份数比报关单少一份，需报关单位盖章等）；货物的装箱单（其份数与发票相等，需报关单位盖章）等。需要说明的是如海关认为必要，报关单位还应交验贸易合同、定货卡片、产地证明等。另外，按规定享受减、免税或免验的货物，应在向海关申请并已办妥手续后，随报关单交验有关证明文件。

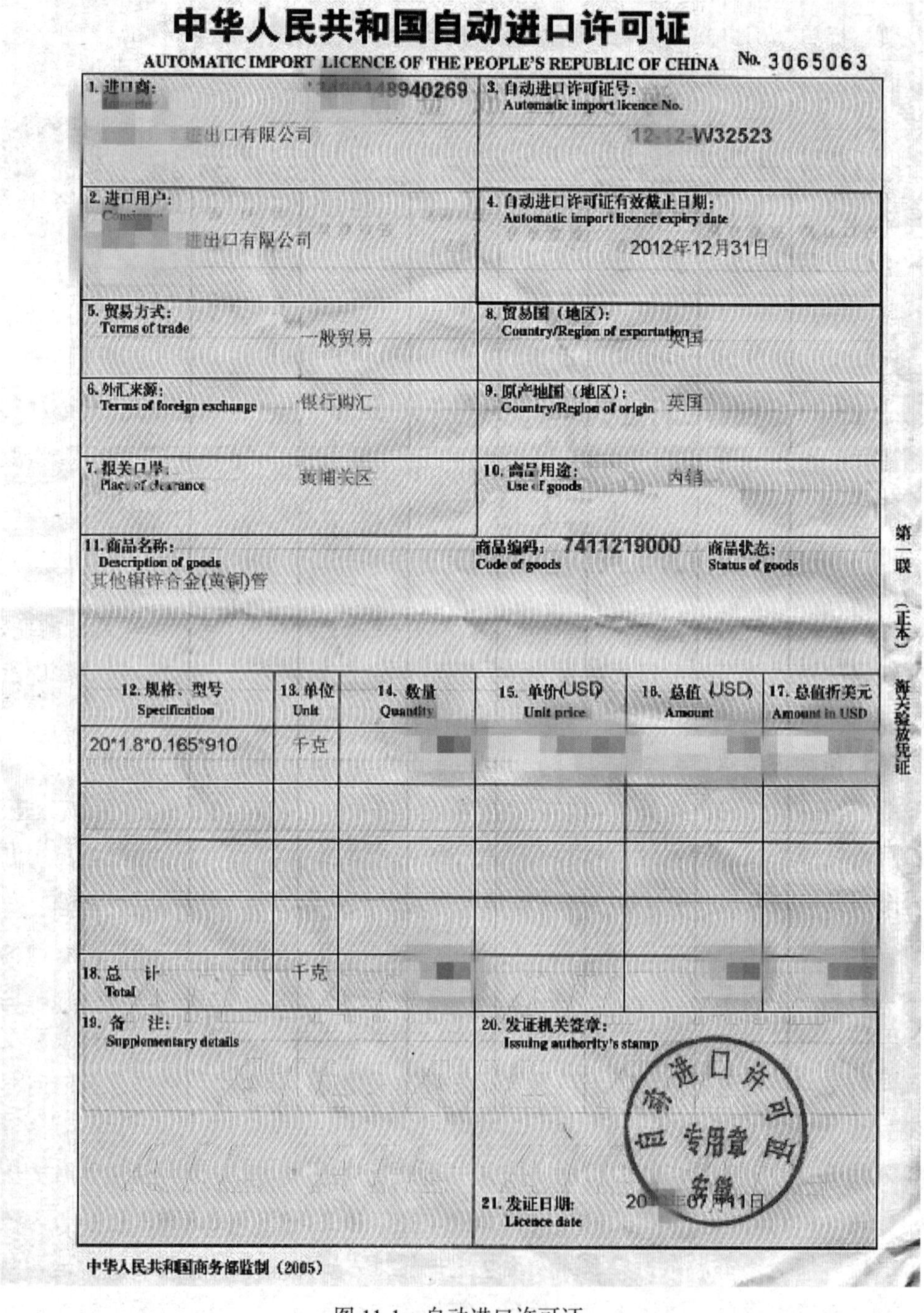

图 11-1　自动进口许可证

3. 进（出）口货物许可证

进出口货物许可证制度，是对进出口贸易进行管理的一种行政保护手段。我国与世界上大多数国家一样，也采用这一制度对进出口货物、物品实行全面管理。必须向海关交验进出口货物许可证的商品并不固定，而是由国家主管部门随时调整公布。凡按国家规定应申领进出口货物许可证的商品，报关时都必须交验由对外贸易管理部门签发的进出口货物许可证，并经海关查验合格无误后始能放行。但商务部所属的进出口公司、经国务院批准经营进出口业务的个部位所属的工贸公司、各省（直辖市、自治区）所属的进出口公司，在批准的经营范围内进出口商品，视为以取得许可，免领进出口货物许可证，只凭报关单即可向海关申报；只有在经营进出口经营范围以外的商品时才需要交验许可证。

4. 商检证书

海关指示报关单位出具商检证书，一方面是监督法定检验商品是否已经接受法定的商检机构检验；另一方面是取得进出口商品征税、免税、减税的依据。根据《中华人民共和国进出口商品检验法》和《商检机构实施检验的进出口商品种类表》规定，凡列入《种类表》的法定检验的进出口商品，均应在报关前向商品检验机构报验。报关时，对进口商品，海关凭商检机构签发的检验证书或在进口货物报关单上加盖的印章验收。

除上述单证外，对国家规定的其他进出口管制货物，报关单位也必须向海关提交由国家主管部门签发的特定的进出口货物批准单证，由海关查验合格无误后再予以放行。诸如食品卫生检验，药品检验，动植物检疫，文物出口签订，金银及其制品的管理，珍贵稀有野生动物的管理，进出口射击运动、狩猎用枪支弹药和民用爆破物品的管理，进出口音像制品的管理等均属此列。

（二）进出口货物的查验

进出口货物，除海关总署特准查验的以外，都应接受海关查验。查验的目的是核对报关单证所报内容与实际到货是否相符，有无错报、漏报、瞒报、伪报等情况，审查货物的进出口是否合法。

拓展阅读11.2
跨境电商六大进出口报关模式介绍

海关查验货物，应在海关规定的时间和场所进行。如有特殊理由，事先报经海关同意，海关可以派人员在规定的时间和场所以外查询。申请人应提供往返交通工具和住宿并支付费用。

海关查验货物时，要求货物的收、发货人或其代理人必须到场，并按海关的要求负责办理货物的搬移、拆装箱和查验货物的包装等工作。海关认为必要时，可以径行开验、复验或者提取货样、货物保管人应当到场作为见证人。

查验货物时，由于海关关员责任造成被查货物损坏的，海关应按规定赔偿当事人的直接经济损失。赔偿办法：由海关关员如实填写《中华人民共和国海关查验货物，物品损坏报告书》一式两份，查验关员和当事人双方签字，各留一份。双方共同商定货物的受损程度或修理费用（必要时，可凭公证机构出具的鉴定证明确定），以海关审定的完税价格为基数，确定赔偿金额。赔偿金额确定后，由海关填发《中华人民共和国海关损坏货物、物品赔偿通知单》，当事人自收到《通知单》之日起，三个月内凭单向海关领取赔款或将银行账号通知海关划拨，逾期海关不再赔偿。赔款一律用人民币支付。

（三）进出口货物的放行

海关对进出口货物的报关，经过审核报关单据、查验实际货物，并依法办理了征收货物税费手续或减免税手续后，在有关单据上签盖放行章，货物的所有人或其代理人才能提取或装运货物。此时，海关对进出口货物的监管才算结束。

另外，进出口货物因各种原因需海关特殊处理的，可向海关申请担保放行。海关对担保的范围和方式均有明确的规定。

再详细点说如下。

进口报关的基本程序：接受申报→审核单证→查验货物→办理征税→结关放行。

1. 用换来的提货单（1、3）联并附上报关单据前去报关

报关单据：提货单（1、3）联海关放行后，在白联上加盖放行章，发还给进口方作为提货的凭证。正本箱单、正本发票、合同、进口报关单一式两份、正本报关委托协议书、海关监管条件所涉及的各类证件。

注意事项：

（1）接到客户全套单据后，应确认货物的商品编码，然后查阅海关税则，确认进口税率、确认货物需要什么监管条件，如需做各种检验，则应在报关前向有关机构报验。报验所需单据：报验申请单、正本箱单发票、合同、进口报关单两份。

（2）换单时应催促船舶代理部门及时给海关传舱单，如有问题应与海关舱单室取得联系，确认舱单是否转到海关。

（3）当海关要求开箱查验货物时，应提前与场站取得联系，调配机力将所查箱子调至海关指定的场站。（事先应与场站确认好调箱费、掏箱费）

2. 若是法检商品应办理验货手续

如需商检，则要在报关前，拿进口商检申请单（带公章）和两份报关单办理登记手续，并在报关单上盖"商检登记在案"章以便通关。验货手续在最终目的地办理。如需动植检，也要在报关前拿箱单发票合同报关单去代报验机构申请报验，在报关单上盖放行以便通关，验货手续可在通关后堆场进行。

第三节　出口退（免）税流程

一、出口退（免）税政策概述

为了适应建立社会主义市场经济体制的需要，1994年1月，我国再次对工商税制进行了全面的改革，这次改革是中华人民共和国成立以来规模最大、范围最广、内容最深刻的一次税制改革，与这次税制改革相适应，出口货物退（免）税办法也进一步得到了改进和完善。国务院［1994］134号令颁布的《中华人民共和国增值税暂行条例》第二条第三款明确规定：纳税人出口货物，税率为零。第二十五条又进一步明确：纳税人出口适用率为零的货物，向海关办理出口手续后，凭出口报关单等有关凭证，可以按月向税务机关申报办理该项出口货物的退税。国务院［1994］135号令颁布的《中华人民共和国消费税暂行条例》第十一条规定：对纳税人出口应税消费品，免征消费税。由于不同税种税率设计原则不同，增值税涉及生产、流通各环节，可按零税率的原则退（免）税；消费税由于仅涉及生产环节纳税，可就直接出口（收购出口）部分退（免）税。最终均达到出口货物销售收入中应纳增值税、消费税税负为零。根据上述指导思想，国家税务总局先后研究制定并颁布了《出口货物退（免）税管理办法》[国税发（1994）31号文]、《出口退税电子化管理办法》[国税发（1996）79号文]、《关于出口货物退（免）税实行分类管理的通知》[国税发（1998）95号文]、《出口货物退（免）税清算管理办法》[国税发（1999）6号文] 及一些单项规定。这些文件对出口货物退（免）税的范围、出口退税电子化管理、计税依据、计算办法、常规管理及清算检查等问题做了具体的规定，标志着我国出口货物退（免）税制度逐步走上了法治化、规范化的轨道。

拓展阅读 11.3
货物出口退税和退税率您了解多少？

（一）出口货物退（免）税政策具体规定

1. 出口退（免）增值税货物的退税率作了多次调整

1994年国家统一进行税制改革时确定了出口货物退（免）增值税征、退税率一致的政策，后来由于国家经济形势、财政负担、税收征管水平及防范骗取出口货物退（免）税等方面的原因，于1995年、1996年大规模降低了出口货物退（免）税税率，后由于国家经济紧缩政策结束和亚洲金融风暴等方面的影响，又于1997年、1998年、1999年多次普遍或部分提高了出口货物退（免）税税率，至2000年形成了17%、15%、13%、6%、5%共五档增值税退税率。消费税出口货物退（免）税税率是随着其征税税率的改变而作相应调整的。

2. 出口货物退（免）税的范围做了调整

（1）在国内企业出口货物并运往境外作为国外投资的货物给予退税。

（2）利用外国政府或国际金融组织贷款，通过国际招标，由国内企业中标的机电产品恢复退税。

（3）对境外带料加工装配业务所使用出境设备、原材料和散件给予退税。

（4）利用中国政府的援外优惠贷款和合资合作项目基金方式下出口的货物给予退税。

（5）列名钢铁企业销售用于出口货物的钢材。

（6）中国免税品公司统一管理的出境口岸免税店销售6大类国产品给予退税。

（7）外商投资企业采购的列名的国产设备。

（8）外国驻华使（领）馆及其外交代表（领事官员）购买中国产物品给予退税，并对国际组织驻华代表机构及其官员购买特定的中国产物品给予同等待遇。

（9）1994年1月1日以前成立的外商投资企业可对自营或委托外资企业代理出口的自产货物选择"先征后退""免、抵、退"或继续实行"不征不退"的免征政策。

（10）对生产企业自营（委托）出口的自产货物实行"免、抵、退"税办法。

3. 出口货物的计算办法作了调整

为了使出口货物退（免）税计算更加准确，同时也为了配合出口企业新会计制度改革和财务部门划细核算的需要，对出口货物退（免）税的计算方法做了一些调整：一是将出口退税的计算方法由"加权平均单价法"改为"单票对应法"；二是对少数规格特别复杂而在短期内财务上难以划细核算的出口货物可继续实行区域"加权平均单价法"计算退税；三是自营出口生产企业可以选择实行"先征后退"或者"免、抵、退"的办法计算出口货物退（免）税。

（二）出口货物退（免）税管理方面

（1）1995年开始外贸企业实行出口货物退税的计算机管理；2000年启用的二期网络版开始所有企业实行出口货物退（免）税计算机管理，使出口货物退（免）税的管理水平和管理效率大大提高。

（2）敏感地区购进和出口的货物办理退（免）税时实行函调管理办法。

（3）完善和规范制定了出口货物退（免）税年度清算管理办法。

（4）对出口企业出口货物退（免）税管理实行分A、B、C、D类管理办法。

（5）出口货物退（免）税稽核管理和出口企业办税员持证上岗、培训考核制度得以进一步强化和规范。

（6）制定出口货物退（免）税管理规程使出口货物退（免）税管理更加规范，依法行政的力度大大加强。

二、出口退（免）税申报

（一）有关证件的送验及登记表的领取

企业在取得有关部门批准其经营出口产品业务的文件和市场监督管理部门核发的工商登记证明后，应于 30 日内办理出口企业退税登记。

（二）退税登记的申报和受理

企业领到《出口企业退税登记表》后，即按登记表及有关要求填写，加盖企业公章和有关人员印章后，连同出口产品经营权批准文件、工商登记证明等证明资料一起报送税务机关，税务机关经审核无误后，即受理登记。

（三）填发出口退税登记证

税务机关接到企业的正式申请，经审核无误并按规定的程序批准后，核发给企业"出口退税登记"。

（四）出口退税登记的变更或注销

当企业经营状况发生变化或某些退税政策发生变动时，应根据实际需要变更或注销退税登记。

三、出口免税申报

（一）小规模纳税人出口免税申报

1. 关于优惠备案

自 2014 年 6 月 1 日起，小规模出口和非外贸一般纳税人出口免税货物劳务以及外贸企业一般纳税人出口三个优惠备案项目取消。出口企业无须再到各征收分局办理优惠备案办理免税。

小规模纳税人只要正常进行增值税日常申报就可以办理免税。

2. 免税申报流程

根据规定，出口企业或其他单位出口适用免税政策的货物劳务，向税务机关申报办理消费税及增值税免税时不需要再将《免税出口货物劳务明细表》及电子数据进行报送。无须再申报明细就可免税，按规定进行增值税日常申报就可以了，同时将出口货物报关单、出口发票（仅针对生产企业）、代理出口货物证明（只针对委托出口的货物）、合法有效的进货凭证（仅针对外贸企业）留存企业备查的资料，并按照出口日期将其装订成册。

（二）一般纳税人出口免税申报

1. 关于优惠备案

自 2014 年 6 月 1 日起，小规模出口和非外贸一般纳税人出口免税货物劳务及外贸企业一般纳税人出口三个优惠备案项目取消。因此，出口企业无须到各征收分局办理优惠备案之后才能办理免税。

一般纳税人想要免税申报，要先到各征收分局或直属税务分局办理出口企业退（免）税资格认定，才能在增值税日常申报时将出口销售额填入免税销售额一栏。

2. 免税申报流程

根据规定，出口企业或其他单位出口适用免税政策的货物劳务，在向主管税务机关办理消费税以及增值税免税申报时，不用再报送《免税出口货物劳务明细表》以及电子数据。无须再申报明细就可免税，只需按规定进行增值税日常申报，同时将出口货物报关单、出口发票（仅针对生产企业）、代理出口货物证明（只针对委托出口的货物）、合法有效的进货凭证（仅针对外贸企业）留存企业备查的资料，并按照出口日期将其装订成册。

四、进口贸易税收政策

（一）增值税

增值税是指对在中华人民共和国境内的销售货物或者提供加工修理修配劳务、提供应税服务以及进口货物的单位和个人，就其应税货物销售、加工、修理修配、提供应税服务过程中的增值额和进口货物金额征收的一种税。

拓展阅读 11.4

在实际中，商品新增价值或附加值在生产和流通过程中是很难准确计算的。因此，中国也采用国际上普遍采用的税款抵扣的办法。即根据销售商品或劳务的销售额，按规定的税率计算出销售税额，然后扣除取得该商品或劳务时所支付的增值税款，也就是进项税额，其差额就是增值部分应交的税额，这种计算方法体现了按增值因素计税的原则。增值税征收通常包括生产、流通或消费过程中的各个环节，是基于增值额或价差为计税依据的中性税种，理论上包括农业各产业领域（种植业、林业和畜牧业）、采矿业、制造业、建筑业、交通和商业服务业等，或者按原材料采购、生产制造、批发、零售与消费各个环节。

1. 增值税范围和税率

营业税改增值税主要涉及的范围是交通运输业及部分现代服务业；交通运输业包括：陆路运输、水路运输、航空运输、管道运输。现代服务业包括：研发和技术服务、信息技术服务、文化创意服务、物流辅助服务、有形动产租赁服务、鉴证咨询服务。

2. 营业税改增值税税率

改革之后,原来缴纳营业税的改交增值税,增值税增加两档低税率6%(现代服务业)和11%(交通运输业)。

营业税改增值税主要涉及范围:交通运输业和部分现代服务业,交通运输业包括:陆路运输、水路运输、航空运输、管道运输。现代服务业包括:研发和技术服务、信息技术服务、文化创意服务、物流辅助服务、有形动产租赁服务、鉴证咨询服务。

新增两档按照试点行业营业税实际税负测算,陆路运输、水路运输、航空运输等交通运输业转换的增值税税率水平基本在11%～15%,研发和技术服务、信息技术、文化创意、物流辅助、鉴证咨询服务等现代服务业基本在6%～10%。为使试点行业总体税负不增加,改革试点选择了11%和6%两档低税率,分别适用于交通运输业和部分现代服务业。

(二)消费税

消费税是指对我国境内生产、委托加工和进口《中华人民共和国消费税暂行条例》规定中列举的应税消费品征收的一种税。

1. 消费税的特点

消费税征税项目具有选择性。消费税以税法规定的特定产品为征税对象。即国家可以根据宏观产业政策和消费政策的要求,有目的地、有重点地选择一些消费品征收消费税,以适当地限制某些特殊消费品的消费需求,故可称为消费税税收调节具有特殊性;消费税征收环节具有单一性;消费税税收负担最终都转嫁到消费者身上。

2. 消费税征税范围

消费税是在对货物普遍征收增值税的基础上,选择少数消费品再征收的一个税种,主要是为了调节产品结构,引导消费方向,保证国家财政收入。现行消费税的征收范围主要包括:烟、酒、鞭炮、焰火、高档化妆品、成品油、贵重首饰及珠宝玉石、高尔夫球及球具、高档手表、游艇、木制一次性筷子、实木地板、摩托车、小汽车、电池、涂料等税目,有的税目还进一步划分若干子目。

3. 消费税纳税地点

纳税人销售的应税消费品,以及自产自用的应税消费品,除国务院另有规定外,应当向纳税人核算地主管税务机关申报纳税。

委托加工的应税消费品,除委托个人加工以外,由受托方向所在地主管税务机关代收代缴消费税税款。委托个人加工的应税消费品,由委托方向其机构所在地或者居住地主管税务机关申报纳税。

进口的应税消费品,由进口人或者其代理人向报关地海关申报纳税。

纳税人到外县(市)销售或者委托外县(市)代销自产应税消费品的,于应税消费品销售后，向机构所在地或者居住地主管税务机关申报纳税。

纳税人的总机构与分支机构不在同一县（市）的，应当分别向各自机构所在地的主管税务机关申报纳税（卷烟批发除外）；经财政部、国家税务总局或者其授权的财政、税务机关批准，可以由总机构汇总向总机构所在地的主管税务机关申报纳税。

第四节　长三角地区外贸优惠政策

（一）上海自贸区的优惠政策

（1）在上海自贸区注册公司，对于注册资金并没有任何要求，需要帮助可咨询，可以不用到位注册资金。这对于初始资金紧张的创业者来说可谓是雪中送炭。

（2）在上海自贸区注册公司，有着极为优惠的返税政策，公司注册的第一年和第二年：增值税返税率高达 16.25%；而企业所得税返税率为 20%；营业税返税率为：32%；个人所得税返税率为 20%；而在两年后则为减半征收（建立于企业纳税前提，以及当时政策）。

（3）在上海自贸区注册公司，所有的进口货物可以先不用交关税（只需要等待货物离开自贸区时再交），而转口贸易的关税则全免。

（4）在上海自贸区注册公司，任何商品（除武器、毒品及有污染的物品之外）均可被允许无期限保税存放或展示，海关不征收任何监管费用。

（5）在上海自贸区注册公司，上海自贸区内，所有的货币都可以自由兑换，不用结汇、减少汇率差。而且货币可以自由划转（以前汇钱到国外/内手续非常复杂需要一个月左右的时间，现在自贸区的银行，当场就能办理，马上到账）。

（6）在上海自贸区注册公司，注册在自贸区的都是大企业，所以可以为您的公司带来非常好的企业形象。

（7）自由贸易区共涉及七项税收政策。其中促进投资的两项政策是：一是注册在试验区内的企业或个人股东，因非货币性资产对外投资，资产重组行为而产生的资产评估增值部分，可在不超过 5 年时间内分期交纳所得税，简称为"非货币形资产投资政策"。二是对试验区的企业以股份或出租比例等股权形式给予企业的高端人才和紧缺人才的奖励，实行已经在中关村等地区试点的股权激励所得税的政策，也简称为"股权激励政策"。

（二）浙江出台十条政策措施

（1）建立常态化应对工作机制。在省经贸摩擦应对工作小组统筹领导下，建立信息通报制度，及时跟踪发展动态，进行精准帮扶，对可能引发的次生危机，制定应急预案。

（2）积极开拓多元化市场。针对企业开拓多元市场的需求，文件提出加大企业参展支持力度，建设国际营销网络和跨境外贸服务体系等举措，巩固拓展国际市场渠道，重点开拓"一带一路"市场。

（3）加快培育外贸新业态。外贸新业态是浙江省外贸发展的亮点，也是打造新型贸易中心的重要内容。文件提出加大市场采购贸易方式复制推广，培育外贸综合服务平台，大力发展跨境电商，加快形成外贸出口新的增长点。

（4）推动外贸出口优化升级。应对贸易摩擦，关键还是竞争力。文件提出，通过建设外贸转型升级基地、扩大先进技术进口等方式，提升企业国际竞争力。通过扩大特险保单融资等举措，推动全省高新技术、成套机电设备出口。

（5）优化外贸营商环境。具体举措有：深化"最多跑一次"改革，加快国际贸易"单一窗口"建设，压缩整体通关时间；开展中国（浙江）自由贸易试验区国际贸易"单一窗口"特色功能建设；加快"品浙行"外贸公共服务平台建设，打造智慧外贸平台；进一步提高贸易便利化水平，降低企业进出口环节的费用和制度成本。

（6）加快推进国际产能合作。针对一些企业拟到海外设厂，间接进入相关市场的意愿，文件提出，鼓励外贸企业通过开拓第三方渠道进入重点国家市场。

（7）加大金融保险支持力度。对外贸易中，政策性金融机构发挥着重要作用。文件提出，进一步发挥好进出口银行、出口信用保险等政策性金融的作用，提高对出口企业的贸易融资支持。进出口银行浙江省分行专门调剂了专项信贷资金支持外贸稳定增长。

（8）加大出口退税支持力度。具体举措包括：落实国家有关税收优惠政策；对受贸易摩擦影响大的企业优先办理退税；争取出口退税指标等。

（9）加大法律救济及就业帮扶力度。面对贸易摩擦，最好的办法是勇于面对、敢于应诉。为鼓励企业通过海外游说等方式申请关税豁免，积极应诉，以保住市场份额，文件在法律援助、外贸预警体系建设等方面提出了具体举措。同时，关注贸易摩擦对就业的影响，在就业帮扶上出台了相关举措。

（10）强化组织实施和督促考核工作。

（三）江苏促进外贸向好的政策

（1）强化出口信用保险作用。扩大出口信用保险承保规模和覆盖面，提高支持出口的精准度，中国出口信用保险公司江苏分公司全年支持出口规模超过540亿美元，支持出口企业超过8800家，其中小微企业达到6600家。进一步降低企业投保成本，有针对性地下调重点支持行业和企业的承保费率；优化小微企业平台统保方案，大幅下调承保费率，扩大承保范围。积极支持"走出去"企业投保海外投资保险，扩大"走出去"统保平台的承保规模和覆盖面，搭建"走出去"投融资平台，对"走出去"项目和大型成套设备融资项目应保尽保，确保重点项目尽早承保落地。创新承保模式，支持外贸综合服务企业、跨境电子商务和市场采购贸易方式等新业态发展（中国出口信用保险公司江苏分公司、省商务厅、省财政厅、中国进出口银行江苏省分行、国家开发银行江苏省分行负责）。

（2）加大金融支持外贸力度。鼓励和支持金融机构创新产品服务，拓宽融资渠道，加大对有订单、有效益的外贸企业特别是小微企业的支持力度，提供出口贷款、内保外贷、出口应收账款质押贷款、海外资产抵押贷款、贸易融资、供应链融资、股权质押融资、金融租赁等多种融资服务。充分发挥进出口银行、国家开发银行等政策性金融机构优势，支持我省重点行业、优质企业扩大出口，优先保障信贷规模。进一步扩大出口信用保险保单融资和出口退税账户质押融资规模，提高融资便利。加快推进人民币在跨境贸易和投资中的使用，落实全口径跨境融资宏观审慎管理政策，推动更多外贸企业开展跨境融资业务，降低融资成本（江苏银监局、人民银行南京分行、中国进出口银行江苏省分行、国家开发银行江苏省分行、中国出口信用保险公司江苏分公司负责）。

（3）不断提高贸易便利化水平。进一步降低海关出口平均查验率，落实"双随机"布控查验机制，继续对高级认证企业适用较低的进出口查验率。逐步加大非侵入式查验（机检）比例，扩大移动查验试点范围。进一步深化通关、检验检疫无纸化改革，推进边检自助查验和"一证通"服务，完善区域通关一体化改革。推进口岸监管部门"三互"大通关建设，加强省电子口岸建设，完善船舶"单一窗口"项目功能并全面推广应用，加快货物"单一窗口"建设，开展"一站式作业"模式试点。深入开展关检联合服务江苏外贸"百千万"活动，为企业减负增效。加大APEC商务旅行卡推广力度，为企业开拓国际市场提供便利（省商务厅、南京海关、江苏检验检疫局、江苏海事局、省国税局、省公安边防总队、省口岸办、省外办、省贸促会负责）。

（4）加强财政税收政策支持。进一步强化省级商务发展专项资金对外贸稳增长、调结构的引导作用，重点支持开拓国际市场、外贸转型升级和发展外贸新兴业态。加强绩效评估，进一步提高资金使用效益，加快拨付进度。用足用好省级小微外贸企业融资风险专项资金。落实照相机、摄影机、内燃发动机等部分机电产品提高出口退税率政策。落实出口退税分类管理办法，将社会征信度好、税收遵从度高的企业纳入一类企业，提高一类企业比例，实施更为便利的管理服务措施。持续推进出口退税无纸化管理试点，进一步加快出口退税进度，在风险可控的前提下，确保及时足额退税，严厉打击骗取退税。做好南京禄口机场境外旅客离境退税试点，积极争取扩大试点范围（省财政厅、省商务厅、省国税局负责）。

（5）减免规范部分涉企收费。清理规范列入省政府定价目录的港口、机场、铁路经营服务性收费项目，严格成本监审，科学合理制定收费标准，加大督查规范力度，确保相关收费公开、公正、透明。减免进出口环节部分涉企收费，继续实施连云港港、太仓港、南京港集装箱运输车辆免收车辆通行费优惠政策。根据国家统一部署，全面落实对进出口环节海关查验没有问题的外贸企业免除吊装移位仓储费用试点。落实对符合政策条件的电器电子产品出口免征废弃电器电子产品处理基金的政策，取消海关预录入系统客户端软件服务费，对所有出境货物、运输工具、集装箱及其他法定检验检疫物免收检验检疫费，停止报检电子平台收费，继续清理规范进出口环节中介服务收费，加大对已取消、暂停、降低的各项涉企收费的检查力度（省物价局、省国税局、省财政厅、省交通运输厅、省商务厅、南京海关、江苏检验检疫局、江苏海事局负责）。

一系列政策和举措，再次展示了地方政府稳外贸、稳外资的信心和决心。中国国际经济交流中心首席研究员张燕生认为，"把各项政策落地落实，我国外贸长期向好发展趋势就不会改变，吸收外资的综合优势也不会改变。"

本章首先对出口货运办理流程进行了详细的讲解；然后介绍了进出口报关与报检、出口退税流程；最后讲述了长三角地区外贸优惠政策。通过这些介绍，大家可以大致了解与跨境相关的外贸知识。

通过本章的学习，希望大家对与跨境相关的外贸知识有一个大致的了解。

跨境电子商务　　出口货运　　进出口报关与报检　　出口退税

问题思考

1. 进出口报关与报检流程是怎样的？
2. 出口退税流程是怎样的？

实训专题

1. 出口退税流程是怎样的？
2. 长三角地区有哪些外贸优惠政策？

教师服务

感谢您选用清华大学出版社的教材！为了更好地服务教学，我们为授课教师提供本书的教学辅助资源，以及本学科重点教材信息。请您扫码获取。

≫ 教辅获取

本书教辅资源，授课教师扫码获取

≫ 样书赠送

电子商务类重点教材，教师扫码获取样书

 清华大学出版社

E-mail: tupfuwu@163.com
电话: 010-83470332 / 83470142
地址: 北京市海淀区双清路学研大厦B座509

网址: http://www.tup.com.cn/
传真: 8610-83470107
邮编: 100084